当代国外马克思主义文化与社会思潮研究丛书

孙建茵 主编

# 政治与美学

## ——马尔库塞的政治美学批判理论

谢 静 著

中央编译出版社
Central Compilation & Translation Press

**图书在版编目（CIP）数据**

政治与美学：马尔库塞的政治美学批判理论／谢静

著. —北京：中央编译出版社，2023.10

ISBN 978-7-5117-4514-9

Ⅰ.①政… Ⅱ.①谢… Ⅲ.①马尔库塞（Marcuse，Herbert 1898-1979)-政治-哲学思想-研究 Ⅳ.①B712.59

中国国家版本馆 CIP 数据核字（2023）第 176424 号

政治与美学：马尔库塞的政治美学批判理论

| | | |
|---|---|---|
| **责任编辑** | 李媛媛 | |
| **责任印制** | 李　颖 | |
| **出版发行** | 中央编译出版社 | |
| **地　　址** | 北京市海淀区北四环西路 69 号（100080） | |
| **电　　话** | （010）55627391（总编室） | （010）55627307（编辑室） |
| | （010）55627320（发行部） | （010）55627377（新技术部） |
| **经　　销** | 全国新华书店 | |
| **印　　刷** | 北京印刷集团有限责任公司印刷一厂 | |
| **开　　本** | 710 毫米×1000 毫米　1/16 | |
| **字　　数** | 303 千字 | |
| **印　　张** | 20.75 | |
| **版　　次** | 2023 年 10 月第 1 版 | |
| **印　　次** | 2023 年 10 月第 1 次印刷 | |
| **定　　价** | 80.00 元 | |

| | | | |
|---|---|---|---|
| **网　　址** | www.cctphome.com | **邮　　箱** | cctp@cctphome.com |
| **新浪微博** | @中央编译出版社 | **微　　信** | 中央编译出版社（ID：cctphome） |
| **淘宝店铺** | 中央编译出版社直销店（http://shop108367160.taobao.com） | | （010）55627331 |

# 总　序

习近平总书记指出，"学习研究当代世界马克思主义思潮，对我们推进马克思主义中国化，发展 21 世纪马克思主义、当代中国马克思主义具有积极作用"①。21 世纪以来，无论是社会主义国家还是资本主义国家，马克思主义的研究者始终立足于马克思主义经典文本并面向时代问题，探索当代世界经济、政治和文化的发展规律，揭示世界格局的演变趋势。对于中国而言，充分借鉴和吸收国外马克思主义的最新成果，无疑是创新 21 世纪马克思主义的重要组成部分。

1929 年，彭康译出科尔施的《马克思主义和哲学》，中国的国外马克思主义研究迄今已近百年之久。从零零散散的译著和"内部参考"，到改革开放以后系统译介和研究，再到国外马克思主义二级学科的建立，我国学界在这个研究领域收获了累累硕果，形成了中外对话的研究格局。随着中国特色社会主义进入新时代，国外马克思主义研究正在开启一个崭新的时代，呈现出诸多新的特征。

首先，国外马克思主义研究更加直接地呈现了西方社会思潮。当今世界，国际格局和国际体系正在深刻调整。资本主义国家的内部矛盾与冲突呈现出了新的变化，也由此出现了一系列急需回答的重大现实问题

---

① 《习近平谈治国理政》第二卷，外文出版社 2017 年版，第 65 页。

和理论课题，如剥削、正义、平等传统问题以及虚拟经济、数字资本、一体化进程等新问题。同时，随着人类交往的深度和广度不断扩大，引发了一系列超越民族国家的全球性问题，如全球经济均衡发展、国际政治民主化、生态环境的保护与可持续发展、全球治理与文化融合，等等。这些问题越来越受到国际社会的普遍关注，也越来越多地成为国外马克思主义反复研讨的理论主题，近年来出版的国外马克思主义著述都体现了这个特征。

其次，国外马克思主义研究更加鲜明地体现着文化特质。马克思主义在实践上正在深刻地改变世界格局，在思想文化方面同样影响深远。从文化的角度来看，国外马克思主义是西方世界极为重要的文化话语体系或概念体系。国外学者在哲学、社会学、政治学、经济学、法学、文学等众多学科的研究过程中，总是自觉或不自觉地运用马克思主义来分析和说明当代资本主义的现实问题，特别是世界各国广义的制度文化、民族文化，以及狭义的大众文化、消费文化等，即借助文化批判的视角揭示资本主义危机的根源，进而寻求替代方案。

再次，国外马克思主义研究更清晰地折射出马克思主义理论发展的进程。可以说，20 世纪是马克思主义的世纪。毫不夸张地说，不理解马克思主义，甚至不能理解整个 20 世纪的历史进程。但是，马克思主义并非一成不变的教条，而是开放的和不断发展的理论体系。国外学者一方面高度关注马克思和恩格斯的经典著作，对其进行反复阅读和文本解读；另一方面也不断基于马克思主义理论提出具有创新性的理论观点和主张，如后工业社会、消费社会、交往行动理论、后结构主义、社会批判理论等，反映了马克思主义理论在世界范围内的发展进程。21 世纪，马克思主义对人类社会历史规律依然具有鲜活的阐释效力，国外马克思主义研究也将追踪聚焦新世纪的热点前沿问题。

最后，国外马克思主义研究更加契合于中国特色社会主义的伟大实践。2012 年以来，世界经历百年未有之大变局，国外马克思主义的理论主题也随之发生重大变化。这就要求国外马克思主义研究从更高的历史站位，批判性地呈现、审视这些最新成果。虽然国外马克思主义在研究的立场观点和方法等方面与我国存在着较大差异，但对于当代资本主义制度的批判仍具有较高程度的一致性。包括揭示资本主义的结构性矛盾，资本主义生产方式的矛盾，当代资本主义的阶级矛盾和政治文化冲突等方面的国外马克思主义的理论成果，为我们提供了批判资本主义的多样视角，有助于正确理解资本主义的新变化和新特征，也有助于深化对世界形势的整体认知。我们力图追踪和关注国外马克思主义研究中的前沿问题，立足中国特色社会主义新时代，不断吸取国外马克思主义理论的优秀学术成果，做到"洋为中用"，服务于中国特色社会主义的伟大实践。

黑龙江大学作为国内开展国外马克思主义研究较早的学校之一，始终致力于国外马克思主义理论的翻译和研究工作。21 世纪以来，黑龙江大学出版了"东欧新马克思主义译丛"（40 卷）和"东欧新马克思主义研究丛书"（20 卷），更进一步明晰了研究特色和研究范式。即以文化哲学作为理解和研究文化与社会思潮的范式，以中东欧新马克思主义研究为特色方向，在国外马克思主义基础理论研究、西方马克思主义文化批判理论研究以及马克思主义与当代世界问题等领域展开持续深入的研究。

人类从 20 世纪到 21 世纪的发展历程中，文化和社会思潮不断以各种方式折射着现实的重大问题，反映着各种阶级、阶层和群体的利益诉求，显示着时代精神的走向及变化。因此，文化和社会思潮也成为考察世界历史格局演进的重要视角。把握其发展的逻辑、追踪其变化的特征、分析其产生的历史效应是当代国外马克思主义研究的应有之义。本丛书包含的专著均系黑龙江大学国外马克思主义研究中心成员的最新研究成果，涵盖了包括东欧新马克思主义在内的国外马克思主义诸流派的代表性思想，着重从思想文化变迁的视角深入探究 20 世纪至 21 世纪以来中东欧地区思想文化的独特性、国外马克思主义诸流派与马克思思想的学术关系以及西方社会文化思潮与西方社会变迁的关系。正如习近平总书记特别强调的那样："对国外马克思主义研究新成果，我们要密切关注和研究，有分析、有鉴别，既不能采取一概排斥的态度，也不能搞全盘照搬"。本丛书的研究力图深刻把握国外马克思主义理论背后的社会、文化、历史现象，以期为推进马克思主义中国化、发展21世纪马克思主义、加强中国共产党对社会文化思潮的引领提供参考。

主编：孙建茵

2023 年 10 月

# 前　言

　　本书旨在系统解读马尔库塞的政治美学批判理论，将马尔库塞的政治美学理论特色和社会批判理论相结合，以政治美学为核心线索将其一生的致思理路与政治运动实践贯穿起来，开显马尔库塞美学思想中的革命潜能和政治批判功能。选定此主题的原因在于感性、理性、美与政治作为关键范畴充斥于马尔库塞著作文本之中，本书致力于将这些看似孤立且矛盾的范畴放置于马尔库塞的学术经历中加以联系，分析它们之间的逻辑关系演变。马尔库塞回到"美"与"知觉"同源的古希腊哲学中，探索美与感性欲望的关系。在"美"的原初语境中，它指的是柏拉图所认定的那种低级的、发源于肉体的感性欲望。而在《会饮篇》中，柏拉图指出美不只代表着少年的肉体之美，更意味着超越一切形体之美的美的原则，而美的原则是爱欲之神的化身，是生命的源泉。马尔库塞在此意义上，发现了感性欲望与爱欲的关系，重新挖掘弗洛伊德精神分析中关于性本能与肉体欲望的关系，使爱欲超越性欲成为一种更大的生物本能，将体验快感的感官范围从生殖器官扩张到人的整个身体，实现身体的爱欲化。马尔库塞认为积淀在个体血肉之躯中的审美心理结构是爱欲的存在场域，爱欲是情欲的人化，是对人的动物性的生理情欲的理性塑造与陶冶过程，它以生物根源为基础，但其中具有理性的渗透，从而超越了动物的性质。他利用弗洛伊德的心理分析，挖掘审美中情欲因素与复杂性，在对"艺术是欲望在想象中的满足"的理解中，确定了美感是爱欲这个人性总体结构中的心理本体，并以此为依托，建立起新感性这个情感心理本体。马尔库塞从精神分析中关于性本能（力比多）与自我、生欲与死欲的对抗中发现了爱欲作为人类集体的生命本能所蕴含的强大政治效力。因原本自由的主体意识与精神过程在权威国家的公共生存中被同化了，个人精神的失调、爱欲的压抑更直接地反映了社会总体的失调，于是心理学问题变成了政治学问题。马尔库塞认为美体现了反抗现实原则的快乐原则，是人类爱欲本能的最高精神产物，美学与艺术是审美形式的外化结果，是爱欲、快乐本能解放动力的集中体现，因而具有反叛统治秩序的革命潜能。可见，马尔库塞的政治美学批判改变了传统意义上非功利的美学，也改变了传统意义上的政治，在人的审美本质基础上将人类爱欲的解放界定为广义的政治学。他的政治美学批判理论有明确的批判指向——理性主义文化背景下的技术理性。受理性主义文化的影响，主体性原则与现代科技体系合谋将人性之中的感性丰富性从生存理性中排挤出去，人类以技术理性取代包含感性之维的生存理性，使理性中的自由、否定之义消失，导致技术理性成为一种极权统治，将历时的感性生命本身整合进压抑性的文明进程与消费性的社会生产领域。这种感性生存境况造成了爱欲与新感性作为情感本体的审美之维的缺失，是人类单向度的精神危机的根源。

马尔库塞政治美学批判理论的独特之处在于他以审美人性的复归为批判理论的切入点与理论旨归，融合多种对抗技术理性与理性主义文化的思想资源，最终形成了以爱欲满足为中心的新感性政治革命路线。以人的自然生物本能为物质基础，将深藏于类本质之中导源于快乐原则的反叛激情挖掘出来，在理性的否定性推动力下，使人的整个身体重新回归到代表游戏与闲暇的审美冲动中去。发挥想象力对感性与理性的沟通作用与为感性秩序立法的革命潜能，重建象征着完整人性的新感性。在不满于固定规训的审美形式的更迭性运动中寻求重建通往幸福与自由的新秩序的可能。这也是马尔库塞整个政治美学批判理论的致思理路。

　　不能否认马尔库塞以艺术与美学为解放之途的批判方式与马克思的政治经济学批判相比，缺少对资本逻辑的分析与批判，这使他的政治美学批判最多达到意识形态批判的水平，不能深入到具体的生产力与生产关系之间矛盾运动所扭结而成的社会结构领域，削弱了其理论的现实性，造成了其理论中历史性与先验性之间的矛盾。但是，他承认与积极利用审美感性的多样性、偶然性、多变性，以此拯救感性力量的否定性和批判功能，这种对本真生命的尊重态度，是值得现代人反思与借鉴的。

　　因此，对马尔库塞的政治美学批判理论的研究是符合我国国情和时代情势变更的理论选择之一。当前，中国特色社会主义进入新时代，我国的社会矛盾已经转化为人民日益增长的美好生活需要和不平衡不充分的发展之间的矛盾。显然，满足物质匮乏的经济革命不再是我国乃至世界发展的主旋律，更令人关注的是人民现实的具体的感性生活，幸福感和获得感是人生而为人所一直追求的尊严和价值的体现。研究马尔库塞的政治美学，能够让我们在物质财富迅猛增长的今天，去冷静地分析资本的逻辑与审美的价值之间的博弈，尝试解答如何在市场洪流中不迷失自我和初心，促进社会的公平正义，重建人与人之间的交往理性与主体间性，实现人与自然之间的融合统一、个体自身的身心协调发展，以人民幸福为出发点和落脚点更好地构建社会主义和谐社会。

# 目　录

# 导　论

## 第一节　研究背景与意义

### 一、研究背景

赫伯特·马尔库塞（Herbert Marcuse，1898—1979）作为法兰克福学派第一代主要成员有着 20 世纪新马克思主义的社会批判家之称号。马尔库塞的理论被奉为西方新左派运动的"革命圣经"，他本人也被誉为 20 世纪 60 年代学生造反运动的领袖。他既是洞察政治与哲学之间关系的先知，也是一位拥有救世情怀的浪漫主义反讽诗人，因此其批判理论具有浓厚的政治美学色彩。

从《德国艺术小说》到《审美之维》，对美的政治潜能和艺术真理的探索贯穿了马尔库塞的整个学术生涯。在他这里，由"革命""批判"所求取的"解放"始终连着"艺术"和"美"的根蒂。在此意义上可以说马尔库塞的政治学实则是政治美学。他以美学问题为重点，并融入到他的革命实践活动中，美学问题也是他人生的每一阶段的学术经历和作品无法绕开的问题。马尔库塞焦虑的问题是现实政治的危机：发达工业社会中的政治等级结构和权力意志，已经渗透进社会个体的感性生存实践的各个方面，甚至进入人的情感结构中。因科学技术的迅速发展和物质财富的激增，原本的无产阶级和资产阶级之间的裂隙已经逐渐弥合，劳动者和统治者享有表面上的同等权利，因此人们不再渴望自由，主动臣服于发达工业社会的单向度的政治意识形态下，逐渐丧失了否定性，并使生命的本能冲动被压抑，技术理性取代艺术理性。这些在马尔库塞看来都是对人性的戕害。正是在这样的危机中，马尔库塞明确了要为政治补上情感之维、审美之维的理路，如此政治自由在美学的层面上得到了新的阐明。美学所承诺的自由则需要在现实政治的舞台上得到实现。马尔库塞把美学问题与个体生存境遇结合起来，这与康德的美的无功利性有着不同的意蕴。感性的偶然性、多变性乃是审美的重要特征，拯救审美感性，实际就是突出感性力量的否定性和批判功能，这是对生命的尊重。因此，他认为美学是政治的基础。对美学问题中的政治功能的挖掘贯穿了马尔库塞一生的理论建构过程，因此本书选取政治美学为思想切入点，回答其政治美学批判理论对人类解放与人类文明的重要意义。

## 二、研究意义

第一，马尔库塞的政治美学批判理论是当前我国学界对国外政治美学研究这一前沿问题的典型代表。

"政治美学"是近年来国内学界的前沿问题之一，而且国外的政治美学研究有比较悠久的传统，在近二十年来逐渐升温。虽然政治美学在西方或国内尚未成为一个公认的学术概念，但这是一个十分年轻的且很有研究价值的学科范式。"政治"与"美学"通常被当作两种独立的研究领域。但是，对政治学与美学之间关系的思考早在古希腊和中国的春秋时期就已经产生，譬如在柏拉图和孔子那里①。政治美学作为一个学术概念，最早出现在安柯斯密特（Frank Rudolf Ankersmit）的《美学政治学——超越事实与价值的政治哲学》文章当中。台湾的林锡铨于2001年出版的《政治美学》是国内第一部以政治美学为题的学术专著。南京师范大学骆冬青的博士论文《二十世纪中国政治美学与文艺美学》（2002）是第一篇以政治美学为主题的学位论文。政治美学的研究涉及哲学、美学、政治学三者之间的密切关联，需要以跨学科的视角来审视人类政治演进的意义。政治美学可以理解为政治的美学化和美学的政治化的双向互动，它区别于以往的将美学问题进行形而下的拆解的学科研究方法，即研究美学的形式、构造、定义、价值、流派等实证研究。其研究对象是政治理想的审美表现、审美理想的政治价值、美在政治实践中的功能等。马尔库塞的政治美学批判理论也是当前我国学界对国外政治美学研究这一前沿问题的典型代表。他试图从审美自由通达政治自由，站在理想的高度对现实展开批判，这是其政治美学批判的理论初衷。马尔库塞的政治美学有着深厚的德国浪漫派美学传统。研究马尔库塞的政治美学可以管窥在这一传统中马尔库塞所吸收的学术精华，譬如席勒的人性政治美学、马克思关于共产主义与人类解放的观点、20世纪西方马克思主义者（如卢卡奇）的意识革命。做好同类课题的研究，还可以使我国政治学研究更好地做到艺术性和科学性的统一。因为马尔库塞关注的是以物质生产关系为基础的社会关系的生命体的感性存在，而人的存在表现为情欲、需要，这些均是人类发展的感性内驱力。因此，马尔库塞的政治美学是他的批判理论的基础，涵盖了他学术生涯的各个阶段的重要思想。研究马尔库塞的政治美学批判理论，也是响应政治更好地为人民服务号召的选择。

第二，研究马尔库塞的政治美学批判理论有助于深化对马克思政治

---

① 文范仲：《国外政治美学研究的五种范式》，载《理论月刊》，2015年第5期，第52页。

哲学的理解，也是在变化发展的条件下坚持马克思主义的必然选择。

马克思的政治哲学关切是人的自由而全面发展和全人类的自由解放，然而马克思关于美学的论述与他一生的众多著作相比只是只言片语，但我们也可以从中发现马克思的浪漫主义情怀。马尔库塞政治美学批判理论的目标也是不断地探索人类的自由和解放的奥秘，在这一点上与马克思有着相通之处。但马尔库塞挖掘美学和艺术的政治批判属性和革命功能，并把政治美学理论切实地贯彻到他的革命实践中去，把审美形式的政治功能直接作为激进革命的思想武器去控诉现实、展望理想、实现解放，这与马克思的政治经济学批判有所不同。他在《阻碍革命与反抗》一书中说道：艺术与审美的使命就是要激发感性的政治潜能，进而超越美学，在现实中构造未来社会。在马尔库塞看来："审美表达了对人性的根本态度，表达了人的感性解放的要求。"① 人的能力的全面发展和人的自我实现，以及人性的解放和回归，这无疑是马尔库塞审美政治所追求的最高价值理想。然而马克思通过法哲学批判—政治经济学批判—意识形态批判三者相互统一的政治哲学批判路径，将人类的幸福旨归引向了社会主义，但是进入社会主义需要持续的共产主义运动，马克思的共产主义便不是一种应然的状态而是一种意向性的、非对象性的政治审美之维。然而马尔库塞只吸收了马克思对未来社会设想的美学意蕴。加之当时欧洲革命的接连失败，这使马尔库塞确信在革命客观条件"成熟"的情况下却没有取得成功的原因在于主观革命意识的缺乏，因此他不再坚持马克思的政治经济学批判，夸大了意识形态批判、文化批判、艺术与美学批判的作用。即使"他吸收了马克思政治经济学的某些表述，如关于流通和分配领域的论述，但从不研究生产过程及存在于其中的阶级关系"。② 马尔库塞的政治美学批判路径之所以与马克思

---

① 陆俊：《马尔库塞》，长沙：湖南教育出版社 1999 年版，第 286 页。

② 〔美〕赫伯特·马尔库塞等：《工业社会和新左派》，任立编译，北京：商务印书馆 1982 年版，第 7 页。

的政治美学批判不同，是因为他与马克思处在不同的位阶，深入研究马尔库塞的政治美学批判能够引导我们采取正确的研究路径，理解马克思政治哲学的历史性位阶。通过本书可以发现，理解马克思的政治哲学要紧紧围绕理想和现实这两个历史性位阶，其中理想位阶代表着人类解放，现实位阶则是市民社会，其价值旨归是政治解放与经济解放。这两个位阶之所以是历史性的，是因为现实位阶在于理想位阶之前，是不可逾越、不可经过主观选择的。因此，马克思的政治哲学被许多西方马克思主义者误以为存在着矛盾的逻辑，如劳动与闲暇、暴力革命和消灭阶级、改变世界和解释世界之间的对立，这也是马尔库塞所疑虑的问题，马尔库塞没有将实践作为沟通理想与现实两个位阶的中介性的历史运动，而是将审美构造的乌托邦世界当作唯一的政治运动位阶，这就难免会造成其思想中的先验和历史的矛盾，他用代表感性意识的美学和艺术而不是用社会物质生产理论来弥合过渡社会生产力和生产关系、经济基础和上层建筑之间的沟壑。以比较的视野对马尔库塞的政治美学批判理论进行剖析，更确定了马克思的政治经济学批判的不可代替性。

第三，研究马尔库塞的政治美学批判理论是透视西方马克思主义美学批判思想转折的切入点，他独特的将美学与批判理论相结合的方法视角能够开阔对资本主义社会批判理论研究的新思路。

马尔库塞的政治美学批判理论无论在西方马克思主义思想家抑或是法兰克福学派的社会批判家之中都是一种异质性的存在。我们纵览西方马克思主义的思想发展轨迹，可以发现美学批判可谓是西方马克思主义者对资本主义社会批判的重要武器之一。马尔库塞的政治美学批判理论即使也关注其他西方马克思主义者所注重的美学问题，即试图从生活经验和审美经验中唤醒民众的解放意识，但马尔库塞的政治美学批判理论的独特性在于强调艺术与美学对异化现实的疏离、否定与超越。在他看来，艺术的政治功能在于其"审美形式"，这是艺术自律的领域，也是使艺术保持对现实的独立性的关键因素。审美形式能够在艺术中构筑一个与资本主义意识形态对抗的审美乌托邦，现实生活中被禁忌的爱欲自由形象在此得到解放，从而形成重塑主体的"新感性"实现对现实的拒斥，进而推动世界的变革。马尔库塞的政治美学批判理论没有充当政治的传声筒，却将艺术审美形式本身所寄予的政治潜能应用于解放斗争之中。其政治美学批判的实践性和革命性是间接的，因为马尔库塞认为美学和艺术所蕴含的间接性比直接的政治宣传、现实主义的美学更能够使人们自觉发现现实生活和理想社会之间的差距，并以此激发人们的否定性思维和批判性本能。马尔库塞政治美学批判理论强调了美学的革命性和政治功利性，体现了他作为知识分子的责任意识。但是马尔库塞的政治美学批判理论也存在着自身的局限，把审美领域作为拯救社会的主要战场，把创造新感性作为阶级斗争的主要目标。一方面说明了以马尔库塞为代表的西方马克思主义者在实践方面的犹疑，更重要的是展现了马尔库塞在拓宽社会批判领域所做出的重要理论贡献。而且马尔库塞的政治美学批判理论具有浓厚的后现代韵味，可以视为对现代社会"权力"结构的解构方式之一，"权力"世界包括商品、政治语言、性交场所等，这些都在马尔库塞的考察范围之内，他的新感性的审美救赎也间接影响了雅克·朗西埃的"歧感"理论。研究马尔库塞的政治美学批判思想可以揭示被后现代文化所掩盖的世界真实性，以感性美学的回归作为超越资本主义的现实道路。

## 第二节　国内外同类课题研究现状、 特点及发展趋势

国外对马尔库塞的思想研究经历了从 20 世纪 60—70 年代新左派运动的政治评判时期，到 20 世纪 70—80 年代中后期的高潮阶段，再到 20

世纪 90 年代衰落时期，直至 21 世纪后的多元研究时期这四个阶段。而国内则相应地经历了三个阶段，分别是 20 世纪 80 年代改革开放初期的宗派性评价时期、80 年代末到 90 年代中期的开放性研究时期、90 年代末到 21 世纪后的繁盛时期。从国内外对马尔库塞思想的研究时间和重视程度来看，国外研究者发现马尔库塞思想的研究价值的时间要比国内早近 20 年。因此，国外对马尔库塞思想研究更具规模化、多元化、系统化，在主题的广泛程度上和研究深度上都超过了我国学界。但是，国外对马尔库塞的美学思想的重视是从 20 世纪 70 年代末期才开始，而我国是从改革开放以后加大了对马尔库塞思想成果的引进力度，对其美学思想的介绍也是从 20 世纪 80 年代初才开始。在这个意义上看，我国对马尔库塞的美学思想的关注与国外在研究的时间上看没有太大的差距，这也给国内研究者对马尔库塞的美学思想研究留有迎头赶上的机会。而且，从对国内外相关文献的细致梳理的过程中，我们也可以发现，我国对马尔库塞的政治美学批判思想的研究比国外要先行一步。但是，马尔库塞的政治美学思想的研究在我国也尚处于起步阶段，相关的研究性专著和文章数量较少，这也给本书留下了广阔的空间。

## 一、国外研究现状

1970 年，阿·麦克伦泰在《马尔库塞：一种解释和辩论》一书中提出了四个批判性的问题，得出了马尔库塞的分析因鲜有坚固的基础所以是不真实的、"虚假的"观点，这样"毫不严谨"的观点"不能成为真理的可靠向导"。[①] 麦克伦泰在这本书中所分析的马尔库塞的主要著作仅从其早期对黑格尔和马克思的理论阐述到《单向度的人》，而缺少了对马尔库塞的博士论文《德国艺术家小说》（*The German Artist-novel*）

---

① 〔美〕阿·麦克伦泰：《"青年造反哲学"的创始人——马尔库塞》，詹合英译，长沙：湖南人民出版社 1987 年版，第 2—3 页。

和马尔库塞后期的《论革命》《审美之维》等美学思想的考察，这至少说明了两个问题，其一是此时英语界对马尔库塞思想的评判仍旧受到政治见解的束缚，导致马尔库塞的美学思想并没有得到更多的关注，更不必说开显出其美学思想独特的政治批判功能来；其二是当时对马尔库塞的思想的把握仍不够全面，这其中也有马尔库塞本人从来未在公众面前谈及他的博士论文有关，以至于他的政治美学思想被埋没，这也导致了许多西方研究者对马尔库塞的审美革命救赎路线的费解。

马尔库塞所在的法兰克福学派内部成员哈贝马斯、施密特、霍耐特等也对其思想进行过评述。尤尔根·哈贝马斯在1968年8月问世的论文集《作为"意识形态"的技术与科学》中的同名文章，主要是针对马尔库塞的科技进步观点的辩论。哈贝马斯在此文中揭示了马尔库塞和韦伯关于"合理性"在理解上的本质差异，说明科学与技术是第一生产力，生产力的发展取决于科学技术的进步，科学与技术占据了统治合法化的基础。① 而施密特所关心的则是马尔库塞的社会批判理论的哲学基础是否合理的问题，他深入分析了马尔库塞与海德格尔、黑格尔、马克思、弗洛伊德等人的理论结合的切入点和结合程度，强调了生存论与社会批判理论之间的关系是"值得商榷"② 的。法兰克福社会研究所的第三代领军人物霍耐特等人不仅继承了哈贝马斯的理论框架，而且强调了社会批判理论的重要性，也对马尔库塞关于技术理性与社会批判之间的关系产生过浓厚兴趣。通过以上对法兰克福学派内部成员对马尔库塞的思想的研究，我们可以发现他们较为重点地关注马尔库塞的技术理性批判和他的社会批判理论及其哲学基础，尚未承认马尔库塞的美学思想，至此也没有将马尔库塞的美学艺术理论与政治意识形态批判相结合而形成一种独特的政治美学批判研究视角。

---

① Jürgen Habermas, "Technik und Wissenschaft als 'Ideologie'", *Auflage*, *Frankfurt am Main*, No.11, 1968, p.92.

② Ben Agger, "Marcuse & Habermas on New Science", *Polity*, Vol.9, No.2, 1976.

另一种关于马尔库塞思想的研究范式是在法兰克福学派和西方马克思主义背景之下的研究。他们大多是从宏观的角度去关注马尔库塞作为西方马克思主义思想家和法兰克福学派成员在这两者之中所吸收的理论营养，兴趣点还集中在以比较的视域来剖析马尔库塞与其他法兰克福学派学者的思想差异，进而揭示出这一类全局式研究的内在动力。其中比较有代表性的是马丁·杰伊在 1973 年出版的《辩证的想象》①，在这本书的第二章"批判理论的起源"和第六章"审美理论与大众文化批判"均涉及马尔库塞 60 年代之前的思想。与此类似的还有德国学者罗尔夫·魏格豪斯于 1986 年出版的代表作《法兰克福学派：历史、理论及政治影响》②，而相似的研究主题延续到了新千年以后，瑞士的社会学家埃米尔·瓦尔特-布什于 2009 年所著书籍《法兰克福学派史——评判理论与政治》（*Geschichte der Frankfurter Schule：Kritische Theorie und Politik*）就是这样一部力作。该书肯定了法兰克福学派的历史地位，令人欣喜的是这本书相较于 20 世纪七八十年代的同类研究将目光聚焦于一个崭新的话题：法兰克福学派的政治哲学史研究，这涉及对霍克海默、波洛克、诺依曼和马尔库塞的政治构想及哲学理念的介绍③。此外还有更注重马尔库塞与研究所内部个别成员的相同领域中的某个不同观点的比较性研究，凸显了其思想的异质性。如弗雷德·阿尔福德（Fred Alford）在他的《自恋：苏格拉底、法兰克福学派和精神分析理论》（*Narcissism：Socrates, the Frankfurt School, and Psychoanalytic Theory*）一

---

① M. Jay, *The Dialectical Imagination*, London：Heinemann Educational Books Ltd, 1973.

② 〔德〕罗尔夫·魏格豪斯：《法兰克福学派史》，孟登迎、赵文、刘凯等译，上海：上海人民出版社 2010 年版。

③ 〔瑞士〕埃米尔·瓦尔特-布什：《法兰克福学派史——评判理论与政治》，郭力译，北京：社会科学文献出版社 2014 年版，第 4 页。

书中探讨了马尔库塞对弗洛伊德的激进解释①；在他的《自然与自恋：法兰克福学派》中将马尔库塞的自恋理论同法兰克福学派的其他学者的观点作了详细的对比②；在1985年弗雷德·奥尔福德又出版了《科学和大自然的报复：马尔库塞和哈贝马斯》③，对哈贝马斯和马尔库塞关于自然和科学的观点做了批判性的评价，认为马尔库塞科技批判思想被人忽视了。约翰·瑞柯尔特（John Richert）在他1986年问世的《弗洛姆-马尔库塞的辩论回顾》中以马尔库塞和弗洛姆二人在心理学领域的论战为研究视角④。而迈克尔·罗维在《马尔库塞与本雅明：浪漫的维度》一文中对马尔库塞与本雅明的美学思想进行比较，认为马尔库塞与本雅明在浪漫主义传统下的不同之处是"弥赛亚主义"的显现，而他们的相同之处在于"都迷恋于浪漫主义对前资本主义社团的怀旧情怀和用艺术的教育对平淡的资产阶级社会的对抗性"⑤。

除了这些在法兰克福学派背景下对马尔库塞的批判理论研究成果之外，还有许多学者将马尔库塞放置在更广阔的西方马克思主义和现代哲学背景下进行系统式、全局式的梳理。这类研究中比较典型的有原《新左派评论》主编佩里·安德森在1977年出版的《西方马克思主义探讨》，在本书的第三章和第四章中，作者提到了法兰克福学派的阿多

---

① C. F. Alford, *Narcissism：Socrates，the Frankfurt School，and Psychoanalytic Theory*, New Haven CT：Yale University Press, 1988.

② C. Fred Alford, "Nature and Narcissism：The Frankfurt School", *New German Critique*, No.36, 1985.

③ C. F. Alford, *Science and the Revenge of Nature：Marcuse & Habermas*, Gainesville：University Press of Florida, 1985.

④ John Richert, "The Fromm-Marcuse debate revisited", *Theory and Society*, No.15, 1986, pp.351-400.

⑤ 〔德〕西奥多·阿多诺、〔法〕雅克·德里达：《论瓦尔特·本雅明——现代性、寓言和寓言的种子》，郭军、曹雷雨等译，长春：吉林人民出版社2001年版，第390页。

诺和马尔库塞以及本雅明的美学批判思想，在他们中只有马尔库塞"没有论述某个特定的艺术家的专著，但却系统地把美学定为自由社会的中心范畴"①。显然，他肯定了马尔库塞的美学批判的异质性，但可惜的是他没有继续深入挖掘出马尔库塞的美学形式本身具有的政治批判功能，因而没有注意到马尔库塞的独特的政治美学批判理论的价值。同类研究还有加拿大学者本·阿格尔于1979年出版的《西方马克思主义概论》，该书涉及了马尔库塞的单向度的社会、弗洛伊德主义传统、新感性等理论，将马尔库塞的《论解放》一书当作马克思主义与民粹主义相融合的理论力证，重点论证了60年代学生运动和少数民族运动的激进民主主义和反极权主义思想，指出了马尔库塞的马克思主义在使北美的民粹主义和反极权主义的多数主义与欧洲的社会主义和马克思主义系统结合起来方面的不足②。同年出版的麦克莱伦的《马克思以后的马克思主义》也是一部综述式著作，认为以马尔库塞为代表的西方马克思主义者批判路线是从经济学到哲学③，但没有提及马尔库塞在西方马克思主义背景下的政治美学批判转向。在英国学者布莱恩·麦基的《思想家——当代哲学创造者们》中的第二章重点介绍了麦基与马尔库塞就六七十年代的学生运动而展开的谈话，其中就涉及了马尔库塞对美学的认识，也隐含了马尔库塞以美学本身作为实现人的自由和解放的政治武器的思路："美学形式是一个既不受现实的压抑，也无需理会现实禁忌的全新的领域。……艺术所召唤的是人们对解放形象的向往。"④

---

① 〔英〕佩里·安德森：《西方马克思主义探讨》，高铦、文贯中等译，北京：人民出版社1981年版，第98页。

② 〔加〕本·阿格尔：《西方马克思主义概论》，慎之等译，北京：中国人民大学出版社1991年版，第5页。

③ 〔英〕戴维·麦克莱伦：《马克思以后的马克思主义（第三版）》，李智译，北京：中国人民大学出版社2004年版，第282页。

④ 〔英〕布莱恩·麦基：《思想家——当代哲学创造者们》，周穗明、翁寒松译，北京：生活·读书·新知三联书店1987年版，第72—73页。

通过以上对 20 世纪 70 年代至 80 年代中后期的西方研究者对马尔库塞思想的研究成果的梳理，可以发现此时期的研究者一提到马尔库塞首先想到的是他在法兰克福学派的学术历程以及作为西方马克思主义者的背景，其中也应用了比较的方法，将他归为西方马克思主义者，批判他对马克思主义的"离经叛道"的解释，这样就无法使思维跳出整个西马的背景，具有局限和封闭性，而且这样也难以展现马尔库塞本人思想的全貌以及其理论的独特性，更难以发现他的政治美学批判转向的意义。

在马尔库塞辞世（1979 年）后学界迎来了对其研究的高潮阶段。这一阶段的研究成果大多注意到了其思想的独特性。有的研究者还阐述了马尔库塞重点著作中的总体思想，把握了其思想历程的融贯性。这一类研究，多采用跨学科、交叉学科的研究方法，涉及马尔库塞的政治哲学、美学和社会学领域的观点，体现出了开放、多元的研究特征。对马尔库塞的思想进行总体性研究的有 1980 年巴瑞·卡茨的《实践和创制：一本马尔库塞的知识分子传记》。其次，马尔库塞的社会学思想也引发了学界的兴趣，其中莫顿·斯库尔曼在 1987 年发表的论文中将马尔库塞的工作、异化和自由的观点与马克思进行了对比①；索林德尔·木克希认为马尔库塞的社会学渊源在于美国社会学家的观点②。有的研究者还发现了马尔库塞的美学思想的政治倾向，逐渐脱离了 20 世纪六七十年代的政治宗派性的评价体系，产生了对马尔库塞政治美学思想研究的萌芽。其中研究水平较高的是戴维·肯特莱尔，将马尔库塞的社会理论和具有唯物辩证法主义特点的哲学理论，统一划归到他的美学思想体系内，用马尔库塞美学革命思想统一了他一生的重点理论，把握了其美学

① Morton Schoolman, "Further Reflections on Work, Alienation, and Freedom in Marcuse and Marx", *Canadian Journal of Political Science*, No.2, 1987.

② Surendra Munshi, "Marcuse Philosophy about the Working Class in Advanced Capitalism", *Social Scientist*, Vol.5, No.9, 1977.

批判思想的整体性①。还有专门研究其美学思想的巴里·卡茨的《马尔库塞和解放艺术》，以及关注马尔库塞的政治理论和美学批判功能的道格拉斯·凯尔勒的《赫伯特·马尔库塞及其马克思主义的危机》。还有1985年蒂莫西·J.卢克斯的《遁入内心：马尔库塞解放美学的解释与批判》，将马尔库塞的心理学和美学领域进行重新定位。罗伯特·保罗·伍尔夫也运用心理学概念分析了马尔库塞晚期思想中关于知识分子压抑与容忍的思想，可以说这是一项对马尔库塞心理学的政治价值的研究成果②。在对马尔库塞理论研究的高潮阶段，西方学者们不仅敏锐地捕捉到马尔库塞思想与其他西方马克思主义思想家的异质性和独创性，而且已经能够以马尔库塞各个方面的思想作为贯穿其全部理论的核心线索。这也和此时西方世界的去意识形态化的政治动态有关。虽然此时马尔库塞的美学思想已经进入学者们的视野，但是仍旧只有较少作者将马尔库塞的美学理论与社会批判理论相结合作为研究重点，可见对政治美学批判的研究仍然不够。

　　20世纪90年代关于马尔库塞思想的专著数量相较于80年代呈下滑趋势，受到冷战思维的影响，加之后现代主义对宏大政治叙事不是特别感兴趣，与福柯、德里达等后结构主义理论家的微观政治相比，马尔库塞的政治美学设想不再是一个时髦的议题。而且马尔库塞的感性解放、美学革命、爱欲本能的复苏并不能改变在资本主义国家的"虚假的匮乏"这一社会现象，人们很满意福利国家的自由主义意识形态，这也是研究者们对马尔库塞的政治美学批判理论缺乏信任的原因。但即使在这样的政治气候下也产生了一批关于马尔库塞的社会学、生态学、政治学、美学等领域的颇具深度的理论成果。例如，1992年本·阿格尔出版的《统治话语：从法兰克福学派到后现代主义》一书中重点记

① David Kettler, "A Note on The Aesthetic Dimension in Marcuse Social Theory", *Political Theory*, Vol.10, No.2, 1977.

② Robert Paul Wolff, "Marcuse's Theory of Toleration", *Polity*, Vol.6, No.4, 1987.

述了从法兰克福学派发展到后现代的具有代表性的思想家的政治权力理论。① 还有 1994 年由约翰·伯克纳和卢克斯编的文集《马尔库塞：从新左派到下一个左派》，涉及了与后现代主义争夺话语权的问题、马尔库塞的精神分析理论、妇女权力、电子人的伦理问题以及技术理性的问题。此外还有约翰·伯克纳和卢克斯合著的《马尔库塞：新视角》提出了马尔库塞对现存控制和压抑形式的批判理论。还有 1992 年道格拉斯·凯尔纳的《马尔库塞的解放和激进生态学》中旗帜鲜明地关注到隐含在马尔库塞思想中的生态学意蕴。② 而安德鲁·阿拉托（Andrew Arato）的《从新马克思主义到民主理论：关于苏联式社会批判理论》则关注到了马尔库塞的苏维埃马克思主义的政治学意义。③ 1995 年琼·奥维兹（Joan Always）的《批判理论和政治可能性：霍克海默、阿多诺、马尔库塞和哈贝马斯》这部著作以法兰克福学派理论家的群体视角着重突出了马尔库塞的政治解放概念。④ 最后，此阶段马尔库塞美学著作数量虽然较其他主题少了很多，但也不乏突出马尔库塞的美学思想的研究，譬如 1990 年罗纳尔德·罗宾的《批判理论家的美学：研究本杰明，阿多诺，马尔库塞和哈贝马斯》⑤。

　　1998 年是具有历史意义的一年，恰逢法兰克福社会研究所成立 75

---

　　① B.Agger, *The Discourse of Domination*: *From the Frankfurt School to Postmodernism*, Evanston, Ill.: Northwestern University Press, 1992, p.347.

　　② Douglas Kellner, "Marcuse, Liberation and Radical Ecology", *Capitalism*, *Nature*, *Socialism*, Vol. 3, No.3, 1992, pp.43-46.

　　③ A. Arato, *From Neo-Marxism to Democratic Theory*: *Essays on the Critical Theory of Soviet-Type Societies*, New York: M. E. Sharpe, 1993.

　　④ J. Alway, *Critical Theory and Political possibilities*: *conceptions of emancipatory politics in the works of Horkheimer, Adorno, Marcuse, and Habermas*, Westport Conn: Greenwood Press, 1995.

　　⑤ Ronald Roblin (ed.), *The Aesthetics of the Critical Theorists*: *Studies on Benjamin*, *Adorno, Marcuse, and Habermas*, Lewiston u.a.: Mellen, 1990.

周年，马尔库塞诞辰 100 周年，因此对马尔库塞思想的研究又成了研究重点。多地召开了纪念性会议，其中包括美国伯克利的"赫伯特·马尔库塞的遗产"会议，会后出版了《马尔库塞评论选集》。1998 年，凯尔纳出版了"马尔库塞手稿文集"的第一卷《技术、战争和法西斯主义》。第二卷《关于社会批判理论》（2001）、第三卷《新左派与六十年代》（2005）、第四卷《艺术与解放》（2006）、第五卷《哲学、精神分析与解放》（2010）也相继出版，第六卷《马克思主义、革命与乌托邦》已列入出版计划。这些生前未发表的文稿资料，全面地向读者展示了马尔库塞的生平思想全貌，极大丰富了对马尔库塞思想的理解。此外，马尔库塞的美学思想也继续受到学者们的关注，其中不乏探寻马尔库塞美学思想的渊源和传统的研究，例如大卫·格林汉姆（David Greenham）2001 年的《诺尔曼·布朗、赫伯特·马尔库塞与浪漫主义传统》（*Norman O. Brown, Herbert Marcuse and the Romantic Tradition*）可视为一个例证。还有许多学者，对将马尔库塞的美学思想和他的教育理论相结合的研究产生了很大兴趣，例如凯尔纳与他人合著的《论马尔库塞：教育领域中的重要思想家》（2008）、《马尔库塞对教育的挑战》（2009）两书，和查尔斯·瑞兹的《艺术、异化与人道》（2000）。还有许多研究者热衷于探索马尔库塞和海德格尔存在主义哲学思想的关联性，譬如安德鲁·芬博格的《海德格尔和马尔库塞：历史的灾难与救赎》，查德·沃林的《海德格尔的孩子们》和《海德格尔的弟子：阿伦特、勒维纳、约纳斯和马尔库塞》。还有的学者关注马尔库塞的哲学思想与黑格尔的思想的关联性，例如 2004 年罗素·罗克韦尔的载于《社会学季刊》上的论文《黑格尔和批判社会理论：马尔库塞档案的新视角》。

综上所述，从 20 世纪六七十年代到 21 世纪的前十几年以来，国外对马尔库塞的思想研究主题多集中于文化批判、现代性、政治学、社会批判理论、哲学等方面。在时代潮流的影响下，马尔库塞的教育、技术理性批判、现代性批判和生态伦理思想也成为了研究热点。即使马尔库塞的美学思想也曾被关注过，但也只是将其作为纯粹的审美理论进行研究，而没有充分挖掘其中的政治批判功能。从理论的研究范式上来看，即使有研究者在西方马克思主义背景之下对马尔库塞思想进行简单介绍，也有将马尔库塞和他所在的法兰克福学派成员如哈贝马斯、弗洛姆、阿多诺针对同一个问题进行比较研究，但以比较视域探索马尔库塞在法兰克福学派开启的政治美学批判转向的研究数量很少。除了20世纪60年代以来，按照经典马克思主义的标准评价马尔库塞思想的成果外，鲜有将马尔库塞的政治美学批判和马克思的政治经济学批判进行对比的研究。因此，马尔库塞的政治美学批判理论迄今为止仍然是一个值得研究的领域。

## 二、国内研究现状

在1978年改革开放以后，为了适应解放思想、大胆开放的方针，大量的国外名著被翻译成中文并被出版，反响强烈，其中也包括马尔库塞的著作。如任立在1982年于商务印书馆出版的《工业社会和新左派》，在这本书中收录了马尔库塞在1956年的《当代工业社会的攻击性》和1972年的《反革命与造反》这两篇比较有代表性的文章。这两篇文章都"着重分析了科学技术高度发达的晚期资本主义福利社会的问题"①。其中的《当代工业社会的攻击性》是他在精神病治疗会上的演讲，主要从"攻击性""本能压抑""性本能"几个心理学概念出发揭示晚期资本主义统治的结构的。而《反革命与造反》是马尔库塞在1970年的一次演讲的观点，对"解放""对抗力量""激进思想和行为"等概念进行分析，对20世纪60年代的学生运动进行了批判

---

① 〔美〕赫伯特·马尔库塞等：《当代工业社会的攻击性》，任立译，北京：商务印书馆1982年版，第3页。

式的总结，承认了这场运动的过激性，也因为运动的参与者与发起人将资产阶级理性主义文化和美学形式的斗争推向了反对理性和美学、艺术本身的斗争受到马尔库塞的批评。除了这两篇文章之外，该书还收录了其他作者的四篇文章，这些文章都将纯心理学概念"攻击"和"适应"运用于政治学和社会学，用这两个概念来分析个人和集体的需要和强制及其相互冲突，来分析工业社会特定的行为方式。可见，虽然这本书收录了能够表现马尔库塞政治美学思想的《反革命与造反》，但仍是将心理学意义上的精神分析当作重点的研究手段，而不是艺术、美学形式本身蕴含的政治革命潜能和社会批判功能。1983年由复旦大学出版社出版的《西方学者论〈1844年经济学—哲学手稿〉》中也收录了马尔库塞早年就马克思的《1844年的经济学哲学手稿》的发表而写的《历史唯物主义的新基础》，是研究马尔库塞早期思想的重要资料，在这篇文章中马尔库塞重新将历史唯物主义的基础定位在海德格尔的生存论意义上，以青年马克思在《手稿》中集中使用的"异化"理论批判资本主义社会，高度赞扬了《手稿》的人道主义价值。我们可以看出，在这一时期对马尔库塞著作的翻译工作只涉及他的一部分文章，很难满足国内学者对马尔库塞思想全貌的理解，多半是与其他国外社会学家的思想汇集在同一本译著中，也很难凸显马尔库塞本人思想的独特性。而且，此时的译著关注的主题也尚未涉及马尔库塞的政治美学批判理论。

其次，改革开放初期，国内学界也出现了一批介绍法兰克福学派内的代表性成员的群体像的专著，其中就包括马尔库塞。这方面的代表学者有徐崇温和江天骥。徐崇温开辟了将西方马克思主义的理论引入我国的先河。他在1980年出版了《法兰克福学派述评》，系统地介绍了该学派从产生到发展的状况以及其成员的经典著作，其中在第三章重点介绍了马尔库塞的"乌托邦革命理论"。但是此时是译介西方马克思主义的起步时期，此时的译者多认为马尔库塞的社会批判理论是与"马克思主义的科学社会主义学术背道而驰的"①。紧接着在 1982 年徐崇温又出版了《西方马克思主义》，马尔库塞被作者评价为法兰克福学派中最重要的思想家之一。除了徐崇温以外，较早引介外来思想的还有江天骥，他在 1981 年出版的《法兰克福学派——批判的社会理论》② 中评介了马尔库塞和哈贝马斯的论文，还选译了马尔库塞的著作中的部分内容，以及西方学者对马尔库塞的哲学思想的评论，为马尔库塞思想的研究提供了宝贵的材料。江天骥站在苏联马克思主义的立场上对马尔库塞进行了否定，但也承认马尔库塞为批判理论和人道主义异化的研究提供了新的思路。然而，虽然在徐崇温和江天骥的作品中都提到了马尔库塞的美学思想，但是对于马尔库塞本人思想和重点著作的详细和系统的翻译工作尚未展开，也不能做到对其社会批判理论、哲学思想和美学思想、政治理论形成全面系统的考察和把握，对于其美学思想更是没有进行专门的分析，政治美学批判理论也尚未进入国内学界的研究领域。

再次，是关于马尔库塞的美学领域的思想。虽然此时还没有专门对马尔库塞的美学进行系统分析的研究专著，但是该领域的成果也不容忽视。例如李泽厚的《美学四讲》中谈到了马尔库塞的"爱欲"和"新感性"以及"技术美学"等概念，认为马尔库塞将美感融入科学形成了科学美，这是一种合规律性、合目的性的活动。③ 也提出马尔库塞的新感性思想是将工具本体过渡到心理本体的典型体现，美感是建立新感性的桥梁，借此开创了李泽厚独特的情感本体哲学理论。④ 他的新感性

① 徐崇温：《法兰克福学派述评》，北京：生活·读书·新知三联书店 1980 年版，第 12 页。

② 江天骥：《法兰克福学派——批判的社会理论》，上海：上海人民出版社 1981 年版，第 53 页。

③ 李泽厚：《美学四讲》，北京：生活·读书·新知三联书店 2008 年版，第 105 页。

④ 李泽厚：《美学四讲》，北京：生活·读书·新知三联书店 2008 年版，第 108 页。

是基于马尔库塞的新感性之上的独特理解，认为新感性是"由人类自己历史地建构起来的心理本体"①。但是，他仍然从"动物生理感性"②的角度解释马尔库塞的新感性。他认为马尔库塞的新感性是对马克思的《1844 年经济学哲学手稿的》误解，将感性的解放和性欲的解放混为一谈。而刘小枫的《诗化的哲学》将马尔库塞解读为一位"要求通过消灭有限的经验性东西的自律性来造成更高的统一"③ 的反讽诗人。而且刘小枫还注意到马尔库塞运用的"想象"概念，进一步深化了浪漫美学在解决有限与无限的分裂中对时间性的思考。总之，这一时期对马尔库塞的美学思想研究没有挖掘出其中的政治功能，体现出一种"去政治化"情绪，仅是将马尔库塞的美学作为一种独特的审美情趣进行分析其特点和学术来源以及德国浪漫主义传统等方面。这也符合当时"为艺术而艺术"的潮流。

综上所述，在改革开放初期，对于马尔库塞的研究工作大多集中于对其文章、演讲和重点著作的翻译和出版上，但是此时还尚未开展完整而全面的翻译工作，导致国内对马尔库塞的技术理性批判、社会批判等其他理论不甚了解，而且对于其美学方面的研究，也仅限于从艺术和美学情趣本身进行探讨，尚未注重其美学的政治意蕴。对于其生平和思想的大致介绍也多处于一个法兰克福学派和西方马克思主义内部的整体群像背景之下，没有单独剖析马尔库塞本人思想的专著出现，而且这类介绍性著作对马尔库塞的评价也大多是在苏联教科书体系模式下进行的，具有比较明显的意识形态性。

在 20 世纪 80 年代末，对西方马克思主义者尤其是马尔库塞的思想

---

① 李泽厚：《美学四讲》，北京：生活·读书·新知三联书店 2008 年版，第118 页。

② 李泽厚：《美学四讲》，北京：生活·读书·新知三联书店 2008 年版，第118 页。

③ 刘小枫：《诗化哲学》，上海：华东师范大学出版社 2007 年版，第 125 页。

已经引起了国内学者的注意。对马尔库塞本人思想的译作和研究专著以及国外的研究专著从数量上也比过去有了较大的突破。这也是受改革开放的深入发展和国人思想观念的开放的影响，对马尔库塞的思想也展开了全面的审视，对他的思想也进行了重新定位，不再从苏联模式框架内对其评价，更加注重马尔库塞思想的科学性和时代性。

首先，以马尔库塞为代表的西方马克思主义者的著作翻译和出版的数量比过去已有较大的突破。马尔库塞的重点著作如《爱欲与文明》《单向度的人》《审美之维》《理性和革命》纷纷进入国内出版界。其中上海译文出版社于 1987 年和 1989 年分别出版了《爱欲与文明》和《单向度的人》，而《理性和革命》的中译本出版时间较晚，于 1993 年由重庆出版社出版。其中与本书研究最密切相关的中译本著作是广西师范大学出版社于 1989 年出版的《审美之维》。《审美之维》收录了马尔库塞比较多的美学类文章，译者李小兵在译序中谈到马尔库塞的政治学实际就是美学，美学问题是其政治理论的核心。这种注意到马尔库塞的政治学与美学之间关系的观点，对其他研究马尔库塞的政治美学的学者提供了新的研究视角。也为本书对马尔库塞的政治美学批判理论的研究提供了非常重要的资料。同样涉及马尔库塞的美学方面的译著还有 1987 年文化艺术出版社的《现代美学析疑》，此书收录了马尔库塞关于文学艺术的两篇文章《美学方面》和《论解放》的第二章《新的感受力》，以及美国"正统"学者杰拉尔德·格拉夫评述马尔库塞美学思想及其他"文化激进派"的专文《反现实主义的政治》。① 但是，在这本书中编者只是将马尔库塞的美学思想作为反对正统的马克思主义美学思想的个例来向读者展示，注意到其美学思想的自律性与独立性，意在探讨马克思主义美学方面的经验和问题，并没有注意挖掘其美学思想的革命性和政治批判功能本身。1989 年上海三联书店出版了《现代文明与

① 〔美〕赫伯特·马尔库塞：《现代美学析疑》，绿源译，北京：文化艺术出版社 1987 年版，第 2—3 页。

人的困境——马尔库塞文集》，在这本文集中也收录了马尔库塞的美学类文章，比如《文化的肯定性质》和《艺术，作为现实的形式》这两篇。此时，该书的译者李小兵已经注意到马尔库塞所关注的人类生存层面的解放，发现了政治经济学批判不能代替哲学——文化批判和马尔库塞"感性的幸福"理论价值，以及从人的心理本能结构这种非合理性的因素中找到通往人类解放的现实途径，那就是艺术——文化为手段的心理——本能压抑的消除①。但是仅仅从这几篇文章来探究马尔库塞的救赎途径是远远不够的。在这个阶段，国外研究马尔库塞的专著也相继被翻译成中文，如阿拉斯代尔·麦金泰尔的《马尔库塞》。②

其次，关于马尔库塞思想的研究专著与学术论文。在这个阶段国内仍是延续改革开放初期的研究视角，注重将马尔库塞放在西方马克思主义和法兰克福传统的背景下继续深入研究。如李忠尚的《第三条道路？——马尔库塞和哈贝马斯的社会批判理论研究》和傅永军、王元军等人的《批判的意义——马尔库塞和哈贝马斯的文化与意识形态批判》，但是专门研究马尔库塞思想的专著在这个阶段数量却不是很多。1989 年陈学明的《二十世纪的思想库——马尔库塞的六本书》就是这为数不多的研究性专著的代表。为了解决国内读者对外来哲学家的思想的"消化不良"，陈学明在这本书中介绍了马尔库塞的几部主要著作的写作背景和精神实质，这些著作分别是《论历史唯物主义的基础》《理性与革命》《爱欲与文明》《苏联的马克思主义》《单向度的人》《反革命与造反》。但是单凭这几部著作的简单介绍，也无法切近马尔库塞政治美学批判理论的全貌。国内研究者经过十几年的深入研究，直到1994 年由陈伟和马良完成了《批判理论的批判：评马尔库塞的哲学与

---

① 〔美〕赫伯特·马尔库塞：《现代文明与人的困境——马尔库塞文集》，李小兵等译，北京：生活·读书·新知三联书店出版社 1989 年版，第 3 页。

② 〔美〕阿拉斯代尔·麦金泰尔：《马尔库塞》，邵一诞译，北京：中国社会科学出版社 1989 年版。

美学》这本专著，重点探讨了马尔库塞的美学思想的哲学根源，并将其美学定位为革命的美学，可以说是本书的重要参考资料之一。可喜的是，虽然这个阶段仍无法逃出法兰克福学派背景下对马尔库塞美学思想的研究，但是对于马尔库塞的评价显然打破了苏联模式的框架，宗派意味不再那么明显。

王雨辰在《江汉论坛》上以《当代西方马克思主义研究之我见》与徐崇温展开了争论，重新评价西方马克思主义的地位，认为西方马克思主义的研究应转入对现代性问题的思考上。将法兰克福学派的学术渊源作为理论背景的马尔库塞的美学思想研究，也是此时期研究成果比较丰硕的方面。在此方面的研究主要有王才勇的《现代审美哲学新探索——法兰克福学派美学评述》、杨小滨的《否定的美学——法兰克福学派"文艺理论文化批评"》和朱立元的《法兰克福学派美学思想论稿》。王才勇认为马尔库塞的《文化的肯定性质》《爱欲与文明》《论解放》虽然是他的审美哲学著作，但是其理论意义更偏重于文化哲学和社会学，马尔库塞真正的审美哲学直到《反革命与造反》才初步形成。朱立元认为美学形式是马尔库塞社会批判的理论武器，美学与艺术的社会批判功能是在艺术的自律性基础上才得以发挥。杨小滨则认为马尔库塞的美学比法兰克福学派的其他成员——阿多诺的美学理论更具有斗争性和政治性，因此用思维哲学的理解方式是不能够真正把握马尔库塞美学政治的要领，必须要将其美学理论与社会批判相结合。虽然在这几部学术专著中可以管窥马尔库塞的政治美学相较于学派内其他成员美学理论的异质性，但是如果不对马尔库塞本人的美学思想做专题式的研讨和剖析，是不能够准确定位马尔库塞的政治美学批判理论的。而且马尔库塞的政治美学思想不仅仅只是产生于《论解放》和《反革命与造反》以及《审美之维》等专门研究美学与政治的关系的文章中，而是贯穿于马尔库塞一生的思想演变过程中，因此可以把马尔库塞一生的学术经历作为政治美学理论演绎的轮回来把握。这一点，显然在这个时期国内少有研究者能够掌握。但是学界逐渐关注到他美学思想中蕴含的政治价值，以及马尔库塞的美学政治在变革的实践中的作用，在学界产生了"政治诗学""解放美学"等声音，是较改革开放初期的"去政治化"审美情趣的进步。其中比较有代表性的是朱士群和程中业的《马尔库塞的解放美学》，肯定了艺术作品本身具有的社会批判力量，并在马尔库塞的早期著作和文章中追溯其美学思想形成的轨迹，并提出构建他的政治美学体系的问题，虽然肯定了马尔库塞美学对人类自由和解放的价值①，但是没有考虑到美学政治作为批判的武器和武器的批判的局限性。与此类似的文章还有傅永军的《新感性、新理性与解放之途——马尔库塞的"政治诗学"思想解析》②、张之沧的《论马尔库塞的解放美学》和黄文杰的《论艺术对既在的绝对张力——马尔库塞的艺术哲学解析》等。

　　总之，在 80 年代末到 90 年代中期，国内学者越来越重视马尔库塞的思想价值，对其评价也脱离了改革开放初期的宗派意味。此时期对马尔库塞的思想研究虽然呈现出多元化趋势，但是研究主题多集中于哲学、美学、文艺学、社会学、发达工业文明和科技意识形态、大众文化以及政治革命等思想上，对其美学思想和艺术观所蕴含的政治潜能和社会批判功能以及对人类的自由和解放的借鉴意义虽然也得到了国内学者的关注，但是尚未有人将他的政治美学思想作为融贯其一生的理论切入点进行研究，也很少有学者分析其政治美学批判的限度与西方美学传统。即使有了在法兰克福学派范围内凸显马尔库塞政治美学的独特性研究，但尚未成系统化。因此，对马尔库塞的政治美学批判理论的研究还存在着较大的研究空间。

---

　　① 朱士群、程中业：《马尔库塞的解放美学》，载《社会科学辑刊》，1995 年第 4 期，第 135—139 页。

　　② 傅永军：《新感性、新理性与解放之途——马尔库塞"政治诗学"思想解析》，载《当代世界社会主义问题》，2005 年第 3 期，第 23—31 页。

从 90 年代末至今，我们迎来了对马尔库塞研究的繁盛时期。意识形态属性的评价方式已经不再是对马尔库塞生平思想的唯一参考标准，对于马尔库塞思想无论从主题上还是研究范式和方法上都颇具开创性，研究深度与广度也在继续增强。此阶段国内学界对马尔库塞思想的专题性研究已经初具规模性，研究主题多集中于马尔库塞的哲学思想根源、美学革命、乌托邦思想、人本主义伦理观、否定性思维、大众文化批判以及从马尔库塞的科学技术理性批判衍生出来的生态与科学技术观等主题上。因此，这个阶段的马尔库塞研究主题比较全面。在研究方法上也注重在与其他西方马克思主义者的对比中凸显马尔库塞的批判理论的独特价值。

首先是马尔库塞著作的翻译情况有新的进展。1998 年，为继承西方哲学关怀和探索生活的学术传统，怀着对马克思主义命运的深切关注，为了解和借鉴西方马克思主义的生活哲学理论，陈学明、吴淞和远东等选编了一套集西方马克思主义的生活哲学于一体的"生活哲学文丛"。其中涉及马尔库塞的有《爱是一门艺术：马尔库塞、弗洛姆论爱情》和《社会水泥：阿多诺、马尔库塞和本杰明论大众文化》，前者是以马尔库塞理论中的精神分析和性格结构批判以及弗洛伊德主义的学术渊源为线索，将马尔库塞与弗洛姆的部分著作中的经典段落摘录成册，其中收录了马尔库塞的《爱欲与文明》和《单向度的人》，还有马尔库塞和帕泊尔合作发表的文章《革命还是改良》中的部分经典文句。后者是将以马尔库塞为首的包括阿多诺、本杰明的大众文化批判理论的重点文章作为摘录的对象，认为他们都把"现代大众文化"的社会功能归结为剥夺人的情感、巩固旧的秩序上来。2012 年马尔库塞的《苏联的马克思主义——一种批判的分析》作为介绍当代国外马克思主义研究的最新成果被中国人民大学出版社出版，为厘清当代国际舆论中具有复杂争议的问题提供借鉴性的资料。值得注意的是，从 2019 年 1 月到 11 月，人民出版社先后出版了六卷本《马尔库塞文集》，分别收录了以技术战争与法西斯主义、马克思主义革命与乌托邦、哲学精神分析与解放、社会批判理论、新左派与 20 世纪 60 年代为主题的共上百篇马尔库塞的文章，这些文章均是以往尚未流传到中国出版界的第一手资料，这为本书提供了宝贵的资料支持。

其次是马尔库塞的研究性专著及期刊论文的最新发展情况。自2000 年以来，关于马尔库塞的思想研究无论从主题的广泛程度上还是研究的系统性和与多种学科交叉的方法上来看，都有了显著的进展，仅在中国知网 CKNI 数据库中以"马尔库塞"为关键词的文章就达千余篇。此时期关于马尔库塞的研究性专著和期刊论文呈现出如下几个特点。

第一，在 90 年代中期以后，关于马尔库塞的科技观的研究成果数量逐年攀升。此时学者们除了发现马尔库塞的科技美学的研究价值之外，还将马尔库塞的政治美学作为单独的研究领域肯定了其政治美学的解放价值，例如王雨辰于 2009 年发表的《从技术政治到审美政治学——马尔库塞的政治哲学初探》，作者探讨了马尔库塞的审美政治学和技术政治学，认为当代发达工业社会下的科学技术已经成为新的意识形态，是一种新的操控手段。但是审美政治却可以突破这种科技意识形态的控制，是实现西方社会中的人的自由解放的救赎之路。① 陈俊的专著《技术与自由——马尔库塞技术哲学思想研究》从技术与自由的冲突与融合的视角出发对马尔库塞的技术哲学思想进行全面研究。在这本专著中，陈俊分析了马尔库塞的感性美学革命的限度，认为这是一种唯心主义哲学的思想，"审美幻想"不能代替马克思的实践唯物论，最后提出只有在马克思的"实践唯物论"的基础上人类才能通往真正的自

---

① 王雨辰：《从技术政治到审美政治学——马尔库塞的政治哲学初探》，载《国外社会科学》，2009 年第 1 期，第 12—19 页。

由。① 但是就目前为止的研究来看，国内学者一般是把科学技术和美学的关系割裂成两种不同的生存方式，科技代表控制方式，而美学则代表解蔽方式，但是这忽略了马尔库塞对科技的双重界定，马尔库塞并不是简单地批判科技，而是承认科技的两面性，认为美也可以融入人们的生产劳动中去，尤其是人们所创造的技术中去。这样的研究就将科学技术观排除出马尔库塞的政治美学思想中，因此是不完整不全面的。

第二，对马尔库塞本人的思想作全景式的研究成果也不在少数。其中比较典型的是陆俊的《马尔库塞》，陆俊在这本书中对马尔库塞的学术背景、哲学思想、新感性和美学思想都进行了比较完整和深刻的介绍，用"含着眼泪的微笑"来歌颂马尔库塞的"弥赛亚"精神。②

第三，当代学者对马尔库塞思想中包含的否定性思维有着强烈的研究热情。譬如程巍的《否定性思维——马尔库塞思想研究》，这本书详细介绍了马尔库塞思想转变的历程，还向国内学者介绍了许多马尔库塞的没有被翻译的文章，是一部资料翔实、内容丰富的作品，但是程博士主要是从文艺学方面去阐述马尔库塞的美学思想的，没有将美学形式本身与人类解放的结合作为研究重点，对马尔库塞经历的生活背景的介绍的成分也大过于哲学式的论证。他将马尔库塞用贴标签的方式定义为"存在主义的马克思主义者""黑格尔主义的马克思主义者""弗洛伊德主义的马克思主义者"③ 等等，这样的定位方式的确能够揭示马尔库塞在各个时期的思想的学术渊源，但是这样做也仅能达到对马尔库塞思想的分阶段理解，不仅没有发现马尔库塞的政治美学批判理论在其思想的中心地位，而且也无法用一条核心线索考察马尔库塞思想的融

①　陈俊：《技术与自由——马尔库塞技术哲学思想研究》，北京：中国社会科学出版社 2013 年版，第 2—3 页。

②　陆俊：《马尔库塞》，长沙：湖南教育出版社 1999 年版，第 2 页。

③　程巍：《否定性思维——马尔库塞思想研究》，北京：北京大学出版社 2001 年版，第 1—156 页。

贯性。10 年后，徐博的《马尔库塞否定性思想研究》问世了，该作品的进步之处在于作者意识到了"否定性在马尔库塞思想的中心地位，将其否定性的内涵充分地挖掘出来"①，以否定性将其在哲学、美学、社会学等领域的研究贯穿起来，将马尔库塞的思想轨迹分成寻找否定性、运用否定性和完成否定性的三个阶段。但是，他和程巍一样，仅仅把美学思想作为马尔库塞研究的一个独特领域，没有意识到马尔库塞思想的中心问题实际上是美学问题，因此忽视了美学形式本身的政治革命性的挖掘。

第四，关于马尔库塞哲学思想的研究，多数研究成果都涉及了马尔库塞的人本主义、新感性、爱欲理论、乌托邦、革命理论、异化观等。其中张和平在这个主题上的成果最多。其专著《一代哲学巨人的足迹——马尔库塞哲学思想研究》认为马尔库塞的"爱欲"思想是其所有思想的中心线索，但作者本人也承认这样的处理方式难免会出现"混乱和不全面之处"②。张和平在此时期也发表过相当多关于马尔库塞哲学思想的学术论文，探讨的主题涵盖了"异化"、社会批判理论、非理性主义、劳动、技术理性等各个方面，可谓是一位专门研究马尔库塞理论的研究者。2007 年范晓丽的《马尔库塞批判的理性与新感性思想研究》③ 问世了，这是一部哲学意味很浓的研究成果，显示了作者高水平的哲学功底。作者分别探索了感性和理性在西方哲学史上的融合和分裂的发展历程，以及理性和感性的合理性是如何发展成为技术理性、工具理性的历程，然后揭示出马尔库塞的新感性思想是重建新理性的基

---

① 徐博：《马尔库塞否定性思想研究》，北京：社会科学文献出版社 2011 年版，第 13 页。

② 张和平：《一代哲学巨人的足迹——马尔库塞哲学思想研究》，兰州：甘肃人民出版社 2002 年版，第 7—8 页。

③ 范晓丽：《马尔库塞批判的理性与新感性思想研究》，北京：人民出版社 2007 年版。

础，而美学与艺术是构成这个新基础的中心范畴，最后指出了马尔库塞新感性思想的限度。范晓丽这部专著对于本书有着极其重大的借鉴意义，但是她把美学和艺术作为新感性观的一个部分来分析，也没有将政治美学放在马尔库塞思想的中心地位。2009 年郑春生的专著《拯救与批判——马尔库塞与六十年代美国学生运动》① 则侧重于从政治和历史学科相融合的角度去研究马尔库塞和六十年代美国学生运动之间的关系，试图厘清"社会理论与社会运动"之间的互动关系。因此他从对资本主义批判的社会背景、马尔库塞思想与学生运动宣言纲领的文本联系等角度来架构整部作品。虽然这部比较厚重的作品为我们提供了大量的史实材料和媒体记录，但严格来讲这部作品不是哲学专著，无法把马尔库塞的政治与美学思想之间的关系进行系统的论证，这也留给了本书充分的写作空间。2015 年李永虎的专著《马尔库塞的乌托邦思想研究》由光明日报出版社出版，其目的是为马尔库塞的乌托邦思想正名，承认了马尔库塞思想中深刻的"浪漫主义"在人类解放事业中的独特地位，追溯了马尔库塞乌托邦思想的源头，以及对现代文明社会现实的不满，并从"心理学乌托邦主义""本能革命""新感性运动""审美革命"等各方面发动了"罗曼蒂克"式的乌托邦革命，认为"马尔库塞的乌托邦思想对当前建设有中国特色社会主义道路有重要的启示"。② 作者重视了乌托邦在马尔库塞思想中的根本性地位，并以此为中心将马尔库塞一生的重要著作中的思想融贯起来，比如《历史唯物主义的基础》《哲学与批判理论》《理性与革命》《苏联的马克思主义》《单向度的人》《爱欲与文明》等著作。但遗憾的是作者并没有突出其乌托邦思想中的政治潜能，而只是在第四章和第五章分别简要地提到了马

---

① 郑春生：《拯救与批判——马尔库塞与六十年代美国学生运动》，上海：上海三联书店 2009 年版。

② 李永虎：《马尔库塞的乌托邦思想研究》，北京：光明日报出版社 2015 年版，第 3 页。

尔库塞的"审美革命"。2016 年刘兴云和石小娇合著的《意义世界的构造——马尔库塞新人本主义伦理思想研究》继续为国内马尔库塞的哲学思想研究注入了新鲜血液，作者以"爱欲""额外压抑""解放"和"新感性"四个范畴来统摄马尔库塞整个伦理思想，从伦理价值观切入马尔库塞新人本主义伦理思想，"反思发达工业社会给人们带来的福祉与灾难，以及解放之路"①，做到了对马尔库塞的重要著作的整体而独到的研究。但作者没有注意到无论是马尔库塞构建的新人本主义伦理观，还是心理主义的革命方案，都是马尔库塞美学政治的重要组成部分。

第五，在马尔库塞的美学思想方面，涌现了大批研究成果，而且对于马尔库塞的政治美学研究也出现了专门性的著作和学术论文。马尔库塞的政治美学批判理论也在 2016 年正式进入国内研究者的视野。在马尔库塞的美学思想研究领域内，比较有代表性的是丁国旗的《马尔库塞美学思想研究》，高建平先生在给丁国旗的这本书所做的序言中直言马尔库塞的美学思想的问题意识和时代价值是阿多诺、伊格尔顿、威廉姆斯等所无法替代的②。但是丁国旗的这本美学专著并不是突出马尔库塞的美学思想在二十世纪六七十年代的资本主义新变化和社会运动中的政治功能，而只是将马尔库塞的美学思想放置于文学艺术理论领域内来强调其对美学与艺术的无功利性和自律性的独到理解，再度出现了 20 世纪八十年代的美学"去政治化"倾向，将马尔库塞的美学引向了对美学教育的关注上，认为马尔库塞的美学只是在价值向度上的解放承诺，体现的是马尔库塞作为精英知识分子的学术情怀。但是该书把马尔库塞的博士论文《德国艺术家小说》作为马尔库塞美学思想的先声，

---

① 刘兴云、石小娇：《意义世界的构造——马尔库塞新人本主义伦理思想研究》，北京：中国政法大学出版社 2016 年版，第 13—14 页。

② 丁国旗：《马尔库塞美学思想研究》，北京：社会科学文献出版社 2011 年版，第 3—5 页。

这也恰恰是以往国内研究者所不太重视的著作。对这部作品的引介，不仅能够使国内研究者走出这样的一种误区，即马尔库塞只是在《论解放》和"五月风暴"平息之后才退回书斋进行美学研究，其美学思想仅仅是学生运动失败之后的一种理论式的迂回，而且能够让我们发现在马尔库塞的早期思想中就已经产生了对美学的关注以及挖掘美学形式本身的革命价值这样的问题意识，因此，美学问题实则是马尔库塞思想的起点。对马尔库塞的政治美学思想进行专门研究的是刘闻名，在2016年他以《马尔库塞的政治美学研究——基于马克思主义视角》取得了博士学位①。在这项成果中，刘闻名重点探究了马尔库塞从美学、哲学走向政治的发展历程，以及他的政治美学研究的人性基础，认为马尔库塞的思想是以美学为起点走向具体哲学再挺进政治学领域最后又回归到美学研究的终点。这种说法类似于李小兵翻译的《审美之维》中的序言指出的：马尔库塞的思想经历了一个哲学——批判理论——美学的正—反—合的辩证循环。② 刘闻名的这部论文的独特性在于，他推翻了之前学界达成的共识，即马尔库塞的美学思想只是他的晚期思想的主要内容，而是认为马尔库塞一生的思想，包括其早期思想，都属于政治美学的研究范畴。而且他并没有囿于马尔库塞所在西方马克思主义者的理论背景对马尔库塞进行宗派性的定性，而是从他和马克思共同关注的人类解放问题视角，将其定性为坚定的马克思主义者。这部作品也有不足之处，由于翻译问题和资料的不足，没有对马尔库塞与海德格尔的思想关联进行充分的解释；对于经典马克思主义的精神实质和核心内容，思想的内在结构过于概括，没有抓住为何马尔库塞采取了与马克思的政治经济学批判不同的政治美学批判方法在于对市民社会的不同理解这一切

---

① 刘闻名：《马尔库塞的政治美学研究——基于马克思主义视角》，吉林大学博士论文，2016年，第4页。

② 〔美〕赫伯特·马尔库塞：《审美之维》，李小兵译，桂林：广西师范大学出版社2001年版，第3页。

入点，也没有在法兰克福学派内部成员的社会批判理论的视域下，突显出马尔库塞政治美学批判的异质性，还没有分析政治美学批判的限度与价值。在刘闻名的研究成果问世后，以马尔库塞的政治美学作为主题的研究也逐渐进入了读者们的视野，例如黑龙江大学的博士岳凤发表在《理论探讨》中的文章《社会理想建构的感性之维——马克思、马尔库塞与朗西埃的政治美学谱系》。但从数量上来讲，与对马尔库塞在其他领域的思想研究相比还是比较少。从研究程度来看，对马尔库塞的政治美学批判也研究得不够全面。可以说，马尔库塞的政治美学批判理论仍具有可待挖掘的价值。

### 三、国内外同类课题研究的特点

第一，在研究主题上，无论是在国内还是国外，研究者们对"马尔库塞的政治美学"这一主题的关注程度都不够。只是在 2016 年以后，才在中国知网数据库和万方、维普数据库中，出现过不超过十篇以"马尔库塞的政治美学"为主题的学术论文。即使国内有以"马尔库塞的政治美学"为专题的研究成果出现，也没有细致厘清一个关键问题——从何种意义上说，马尔库塞理论就是政治美学。对马尔库塞的政治美学进行明确的界定与梳理，迄今为止也没有详尽阐明，基本上都是在一般意义上直接探讨其政治美学思想。然而相应地，对这个基本前提的阐释则是本书极力突破的方向之一。十九大报告指出了新时代以来，我国的主要矛盾发生了转变，"人民日益增长的美好生活需要和不平衡、不充分的发展之间的矛盾"已经成为现阶段我国的主要矛盾。而马尔库塞的思想遗产中关于文化的社会作用、技术与政治的融合，尤其是其政治哲学中的美学意蕴，都对我国现阶段的文化意识形态宣传与构建、我国的文化事业与文化产业的软实力提升有重要的时代价值。南京大学教授严强曾说过："政治学研究不仅是一项充满理性的、理智的事业，还是一项富有艺术性的事业。"① 而马尔库塞的政治美学批判理论就是强调政治的科学性与艺术性的统一。因此，基于我国的国情与世界潮流的变化，马尔库塞的政治美学批判理论更应该受到关注。

第二，在对马尔库塞政治美学专题研究的细节上，现有的研究成果与本书的理解存在一定不同之处。这主要表现在多数研究者对其政治美学思想分期上的解读。这在国内研究成果中表现得最为明显，多数研究学者认为，马尔库塞的美学思想只是在其后期著述中才得以突显，譬如他的《论解放》《革命与反革命》《审美之维》《艺术与革命》中。但对于美学问题的热衷和美学形式中寄予的革命冲动与对感性的拯救，则是贯穿马尔库塞一生的政治追求。本书认为，马尔库塞对美学的关注是贯穿于他一生思想之中的隐性线索，他的美学思想是他的批判理论的基础。在这点上，本书认同丁国旗的观点。② 马尔库塞在1922年完成的博士论文《德国艺术家小说》，就已经奠定了日后他的政治美学的浪漫主义基调，我们在这篇论文中可以看到马尔库塞对"理想与现实""艺术与生活"艺术的"异在""解放的需求""乌托邦社会""教育"等诸多范畴的论证，这也蕴含了他在其后期思想中许多关于美学革命、美学艺术形式的革命潜能等问题的萌芽。因此，如果只是把马尔库塞的政治美学批判理论理解为——在他的学术生涯晚期学生政治运动失败之后退回书斋的一场理论式迂回，就忽视了其早期和鼎盛时期的重要思想，这也是以他的政治美学为基础与核心的理论演绎和实践总结，也同样无法使人们重视他的美学理论中蕴含的独特政治潜能和批判价值。

第三，从对马尔库塞政治美学批判理论的研究方法来看，在比较视域下研究的成果不够多。国内外学者中，有很多在全局视野下将马尔库塞的思想融入法兰克福学派和西方马克思主义背景中，对涉及的关键理

---

① 刘兴云、石小娇：《意义世界的构造——马尔库塞新人本主义伦理思想研究》，北京：中国政法大学出版社2016年版，第5页。

② 丁国旗：《马尔库塞美学思想研究》，北京：社会科学文献出版社2011年版。

论家进行宏观介绍；也有大量的研究，是对比马尔库塞和法兰克福学派内部成员，如阿多诺、哈贝马斯、弗洛姆、本雅明等人的思想。但是，运用微观比较方法来突显马尔库塞的政治美学批判理论，在整个法兰克福学派和西方马克思主义背景内的异质性研究则较少。本书认为，"马尔库塞开启了以爱欲与新感性为主要武器的政治美学批判新视角"预判是成立的。

　　第四，在对马尔库塞是否是一位合格的马克思主义者定位和评价中，仍存在着意识形态化倾向。这一倾向主要在我国对该领域的研究中比较明显。从现有的研究成果来看，大多数涉及马尔库塞的作品都在行文的最后进行了定性式的评价，但这些评价大多是基于——阿·麦克伦泰认为——马尔库塞思想的"虚假性"和对马克思主义进行了"离经叛道"的解释基础上做出来的。① 本文认为，这种对马尔库塞的评价仍囿于西方马克思主义的背景之下，少有从理想、现实的对立与人类解放的历史位阶角度，与马克思主义政治经济学批判进行比较的研究，未免抹杀了马尔库塞政治美学批判与马克思主义哲学思想之间的关联。而且从对人的现实生存境遇和人类自由解放的关注上来看，马尔库塞和马克思的宗旨是一致的。马尔库塞是面对西方发达工业社会阶级结构和阶级意识出现的症候，而给出的治疗工业社会心理病的一剂"良方"，这种政治美学救赎路线在当时的环境下存在着合理性，但是其走向失败的原因是研究者应该反思的问题。以往的研究者在对这个问题进行思考时，忽视了对市民社会的不同理解是马尔库塞用政治美学批判代替马克思主义政治经济学批判的根源。以市民社会概念为中心去对比马尔库塞与马克思主义哲学，可以从哲学的角度理解马尔库塞对马克思的误读原因，即他将生产力、生产关系、经济基础、上层建筑，甚至是科学技术当作外在于人的感性生存的实体，

_____

① 〔英〕阿·麦克伦泰：《"青年造反哲学"的创始人——马尔库塞》，詹和英译，长沙：湖南人民出版社 1988 年版。

而忽视了马克思主义政治经济学批判与意识形态批判和政治美学批判的关系。

## 四、国内外同类课题研究的发展趋势

首先，从"马尔库塞的美学理论"到"以马尔库塞的政治美学批判理论"为研究主题的转变。对于马尔库塞的美学研究，从改革开放初期以李泽厚、刘小枫等为代表，延续至今仍有影响力的有程巍和丁国旗。经过研究不难发现，他们对马尔库塞的美学思想研究，始终是在文艺美学的学科范式下解读。换言之，以往的同类课题研究往往是以"为艺术而艺术"理念的文艺学研究，这种单纯对审美形式的研究，会削弱其在现实问题中起到的实践作用和政治效能。事实上，在以消解政治与拆解宏大叙事为主旋律的后现代，将原本无功利的审美发挥出争取自由、正义、解放、理性、公平的政治功利性效能，也是马尔库塞作为一个马克思主义者的学术良知和担当。而自 2003 年起文艺界发出"从文艺美学到政治美学"① 的号召，这是从美学虚事向政治实事过渡的信号，这从侧面说明了，即使在国内外对后现代主义思想研究继续升温的情况下，与马尔库塞同类者（如伊格尔顿等）为反对极权统治而斗争的政治美学家的思想价值，会重新引起学界的重视。

其次，近年来对情感结构的研究也是国内外研究者所热议的课题。因为从世界范围来看，饥荒与匮乏不再是时代的主旋律，人类的温饱已经在很大程度上得到满足。但是人们对美好和幸福的向往，在社会生活中祈求获得感，是全人类更高的追求目标。共产主义从来都不是一种应然的状态，而是一种现实的运动。物质条件的充裕不一定能填满空虚的、遭受压力的心灵。为了实现人与人之间的和谐与平等、诚信与友

---

① 徐敏：《政治美学：一个新的学术课题——"回归实事：政治美学与文艺美学"学术研讨会综述》，载《南京师范大学文学院学报》，2004 年第 3 期，第 160 页。

爱，为了人民都能生活幸福，对于人类最隐秘的情感结构的理论探讨，其意义就显得十分重要。马尔库塞以新感性为中心的政治美学，恰好对这个重大问题的研究提供一定借鉴意义。因此，在今后的国内外研究中，对于包括马尔库塞、马克思、斯宾诺莎、弗洛伊德、海德格尔等大师的关于情感的研究，会继续引发学界的研究兴趣。华夏出版社于2016 年出版了美国学者贝尔格的《爱欲与迷醉》，商务印书馆于2017年出版了英国学者苏珊·詹姆斯的《激情与行动》，以及国内学界近两年来对斯宾诺莎的《伦理学》心理章和柏拉图的《会饮篇》的探讨热情，都是对情感结构研究升温的力证。

最后，在研究视角上，对于马尔库塞的经典马克思主义式评价将会出现以比较方法为主的学术成果。20 世纪 80 年代初期的宗派性和意识形态性的意味将会逐渐消失。马尔库塞的政治美学批判和马克思主义政治经济学批判的比较方法，也将会启迪西方马克思主义研究者们继续研究政治美学批判方法的可行性与限度。而将马尔库塞放置于他所在的法兰克福学派和西马背景下的研究方式依然必不可少，但是跳出整个西马和法兰克福学派的框架，开显马尔库塞政治美学批判的异质性，将会是国内外学者今后的努力方向之一。

## 第三节　研究思路与方法及可能的创新之处

### 一、研究思路

本书选取西方马克思主义社会批判明星马尔库塞的政治美学批判思想进行较为细致的研究，重点突破方向是马尔库塞政治美学的思想来源、在政治美学发展史的学术定位、基本理论框架、马尔库塞政治美学批判产生的理论背景、政治美学在其一生思想和西方马克思主义美学批判转向中的重要地位，并分析马尔库塞政治美学救赎的主要途径、方法和基础以及表现。其目的是将马尔库塞一生的重要理论思想，以政治美学批判为切入点和核心线索贯穿起来，开显马尔库塞美学思想和艺术形式的政治潜能和批判功能。同时，沿着马尔库塞政治美学思想形成发展线索，思考中国特色社会主义建设过程中，马尔库塞的政治美学批判理论对于自由美好幸福生活的追求有哪些启示意义，以及在经济建设与工业化进程中，我们需要警惕的问题。并且对于政治美学批判能否代替马克思主义政治经济学批判的问题给出一定解答。

本书的内容梗概如下：

第一章从西方哲学所经历的理性的原初统一与分裂的嬗变过程中，分析马尔库塞建构其政治美学批判理论的背景与契机，即技术理性对感性之维的压制。马尔库塞认为技术理性极权统治带来的政治危机实质是一种理性危机，这种危机的根源在于西方理性精神中逻各斯与努斯的分裂。逻各斯与努斯的分裂导致辩证理性的内涵缩小为单向度的知性，间接地取消了审美感性存在在文化上的合法性。原本理性与感性的生存论内涵，被把握客观世界的知性能力所代替，导致现代科学精神中审美感性之维的丧失，使技术理性成为唯一的价值准则而剥夺人性本真的快乐。马尔库塞以此为契机，重建以爱欲和新感性为核心的政治美学批判理论，目的是使感性与理性在艺术中重新走向协同统一。

第二章围绕政治、美学与哲学在马尔库塞早期学术经历中的地位，介绍了马尔库塞政治美学批判理论的思想先声以及几次重大理论转折。在欧洲社会主义政治革命失败的影响下，马尔库塞选择在《德国艺术家小说》中以美学为抵御技术理性对完整审美人性之阉割的武器。而"艺术真理要在现实政治实践中发挥革命潜能"的主题，则贯穿了马尔库塞一生的学术研究与政治实践。为了使其政治美学思想成为一种具有实际社会意义的革命指南，马尔库塞对黑格尔与卢卡奇关于艺术的思想、席勒的政治美学、胡塞尔的现象学、海德格尔的存在主义、马克思的异化劳动理论、伏尔泰的生命哲学、黑格尔的历史本体论与理性辩证法等理论资源进行了融合与创新，这段学术经历为他的"以情感为本体的政治美学批判理论"打下了牢固的哲学地基，确立了以否定性为中心的批判框架。

第三章指出了马尔库塞针对单向度的理性和感性而造成的危机所提出的解蔽方式，即政治美学批判。分析作为社会批判理论，其政治美学批判与法兰克福学派共同的批判对象——技术理性。马尔库塞在 1941 年《现代技术的一些社会含义》中，指出了现代技术与机器要素对社会组织方式与人的存在方式的整合，认为技术理性已经将触手伸向人们生产、生活等各种社会领域，甚至成为意识形态。而在 1960 年《当代工业社会的攻击性》中以弗洛伊德的精神分析为依据，指出人类片面追求大型机械化、工业化与现代化是一种具有攻击性的病态心理。马尔库塞对于技术理性的批判在以上两篇文章中已有所体现，以现实社会形态——以美国为代表的发达工业社会为示例进行剖析，集中体现在 1964 年《单向度的人》中。本书认为发达工业社会中经济、文化、政治、意识形态各方面都被技术理性所同一化，其引发的单向度危机，不仅体现在以美国为代表的发达工业社会中，还体现在同样追求现代工业化、技术化的苏联社会和德国纳粹极权主义社会中。而这三种权威国家形式中的单向度危机，在马尔库塞看来有着深厚的理性主义文化渊源，这种理性文化观与资本主义生产方式相融合成为了单向度的肯定性文化。其批判理论的政治美学特色表现在——他选择把反抗技术理性统治的美学转向人类爱欲的全面解放的政治目标，是将美学政治化的具体表现。为了实现总体的人性全面复归，他在晚年选择了从美学问题和艺术领域中挖掘政治功能的书斋生活。

第四章主要展示了马尔库塞政治美学批判的思想特质：（1）美学

思想的政治批判性；（2）以新感性的本体论为批判技术理性的武器。本章首先通过对马尔库塞政治美学内涵的梳理，重新回顾了马尔库塞是如何做到政治美学化与美学政治化的辩证统一的。马尔库塞采取了将政治问题予以美学化的方式，运用心理本能理论，为感性学—美学正名，以符合人性的审美理想为评判社会是否自由的依据，将为感性而构建的哲学基础与弗洛伊德的本能理论相综合，为自己以感性与理性协同统一的爱欲与新感性概念找到了自然生物学基础，实现对压抑性政治之批判。

第五章的主要任务是在比较的视域下，对马尔库塞的政治美学批判进行反思与评价。重点从三个方面进行比较：一是以法兰克福的社会批判为参照，突显马尔库塞开启的政治美学批判的创新性；二是以马克思主义政治经济学批判为参照，揭示马尔库塞政治美学批判的限度；三是通过马尔库塞的政治美学批判思想，得出对当代美学与政治研究发展方向与当代人幸福美好生活的启示。

## 二、研究方法

### （一）比较与归纳的方法

马尔库塞的政治美学批判理论有其深厚的学术渊源，吸收和继承了西方美学传统，并以其更为宏观的美学革命和解放的意蕴，超越了以往只把美学当作纯粹价值无涉的审美情趣传统。在广泛吸收了马克思主义哲学、德国古典哲学以及浪漫主义美学等多种学术思潮的基础上，马尔库塞从人类心理和情感结构出发，构建了新感性的政治美学思想。因此，本书在浪漫主义美学传统基础上对其政治美学批判和哲学思想进行梳理的同时，也将其与其他法兰克福学派内部成员，如阿多诺、本雅明、弗洛姆等社会批判家的思想进行细致比较，并且以马克思的思想为尺度和标准，研究马尔库塞和马克思具体救赎道路的不同之处，以进一步明确马尔库塞政治美学的思想特质，从而为深刻理解马尔库塞整体思想做充分的理论储备。

## （二）宏观与微观相结合的方法

本书试图在微观考证的基础上对马尔库塞的政治美学批判思想进行宏观把握。一方面，对马尔库塞政治美学批判思想进行宏观把握，并运用宏观的全局视野，将其纳入整个西方马克思主义美学批判的格局中，凸显他的政治美学批判理论在法兰克福学派内所开创的批判理论新领域，以此再现整个法兰克福社会批判的理论传统。另一方面，从微观角度，对其政治美学批判理论的思想资源、理论特色、历史地位和对西马政治美学批判转向的贡献做出深入探讨，并且揭示一些关键概念的内涵及其内在逻辑联系，例如，感性、理性、新感性、爱欲、异化劳动、美在形式、艺术自律、情感结构、无意识、生命冲动、快乐原则、现实原则、压抑反升华等。

## （三）实践的解释学方法

马尔库塞在向海德格尔和胡塞尔求学时期，接触并运用解释学和现象学方法，将海德格尔的《存在与时间》中的生存现象学方法，应用于对马克思的经典著作解释上，试图寻找马克思主义哲学的生存论和现实性维度，击碎资本主义对人性的压抑统治和残酷剥削。但是马尔库塞并没有满足于"从经典中发现批判的武器"这种解释学方法，而是更重视利用美学批判武器激活现实生活，并将其美学和哲学思辨的理论自觉融入政治实践和革命运动中去。马尔库塞在《单向度的人》中提到过，美学和哲学的任务是要开创一个从否定的角度去理解事物的"抽象"[①]，这种超越不是纯粹思辨的形式逻辑，也不是要忽略知识的界限

---

① 〔美〕赫伯特·马尔库塞：《单向度的人——发达工业社会意识形态研究》，刘继译，上海：上海译文出版社 2008 年版，第 146 页。

和有限的经验世界,而是开创一个超越常识和形式逻辑的知识领域,来反对和批判一切既定的、逆来顺受的实证性逻辑。这也给我们以启示——研究马尔库塞的政治美学批判思想,必须以一种实践的解释学方法认真研读马尔库塞的文本,但是不能仅限于挖掘马尔库塞的文本中体现出来的政治意蕴,而是充分领会和把握马尔库塞甚至是马克思主义经典理论家的问题意识,提出新的问题并找出应对问题的对策,激活经典理论的研究空间,从而与敞开状态的具体实践活动相结合。

## 三、创新之处

第一,本文以马尔库塞的政治美学思想为线索,将其一生思想贯穿起来,并梳理马尔库塞政治美学思想形成过程中所吸收的学术养分。旨在厘清一个关键问题——在何种意义上说马尔库塞一生就是政治美学的一生,并且试图重新划分马尔库塞政治美学研究的思想阶段。不仅将马尔库塞的中后期著作(如《论解放》《论新感性》《审美之维》《反革命与造反》等)纳入其政治美学的建构体系中来,还要把马尔库塞博士论文《德国艺术小说家》《黑格尔的本体论与历史性理论的基础》《历史唯物主义的新基础》《理性与革命》《爱欲与文明》《单向度的人》等著述都囊括进考察范围内,挖掘其中潜藏的政治美学意蕴。

第二,通过对马尔库塞政治美学的批判理论研究,来探究资本主义的经济原则、审美和自律的艺术之间构成的博弈,从马克思主义政治经济学批判角度入手,考察以马尔库塞为代表的政治美学批判理论,作为一种审美政治出路的可行程度、限度和价值。

# 第一章　背景与契机：理性逻辑的辩证法

　　本章的主要意图是剖析马尔库塞以爱欲和新感性为核心的政治美学批判理论的背景契机。研究马尔库塞的文本会发现关于理性与感性的探讨是他思想中经常出现的主题之一。他肯定的理性是原初语境中逻各斯与努斯相统一的辩证理性，而不是由"逻各斯中心主义"演变而来的知性。他认为原初统一的理性中内蕴着生存理性、艺术理性与价值理性的因素，是向往美的理念世界且包含感性质料的审美之维的。他把美感与审美形式当作针砭时弊的主要武器，认为美不只是感官肉体的愉悦，还是一种审美理想，既要从现实中获取感性质料，还要借助辩证理性作为向美的理念趋近的动力，完成对现实的超越。这种包含着感性质料的、借助于人的美感体验方可生成的、具有超越性的形式，是马尔库塞在后期著作中所强调的审美形式。审美形式与纯形式的不同之处在于，审美形式包含着感性的具体历史性内容，又以一种自律的理性形式呈现，故在马尔库塞看来理性中本就应该有感性存在的位置，二者不是分离的。马尔库塞认为现代人深重的精神危机、人与人之间的攻讦、战争与对立均是由审美感性的缺失而造成的。而原本蕴含于人性中的审美本质的缺位经历了漫长的过程，即使在原初"逻各斯"与"努斯"相统一的古希腊哲学中，也暗藏着彼此分离的种子。从近代开始，理性正式走向分裂，内涵被缩小为知性，与感性分离。到了黑格尔那里，理性主义成了不可挑战的权威，感性就此彻底失去了原有的地位。理性主义中的形式逻辑与现代效率至上的科学原则相结合，技术理性便成为现代人的精神内核。它作为一种脱胎于工具理性的价值准则将精密算法、高效迅捷、利益产出放在第一位，是与审美现代性截然不同的启蒙现代性的代表。马尔库塞受到韦伯的启发，指出技术理性对感性的压抑后果，以审美感性的复归为出发点，致力于重建理性与感性相统一的新意识，恢复原初意义上的辩证理性，那么就需要重新挖掘感性的审美力量，以呼唤爱欲的新感性去颠覆技术理性对人性的操控，重新确立感性的权威地位。

## 第一节　理性的分裂

马尔库塞从来没有否认过辩证理性的作用，甚至将辩证理性当作使感性从只耽于肉体快感的享乐和逆来顺受中超脱出来并成为具有反抗能力的爱欲所必不可少的否定性的力量。但是，自从辩证理性变成了理性主义，辩证理性中的超越性、否定性和能动性也一同被清除出去，多向度的主体思维能力消失，取而代之的是一种服从于理性主义的单向度思维，人性中的丰富性也被同一化为刻板的知性。可见，马尔库塞是从古希腊哲学的意义上去理解理性的，因此有必要探索理性的原初语境，以及理性是怎样从完整统一走向分裂的。

### 一、理性的原初统一

马尔库塞从未否认过理性的作用，但是理性却总是作为一个具有贬义色彩的词出现在他的文本中。这与他常把理性与知性相混同有关。他是站在"逻各斯"和"努斯"相统一的原初语境中，将理性理解为双向度的辩证理性。而他批判的是"逻各斯"和"努斯"分裂后的理性。他认为，理性一旦由统一演变成为被封锁在认知领域中的知性，便会对原初理性中的"努斯"精神形成压制，从而使人在精神领域中失去主动性、超越性，成为单向度的人。因此，马尔库塞为了恢复原初统一的辩证理性，采取了"矫枉过正"的方式，即以感性与理性的对立，重申能够为感性争取话语权的美学地位，来反抗单向度的知性对感性的压制。为了理解马尔库塞所致力于重建的辩证理性，有必要回到原初语境中，探寻"逻各斯"和"努斯"是如何从统一走向分裂的。

首先，我们需要明确马尔库塞所理解的感性和理性概念。在马尔库塞看来："一切都是理性思维的产物，而人类是理性的存在物。"① 可以说理性是人区别于动物的重要标志之一，它表达着个体力求摆脱现存压抑的社会关系以及脱离自然界外在束缚的渴望，同时也隐含了人类要根据自身的潜能重建新秩序和新的价值体系的憧憬。因此，理性是人类对自我及其生活的世界不断进行深入认知的能力，也是对真理不懈追求的能力，还是与现存秩序持续斗争并超越于此的追寻自由的能力。在这个意义上，理性作为人类的主观精神存在于否定与超越之维，深刻地内蕴着人类对确有的价值追求的"合目的性"，因此构成理性精神的元素中少不了"努斯"的存在。但人类在追寻与重建自由社会的"自为"过程中，也要依赖某种在多变的对象世界中稳定的客观性、普遍性和合理性，否则人将成为漂泊无依的浮萍，人的尊严和价值将失去其内在规定性和基础，终将"陷入存在主义的焦虑之中"②。这也说明，理性除了具有超越性、自由性的特征之外，还要遵循客观必然性的要求，也就是要"合规律性"，因此"逻各斯"也是构成理性精神不可缺失的元素。

---

① 〔美〕赫伯特·马尔库塞：《理性与革命》，程志民等译，上海：上海世纪出版集团2007年版，第21页。

② 王国有：《西方理性主义及其现代命运》，载《江海学刊》，2006年第4期，第59页。

然而，要在变动不居的对象世界中把握"变中不变"的普遍规律，还是要依赖于理性精神中的能动性和超越性。由此可见，马尔库塞所理解的理性是内在地包含了"努斯"和"逻各斯"的辩证理性，而在其著作中被他批判的理性，是"逻各斯"与"努斯"分裂后的理性。这种理性，严格来说不是真正的理性，而是"努斯"精神被抽空后的知性。

马尔库塞认为感性既具有感官受动性的一面，又具有能动性的一面，它是感官肉体本能与艺术之美的结合。他是在感性的原初语境——古希腊哲学中看待感性的。感性（sensuousness）与快感（感官享受，尤指性快感）（sensuality）在德语中是同一个词——sinnlichkeit。① 从词源上来看，感觉一词源自于拉丁文"sensatus"，意为"感官得到的东西"。从语义上来看，感性既可以表达本能的快感，它因外界可感物刺激感官而产生，具有受动性一面，又可以表示激情与欲望，它离不开主体精神的驱动，因此感性还兼具能动性的一面。马尔库塞受到席勒的启发，认同游戏冲动是联结与调和感性冲动与理性冲动的审美冲动，并在此基础上，确定感性是感性冲动与游戏冲动结合的艺术感性，它可以成为反抗理性专制的武器。可见，马尔库塞所理解的感性，并非是纯粹肉欲的、作为人类低级灵魂的感性，而是包含着审美价值维度的、具有能动性的艺术感性，这种感性在他中后期著作中以"新感性"这一名词的形式出现。马尔库塞将感性理解为艺术感性除了受席勒的影响，还受到古希腊哲学的影响。柏拉图曾提出过快感与美感的关系，他在《会饮篇》中指明了美的理念世界和可感世界之间的媒介是灵魂，要经历这个媒介，美才能成为美本身。而作为共相的"美的原则"的化身是爱欲——生命之神。马尔库塞在此基础上，融合了弗洛伊德后期理论中出现的爱欲概念，创立了自己的爱欲理论。他认为爱欲是感性主体在广

---

① 范晓丽：《马尔库塞的批判理性与新感性思想研究》，复旦大学博士论文，2006年，第13页。

义的审美活动过程中①的生命本能，其中也渗透了辩证理性的因素，是无意识领域中追求快乐原则的本能的升华。因此，美在马尔库塞那里，都与人在本能领域中的求美本性有关，是连接人的心理属性（快乐、欲望、心灵）和自然属性（感觉、认知）的桥梁，它使感性具有从对象世界中获取快乐体验和创造性爱欲的能动性与超越性的一面。由此可见，马尔库塞从美的角度，高度肯定了感性的地位，他认为现代人精神麻木、人性异化而不自知的原因在于"理性"（知性）对感性的压制，为恢复辩证理性，需要在理性主义的专制中融入艺术感性之维。原初统一的理性在"逻各斯"与"努斯"的分裂中，逐渐失去了辩证的否定性与努斯精神中的超越性。故我们需要探析"逻各斯"与"努斯"的嬗变。

希腊的自然哲学家为了在宇宙中寻求到人类安身立命的根据，开始了在流变的自然界中寻求不变的统一性的历程，并将这个统一性称为"始基"，逻各斯的历史也由此开展。"一切存在物由之构成，又从其中产生，最后又都复归为它，这就是存在物的元素和始基。"②米利都学派的泰勒斯把具体可感的物质"水"当作主宰万物生灭的"始基"，这就造成了用感性意义上的"水"去代表普遍秩序原则而产生的矛盾。泰勒斯寻求逻各斯的努力实际上也是一种寻求语言（逻各斯）的努力，即以一个普遍概念去解释感性的对象世界。他的学生阿那克西曼德沿着他的追问之路继续从具体的感性存在物（无定形的"气"）中寻求宇宙的始基，但他无法用"气"的"聚散"去解释宇宙万物的生灭变化，也解决不了普遍性与特殊性之间的矛盾。由此推之，始基并不存在于具体可感物中，可能存在于人的精神世界之中。毕达哥拉斯迈出了从感性

---

① 他将人类所有自由自觉的实践活动都理解为表现自身生命价值的审美化了的劳动，这种劳动可以理解为广义的审美活动。

② 北京大学哲学系外国哲学史教研室编译：《古希腊罗马哲学》，北京：商务印书馆1961年版，第4页。

世界进入理性世界的第一步，提出了超感性世界的始基就是"数"。虽然他想用"一""二"表示对象世界的共相，但是这些"数"还是要以感性的"量"为填充物，因此他也没有完成解决普遍性与特殊性之间的矛盾这一任务，没有建立起"逻各斯"的哲学概念，但他为苏格拉底开启的向"内"反躬自问的哲学转向奠定了基础。

在苏格拉底之前，首次明确提出"逻各斯"概念的赫拉克利特已经朝向"内"追问的方向迈出了重要一步。"他从不断流变的活火中寻求世界的统一性。"① 而这个"活火"不同于以往自然哲学中的"水"或"气"等存在于自然界中的具体可感物，而是进入概念抽象（精神）层面去把握万物流变的规律，赫拉克利特称之为"逻各斯"，"它指的是世界上万物运动背后的规律和尺度，具有客观性、必然性和普遍性"②。赫拉克利特用"火"去规定"逻各斯"的真正用意在于说明，首先，虽然逻各斯是万物变化的普遍规律，但也是从具体可感物之中抽象出来的，它不是一个纯理性的概念；其次，逻各斯代表着客观规律，而这种普遍性的原则需要被人"言说"出来并为人感知，但它确是存在于事物自身中不以人的意志为转移的客观实在，因此它独立于叙述者。③ 虽然赫拉克利特的"逻各斯"已经有了向人的精神世界进发的倾向，但仍停留在自然哲学的框架内，尚未到达纯粹精神的高度。

逻各斯精神要求人们发挥精神的力量从感性具体的"变者"中整理出抽象的"不变者"，这难免带来一个疑问，推动人们去超越此岸世界寻求不变的逻各斯的精神动力是什么？这个动力在阿那克萨戈拉看来就是"努斯"（心灵）精神，它不仅代表着在"看"与"想"世界过

---

① 谢静、葛黎明：《形而上学的形成以及马克思感性实践反叛》，载《大连干部学刊》，2018 年第 10 期，第 18 页。

② 谢静、葛黎明：《形而上学的形成以及马克思感性实践反叛》，载《大连干部学刊》，2018 年第 10 期，第 18 页。

③ 叶秀山：《前苏格拉底哲学研究》，北京：人民出版社 1982 年版，第 105 页。

程中的主体性冲动，也是推动并主导万物生灭变化的"始基"。如果说"逻各斯"是万物的流变要遵守不变的规律，它使万物具有了受动性的一面，受必然王国中的规则所制约，那么"努斯"则与内在于万物（包括人在内）自身之内的精神动力相关，它引起流变，也引发"想"这个梳理规律的动作过程，它是无限的、自主的、独立的，不受外界操控的，具有能动性与超越性的一面，其最终归宿是自由王国。由此可见，若要达到"逻各斯"，必须要有"努斯"的参与，二者是统一的。然而人类很难将"逻各斯"与"努斯"精神分开，即使要达到能够超越一切感性杂多秩序的纯粹理性的维度，即逻各斯维度，也无法完全剔除感性对象的影响，所以人是感性受动的存在物。但理性精神中内蕴着"努斯"这种心灵冲动，因此人还具有无限趋近更高级的形式的超越性。

苏格拉底弘扬了阿那克萨戈拉的"努斯"精神，开创了一条不同于赫拉克利特的追问之路。他不再局限于从外界自然物中寻找那变中不变的规律，而是来反问这个"看"世界的主体——精神自我，"认识你自己"① 才是得到知识的基础，才是生命的意义和本质。可见，苏格拉底开始从本体论向人本学和伦理学过渡，认为生命不应被浪费在对自然"始基"的无限追问之中，人们应在自身的灵魂中寻求美德，寻求构造良善社会生活与政治秩序的公共理性，寻求对象世界背后的意义世界。苏格拉底哲学的本质是"爱智慧"，"爱"是在"努斯"的牵引下不断超越感性杂多向着"智慧"之神攀升的过程，而这个追问的过程得出的是"自知无知"的结论②，由此可见，他更看重向理念世界的跃升过程。

---

① 北京大学哲学系外国哲学史教研室：《西方哲学原著选读（上）》，北京：商务印书馆 1981 年版，第 66 页。

② 北京大学哲学系外国哲学史教研室：《西方哲学原著选读（上）》，北京：商务印书馆 1981 年版，第 65—68 页。

如果说苏格拉底重视"爱"这个过程，那么他的学生柏拉图则更加看重"爱"的结果，即对理念世界本身的希冀。他认为只有对真理的沉思活动才是真正的哲学活动，区别于感性实物的"美的理念"才是"美本身"，杂多的可感物不过是"理念"在对象世界中虚幻的投影，而那个概括具体事物的"共相"（即理念）才是真实存在的，"智慧"之神"逻各斯"只存在于理念世界中。理念不仅具有本体论地位，还是城邦中的自由民构建最美政制的根据，因此它暗含着政治学、伦理学意谓。同时理念世界作为在对象世界中尚未展开的、潜在的现实性，又内蕴着向纯粹理性晋升的超越性，获得了目的论的性质。在这个意义上，可以说柏拉图的"至善"是逻各斯和努斯精神的统一。柏拉图没有完全无视感性的存在，他除了把世界分割为"可感世界"和"可知世界"之外，还在人本学领域将灵魂分为"理性、激情、欲望"①。其中"欲望"与动物的自然本性毫无二致，"激情"处于中立状态联结着"欲望"与"理性"，代表着现实中人的生存处境，如果不向上趋近于"理性"则随时被"欲望"吞没。"理性"是灵魂最高原则，人生的意义是抑制欲望到达理性的历程。所以，在柏拉图的理想国中，理性占有支配性地位，而感性是没有任何权威的。

然而，在马尔库塞看来，柏拉图所追求的理念世界是一个排除一切尘世凡俗干扰的世界，用亚里士多德的术语来讲，就是一个掏空了一切质料的纯形式，他只是强调了万物归一的目的在于"逻各斯"，而没有考虑到万物变化的致动因，这样理念就失去了实现自身的现实手段。可见，柏拉图只是套取了"努斯"精神的外壳——超越性，却忽视了其中的主动性和能动性。而真正将"努斯"精神完整地贯彻到底的是亚里士多德，他的"四因说"在一定程度上克服了柏拉图的缺陷。他认为万物的运动是"质料因""形式因""动力因""目的因"相互作用

———————————

① 〔古希腊〕柏拉图：《理想国》，郭斌和、张竹明译，北京：商务印书馆1986年版，第165页。

的结果，其中后三者"常常合而为一"①，都可被统称为"形式"，而这个形式并不是与质料完全分离的，它是质料潜能实现的动力与手段，是赋予质料以主动性能力的过程，形式与质料的统一也是将"努斯"精神落在实处的前提。亚里士多德认为万物运动的目的是通过质料与形式在个别中的不断结合，进而向着纯形式演进、攀升，这也是"努斯"中的超越性与能动性相结合的过程。可见，亚里士多德并没忽视感性杂多的作用，认为形式在发展到"纯形式"之前仍要受到杂多的质料的束缚，但正是这个"纯形式"的存在，使他最终也没有完全从柏拉图的具有"逻各斯中心主义"意味的理念世界中跳脱出来。因为"纯形式"是处于潜能状态的形式（即质料）与形式因相结合的终极归宿，发展成"纯形式"就必须排除一切杂多的质料，这样才算质料和形式的最终完成与实现。如此一来，"纯形式"代表着世界原动力的神，是逻各斯与努斯的统一，但也隐藏着相互分离的趋势。可以说在亚里士多德的哲学中，逻各斯与努斯、感性与理性、精神与现实得到了辩证的统一，这才是真正的理性精神。而马尔库塞正是在亚里士多德哲学的意义上去谈论理性精神的，它是囊括复杂多变的感性存在的、具有超越性和能动性的辩证理性，而辩证理性本身就是新感性的另一种表述方式，是发源于感性主体的、遵循自由的生命本能的"满足的逻各斯"②，也是由"自然中的感性的美的质"③ 所构成的价值理性。

---

① 北京大学哲学系外国哲学史教研室：《西方哲学原著选读（上）》，北京：商务印书馆 1981 年版，第 133—135 页。

② 傅永军：《新感性、新理性与解放之途——马尔库塞"政治诗学"思想解析》，载《当代世界社会主义问题》，2005 年第 3 期，第 27 页。

③ 傅永军：《新感性、新理性与解放之途——马尔库塞"政治诗学"思想解析》，载《当代世界社会主义问题》，2005 年第 3 期，第 25 页。

## 二、"理性"与感性的分裂

马尔库塞认为，无论是感性存在物，还是人的欲望、感觉、经验，在古希腊哲学中基本上都处于从属于理性的地位。感性是低级的、逆来顺受的、杂乱无序的，其存在的意义是受理性操控最终被理性所"拯救"与同化。逻各斯与努斯的分裂，使双向度的辩证理性逐步被只强调认知功能的知性代替。在马尔库塞看来，感性等同于艺术感性，因感觉、情绪来源于感官对外在对象刺激的无意识接受引起了向理念世界进升的生理渴念，感性则作为感觉、欲望的意识结构，是象征着美的原则的爱欲之神在个体本能领域的体现，显示出了努斯精神的主动性，以对快乐原则的爱欲追求否定着压抑性的文明。"理性"① （知性）因其穿越横冲直撞的情绪和杂乱无章的感觉冲动，最终获得自然界、人类社会乃至心灵思维得以存在的不变的内在规定性，带有更多的逻各斯精神倾向。为了理解马尔库塞为何将思想史理解为一部感性被理性贬抑的历史，有必要探寻理性哲学与感性哲学是怎样成为两种对立的哲学。理性的独立地位继续被法国唯物主义和唯理论高度赞扬，经历康德的划界后在黑格尔的"绝对精神"中走向极致。而感性的地位最先被英国经验主义所肯定，在费尔巴哈创建的感性哲学中得以高扬。在整个西方理性主义文化中，感性哲学成为了异端，发挥出冲破理性压制的革命性力量。

文艺复兴打着复兴希腊罗马文化的旗号，主张复兴人的精神力量，颠覆神的操控从而获得自由，这使哲学发生了重大转折，不再围于去争辩何为世界的第一推动力，而是将关注点放回到人的精神世界和现实生活，为感性哲学与理性哲学的产生提供了直接动因。

首先，英国经验主义者展开了对感性的重要作用的探讨。培根认为

① 马尔库塞在批判理性时，经常把理性与知性混同，这里的理性实际意指知性。

要想得到准确的认识必须依赖于感官的原始感受，这是一切认识活动的第一步，也是最重要的一步，如果不通过感官在事物本身中获取可靠的感性材料，那么所得到的认识即使是理性也只能是"假相"。霍布斯延续了培根关于感觉是认识活动的起点这一观点，更加大胆地将感觉奉为一切知识的来源，但他也强调了理性推理在推动感性认识上升为理性的科学知识过程中的重要作用。洛克在他们的基础上提出了"白板说"，认为知识是依靠后天的感觉经验的积累而产生的。这与柏拉图的灵魂"回忆说"不同，洛克认为知识并非本就储存于灵魂对理念世界的回忆中，感觉也不仅仅发挥刺激作用，而是认识产生的原始动力。因此，洛克对后来的天赋观念论也持反对态度。可见，感性在英国经验主义者的眼中是第一性的认知机能，它甚至比理性发挥出更大程度的主动性，使"努斯"精神得到了发扬。

法国唯物主义则更多地保留了"逻各斯"的精神内涵，不再把神、上帝当作唯一不变的主宰者，而是主张通过理智算法和理性的自然科学方法寻求到不以人的意志为转移的必然规律，并将其奉为最高的实在，理性则是认识世界、主宰世界的利器。可见，他们把原初理性精神中的感性因素排除在外了。这为后来人们在工具理性与技术理性的驱使下操控自然界与人类社会提供了可能。但过度地相信理性算法，忽视了感性本能冲动对生命的创造性爱欲的呼唤，容易走向只强调"逻各斯"客观精神的局面，从而使人丧失自我意识，成为被客观规律所操控的物。这引发了以本原的人性和欲望反抗物化的呼唤，这也是审美批判的主要任务。

笛卡尔可以说是近代第一位赋予主观精神"努斯"以客观必然性的哲学家，将理性的主体性原则当作客观存在的必然性规律。他认为宇宙间的一切都值得怀疑，唯有"怀疑"本身是唯一确定的，因此对象世界必须通过理性的直观与审视才是真正的存在，于是他提出"我思故我在"，印证了"我思"与"我在"的统一性，这是"一个有条理进行推理的人所体会到的、首先的、最确定的知识"①。但是，笛卡尔的"我思"是刨除了感性质料与感觉经验在内的唯一确定性的实体，最终目的是到达无可怀疑的纯粹理念或纯形式——逻各斯。他以掏空了一切质料的抽象原则去规定主观理性中的"努斯"生命冲动，难免会陷入身体与心灵、主观与客观的二元对立中，也会失去客观对象对自我意志的规范与确证。因此，马尔库塞评价笛卡尔理性主体性原则所揭示的只能是"一个由有意义的规律和机械运动所控制的理性世界"②。

康德试图通过以为理性划界的方式在先验哲学中解决英国经验论和法国唯理论的分歧。他将理性划分为理论理性和实践理性。他在纯粹理性批判中，把认识能力称为先天综合判断，它能把先天感性直观到的杂多的质料通过认识结构中的范畴梳理出确定的感性知识，并与知性结合，上升至思维理性，得出可靠的自然科学知识。通过先天综合判断可以筛选出哪些是能够认识的，哪些是不能认识的，以理性为自然立法，所有的东西都要被带到理性面前去审视才可获得普遍性与必然性，这使"逻各斯"精神复活了。然而，因不能被认识的东西——物自体的存在，使人不能在理论理性中去把握它，必须上升到实践理性，只有这个领域才是与人的尊严、价值以及对象世界背后的意义世界相关的。实践理性批判体现了意志的自由性，发扬了"努斯"精神。但理论理性与实践理性分别象征着必然王国和自由王国，它们之间并不存在相互联通的阶梯，感性与知性相连被封锁在必然王国，它们代表着人的感性冲动，但康德认为只有感性冲动是不够的，还需要"一种独立于感性冲

---

① 〔法〕笛卡尔：《哲学原理》，关文运译，北京：商务印书馆 1958 年版，第 3 页。

② 〔美〕马尔库塞：《现代文明与人的困境——马尔库塞文集》，李小兵等译，上海：上海三联书店 1988 年版，第 2 页。

动的强迫而自行规定自己的能力"①。这种能力就是理性，它不仅要求人们在确定的理性知识方面无限追求，还要求在形而上学维度去追问幸福与善的知识，这种向"善"追问的理性冲动只存在于自由王国中。那么怎样从感性的必然王国上升到理性的自由王国呢？康德认为审美判断力可以构筑两个世界之间的桥梁。但由于他把审美判断活动当作纯粹的感性活动，因此也无法成功地联通对象世界与意义世界。

康德留下的思维与存在、可知与不可知、必然与自由之间的难题被黑格尔的"绝对精神"解决了。黑格尔将人的认识分为感性认识和理性认识。其中感性的地位要低于理性。现实中感性确定性具有两个意谓，"作为自我的这一个和作为对象的这一个"②。也就是说，感性若想获得确定性，成为真实的存在，必须同时具有作为"自我"的物性和作为"对象"的物本身，这两者相互结合才能构成一个具体的"概念"。因此，黑格尔认为只有"具体的概念"才是真实的，是感性存在物本身与其自身的规定性相结合的产物，这样的"具体概念"才能超越自身向上一级、具有更广泛意义的概括性上升，与涵盖内容更多的"概念"结合形成"理念"。可见黑格尔的"理念"是包含着感性内容的，但是黑格尔没有将情绪、欲望纳入他的"具体概念"，"情绪、感觉之类，并不是最优良最真实之物，而是最无意义、最不真实之物"③。所以他的感性认识也只能是对具体可感物的认识，而没有进入本能欲望的心理学领域，也就是说他所谓的感性认识是必须为理性认识的形成而服务的，没有理性认识作为感性认识进升的归宿的话，感性认识也不会具有任何独立存在的"合法性"。而"具体的概念"也不单纯是感性本身了，它包含了"作为自我的这一个"，也就是物的规定性，这个规定

---

① 〔德〕康德：《纯粹理性批判》，邓晓芒译，北京：人民出版社 2004 年版，第434 页。

② 〔德〕黑格尔：《小逻辑》，贺麟译，北京：商务印书馆2003 年版，第17 页。

③ 〔德〕黑格尔：《小逻辑》，贺麟译，北京：商务印书馆2003 年版，第71 页。

性加上"作为对象的这一个"可以说进入到"理念"的范畴了。"理念"是理性认识的产物,"具体的概念"相较于灵魂、上帝这些理念来说地位很低,而最高级的理念是"绝对精神"。"绝对精神"若想实现自身成为最高的无限者,不仅要与知性和知觉这些"具体概念"相结合,还要遵循"正—反—合"的形式逻辑不断地走出并超越"具体概念",且最终反思并回归到自身之中。黑格尔以历史的总体原则将"绝对精神"解释为具有超越精神的主体,因其包含着具体概念是真实存在的,他凭借着"主体即实体"论断克服了逻各斯与努斯的分离。但是,作为努斯精神的一部分的"情欲、感觉、情绪"等心灵因素,因为其"不可说"被排除在黑格尔的哲学体系之外。而且在"绝对精神"中没有人存在的位置,所以黑格尔用"无人身的理性"的辩证法,架设了一个远离人的现实生活的"理念世界"。即使他在本体论、认识论和逻辑学领域统一了逻各斯和努斯,但是在现实的生活世界中,却造成了逻各斯和努斯的分离,"绝对精神"成为了理性之神将人的感性生存和生命本能压制在自己的统摄之下。

费尔巴哈反思并批判了黑格尔的理性专制主义,提出了"因为凡是熔化于人的理智之中的东西,最后也必须熔化于人的心情之中,人的血液之中"①。他将现实的人与人的感性奉为第一原则,而不是什么"绝对精神"那种抽象的仅存在于思维中的普遍理性,"人,即最积极的现实原则"②。人的感觉是感官的机能,虽然与动物的自然本性有相通之处,但只有在人身上,感性才是知情意的存在。至此,感性与理性走向了分裂,开始了彼此对立的哲学之旅。费尔巴哈试图以新的感性哲学颠覆自古希腊以来直到黑格尔的西方理性主义文化,马克思在他的基

---

① 〔德〕费尔巴哈:《费尔巴哈哲学著作选集(上卷)》,卜卷、荣震华等译,北京:商务印书馆 1984 年版,第 182 页。

② 〔德〕费尔巴哈:《基督教的本质》,荣震华译,北京:商务印书馆 1997 年版,第 15 页。

础上开始了政治经济学批判。受到马克思《1844 年经济学哲学手稿》中关于感性的受动性以及"美的规律"的论述的启发的马尔库塞，也主张建立起以人的现实感性生存为基本出发点的新感性美学，并以此作为批判技术理性统治逻辑的政治武器和思想武器，所以在此意义上，可以说马尔库塞的思想属于政治美学批判。

# 第二节　技术理性的统治

马尔库塞认为在发达工业社会，人与人之间的对立、疏离、攻击、以及对他人尊严的践踏不仅仅是理性的专制主义所带来的后果，还是在现代科学技术发展的背景下，人们将理性所代表的认知能力奉为主观原则，并融入以科技为物质基础的精密算法与科学分析所确立的客观性原则，凝结而成的新的价值标准与行动准则所形成的必然结果。这种排除了人之为人的情欲、愿望、爱、恨、快乐、忧伤等不确定性的感性因素干扰的现代科学精神被韦伯称为"工具理性"，它造成了富有美学意蕴的价值理性的空缺。马尔库塞在韦伯的启发下，将理性专制主义与现代科技体系共谋的产物称之为"技术理性"，认为现代人精神世界的空白、人性的沦丧、难以名状的焦虑都是源于技术理性对感性的压抑。马尔库塞也是在认清了这样的事实之后，才逐渐明确了以美学与艺术为载体去呼唤爱和快乐的情感回归之途。

## 一、技术理性的产生

在从古希腊到黑格尔这一段传统理性主义哲学历程中，理性从最开始的对宇宙本原探索的本体论领域逐步发展到了认识论领域，不仅代表着世界的客观原则，还代表着人最为高贵的认识能力。理性是规定宇宙的第一原则，"世界历史因此是一种合理的过程"①。理性被当作人类特有的透过现象看本质的认识能力，在工业社会之前，就促使人们完成了认识论转向。理性认识能力被扩大为理性唯一的含义，成为了人们认识世界、理解社会的最高行为准则和价值原则。"理性是决定人类优越于自然的、凌驾于人类之上的先天永恒原则。"② 在近代，理性发挥了将人从神和上帝等超验本体的统摄中解放出来的启蒙力量，因此被称为"启蒙理性"，它还代表着新兴资产阶级反抗封建社会的精神力量。它的确如欧内斯特·盖尔纳所说的那样，激发出了新兴资产阶级"真正克制世界之范围和性质的个人主义的企图"③。

理性在经历了笛卡尔的"天赋观念"论以后，成为了人类社会中最高的价值标准——主体性原则，它规定着一切都要从内在的主体性原则出发去参与社会生活、从事科学研究，成为了新的思维方法。然而笛卡尔也意识到理性中暗藏的缺陷，即人自身这个最为理性的存在要到哪里去寻找自我确证的依据，这个依据还是理性吗？这使笛卡尔又重新回到观念中的上帝那里去找寻存在的依据。可见，光有理性思维方法还不足以确立万物以及人自身存在的依据，还需要借助精确的科学方式和智性推算确立客观性原则。因此，笛卡尔的主体性原则加上法国唯物主义的精确科学推演方法共同构成了"近代理性的时代精神——这就是自然科学精神"④。

近代工业革命使近代理性精神在现实的社会生活领域得到了确证，并丰富了理性的内涵，将科学技术本身融入到笛卡尔的我思主体中，形

---

① 〔德〕黑格尔：《小逻辑》，贺麟译，北京：商务印书馆2003年版，第70页。

② Herbert Marcuse, "Some Social Implications of Modern Technology", *Philosophy and Social Sciences*, No.9, 1941, pp.138-139.

③ 〔英〕欧内斯特·盖尔纳：《理性与文化》，周邦宪译，贵阳：贵州人民出版社2009年版，第11页。

④ 高清海、邵正：《别了，传统理性主义时代——面向21世纪的社会发展趋势和社会发展观变革》，载《天津社会科学》，1993年第3期，第4—8页。

成了崭新的控制工业社会的价值原则，使理性成为了科学的形而上学。科学技术和大型机器将人从繁重的体力劳动中解放出来，科学技术也越来越走入寻常百姓家成为新的组织生产与生活的方式。在科学研究方面，人们并不满足于将精力花费在解决匮乏的实用技术的应用层面，还进入了以科学研究为基础的理论建构层面，一种新的科技哲学也应运而生。这直接引发了思想文化领域内的革命，高举理性旗帜、反对蒙昧封建的启蒙运动将理性精神与科学原则推向神坛。牛顿的力学原理、笛卡尔的几何原则、伽利略的自然数学化思想结合在一起，套上了主观理性的外壳，成为了崭新的科学观念，人们坚信可以将此科学观念应用到一切领域中去，并凭此参透处于不断变化的世界万物以及人类自身背后的客观必然规律。他们乐观地以为只要掌握了这一套理性思维方法，可以征服与操控一切，包括自然界、人类社会甚至更为隐秘的人的精神世界和本能结构，人类只要通过它就可以抵达幸福的彼岸。"人们开始把牛顿的方法十分不恰当应用到神学和伦理学中去。认为人类单凭理性和计算就可以解决一切问题。"① 至此，启蒙走向了它的反面，技术理性就成了那个居于神坛之上的宠儿。

技术理性是在马克斯·韦伯的工具理性概念基础之上被提出的。20世纪初，韦伯考察西方现代社会时，发现了现代性的悖论，那就是人们并没有通过启蒙理性使这个世界越来越美好。虽然宗教文化中的那种神秘意义被清除，但使不同领域各行其是的能够统摄一切的意义不复存在。当意义越来越成为一种主体性的东西时②，人们反而因无法确定意义而陷入精神危机。正如福柯所说："'启蒙'并没有使我们变成成年，

① 〔英〕J.D.贝尔纳：《科学的社会功能》，陈体芳译，张合校，北京：商务印书馆 1986 年版，第 63 页。

② 〔英〕德朗蒂：《社会理论的基础：起源与流变》，见〔英〕特纳编：《Blackwell社会理论指南》，李康译，上海：上海人民出版社 2003 年版，第 39 页。

我们现在仍未成年。"① 韦伯认为现代性的历史开始于合理化的过程，人们在这个过程中使经济、法律和科层制等领域逐渐地展开并使它们合乎理性。而合理化有两个面向，一个是工具合理性，即把他人对某件事的期望作为实现自己合乎理性的目的；另一个是价值合理性，指不去考虑成功或失败地追求并笃信一种目的在于自身的纯粹信仰，这可以是关于宗教的、美学的、伦理的。工具理性可以看作是古希腊"逻各斯"精神在现代社会的延续形态，价值理性则是"努斯"精神的延续。这两种理性形态在现代化进程中是相互对立的。韦伯认为现代资本主义社会是工具理性无限扩张自身的势力，将包含在价值理性中的实践理性和审美判断吞噬后的直接后果。资产阶级在草创资本主义社会之初，完全压抑人性中的欲望，一味按照工具主义的精确算法要求自身的行为方式和思维方法。这个合乎工具理性的过程类似于宗教的禁欲主义，他指出："自从禁欲主义着手重新塑造尘世并树立起它在尘世的理想起，资本主义就开始借助宗教禁欲主义的精神，慢慢获得了一种前所未有的控制力量。"② 随着资产阶级的意志成了西方社会的主流意识形态，人们也无意识地将工具化和社会技治主义中暴露出来的人类中心主义当作控制自然和人类社会以及获得确定性的知识的思维范式，这样一来曾在审美判断、宗教领域内的价值就被当作"魔力从世界中排除出去"③ 了，这个"祛魅"的过程就是工具合乎理性化的过程，由此可见，价值理性成了资本主义社会形态中稀缺的理性化过程，那么感性等美的欲望因素也一同被"祛魅"了。

① 〔法〕福柯：《福柯集》，杜小真译，上海：上海远东出版社 2003 年版，第542 页。

② 〔德〕马克斯·韦伯：《新教伦理与资本主义精神》，于晓等译，北京：生活·读书·新知三联书店 1987 年版，第 142 页。

③ 〔德〕马克斯·韦伯：《新教伦理与资本主义精神》，于晓等译，北京：生活·读书·新知三联书店 1987 年版，第 142 页。

　　马尔库塞在黑格尔和韦伯等人的理性概念基础上提出了技术理性的概念，他认为是技术体系与工具理性的共谋产生了技术理性。工具理性若想在现代社会中成为一种权力运作机制，实施意识控制，需要技术体系作为物质载体，这样技术理性就由此产生。技术理性是指在工具理性的基础上，以现代技术体系为物质载体，将一切理解为工具并使整个世界物化的思维方式和价值准则。可见，在马尔库塞的认知里，技术理性并不是一个技术中立的概念，它是重组社会现实的具有政治倾向的工具。说它可以成为一种政治力量是因为技术通过促进消费延缓了生产过剩危机，又通过满足技术刺激的"第二天性的需求，把人收拾得服服帖帖"①。由此人们将一切都纳入效率原则进行考量，这使人们丧失了人之为人的尊严和价值却不自知，反而把它当作一种进步，并将技术理性推上至高无上的宝座，向外界宣布着征服一切的野心。技术理性成为了新的神话，为人类疯狂地掠取资源、累积物质财富、将他人的尊严整合到科层制的链条之中提供了精神上的支持与依据。同时它也操控着人类，使人类不在效率原则之内的、甚至会摧毁效率的感性原始本能和"游戏冲动"被抹杀，久之人们丧失了否定性，因此技术理性是一种单向度的思维方式。

　　可见，技术理性"就是指在工业文明社会或技术社会中，以科学技术为核心的一种影响人类未来发展的决定性力量，可以称之为一种完全的理性主义"②。人类的理性在技术活动中被对象化，获得了稳定的物化形态，这种形态就是技术理性。人们在技术理性的驱使下将世界变成了一个需要不断努力加以控制的物的世界，同时在需要节省精力、采取有效达到目的的方法的理性观之下，人性中的原始感性冲动逐渐成为

---

　　①　〔法〕P.A.勃莱哈特：《评马尔库塞对工业社会的批判》，益良译，载《哲学译丛》，1982 年第 4 期。

　　②　赵建军：《追问技术悲观主义》，沈阳：东北大学出版社 2001 年版，第 40 页。

理应被压抑以换取社会的进步、生产力的水平提高，以及人类文明化进程加快的牺牲品。也就是说，技术理性的产生标志着一种以理性的形式将技术的思维确定下来的新的世界观与方法论的形成。但这种世界观与方法论的统治地位的确立，也使原初理性中的具有创造性、能动性和主动性的"努斯"精神也被一同剔除出去，丧失了审美感性之维的理性便走向了片面，人们心甘情愿地被封锁在压抑的、机械的"自在"世界，逃避着自由。

## 二、技术理性对感性的压抑

技术理性作为西方现代社会的主流意识形态不仅使理性的概念范围变小，而且也改造了感性在原初意义上的内涵。在古代，感性不仅是对具体可感物的概括，还意味着感性活动本身，更重要的是它还跟人的身体以及认识能力息息相关。在柏拉图以前，感性属于"灵魂"中的一部分，一方面，它作为与灵魂相对的肉体而存在，如果没有肉体的加入，"灵魂"也将不复存在，灵魂与肉体是无法分割的整体；另一方面，感性同时也是与肉体紧密相连的"呼吸"，它是生命的起源，类似于弗洛伊德的"本能"，是感情、情欲、欲望等意识活动本身或意识主体的起源。在柏拉图以前，感性在灵魂中的地位非常重要，而在柏拉图哲学中，感性在灵魂中的地位开始遭到贬抑，成为了易变的、混乱的、低下的、不可靠的人类认识，需要经过理念的检验才能被证实是否可靠，这也为近代哲学在认识论领域内探讨感性提供了思想来源。

感性属于灵魂的一部分的观点起源于毕达哥拉斯，他没有特别区分灵魂和物质，而是将灵魂看成与物质类似的东西。毕达哥拉斯将感觉视为肉体的产物，感觉则是灵魂，一切生物的生命都要以灵魂为第一推动力，"胚胎……里面包含热的蒸汽……由此形成肌肉、肌腱、骨骼、毛发，及至整个身体，而灵魂和感觉来自里面的蒸汽"①。可见，在毕达哥拉斯的哲学中，灵魂与感觉一样都是原导生命萌出的"热气"，它们都是不朽的东西。到了赫拉克利特那里感性便成了一种认识，具有了与感觉类似的品质，它是直观可靠的，"凡是能够看到、听到、学到的东西，都是我喜爱的"②。赫拉克利特认为感觉是处于不断流变的万物的感觉经验，只有这种直观的感觉经验才能使人切实地体会到万物的流变，若要把握规律性的"逻各斯"也必须经历这一步，才可在变中求不变，但把握"逻各斯"还需要高于感觉的认识能力。"逻各斯"成为理性的前身，后世也是由此开始为感性附加上了应经过理性的检验才是真实可靠的经验这样一层意义。然而，在赫拉克利特关于灵魂的叙述中，我们可以看出感性肉体与灵魂之间是密不可分的，他说灵魂如同坐在蜘蛛网中间的蜘蛛一样，当身体的某一部分受损时，灵魂就像生怕蛛网被破坏的蜘蛛一样，马上跑到哪里。③ 可见，即便是高层次的理性活动也要以感官的感受为基础。赫拉克利特还以人的睡眠与清醒状态比喻逻各斯的本质，认为逻各斯通过呼吸进入人的理智之中，但是在感觉被阻断的睡眠状态中，人无法获得这种逻各斯，只能在清醒的状态下让逻各斯进入感觉通道，人们才有可能成为更明智的人。④ 因此，赫拉克利特十分重视感性，认为人的理智活动要依赖于感性才有开展的可能。感性与理性并没有严格意义上的分水岭，到了巴门尼德那里，才开始了感

---

① 〔古希腊〕第欧根尼·拉尔修：《名哲言行录（第八卷）》（下册），马永翔等译，长春：吉林人民出版社 2003 年版，第 513 页。

② 北京大学哲学系外国哲学史教研室：《西方哲学原著选读（上）》，北京：商务印书馆 1981 年版，第 25—26 页。

③ 屈万山：《〈赫拉克利特著作残篇〉评注》，西安：陕西师范大学出版社 1987 年版，第 82 页。

④ 汪子嵩等：《希腊哲学史（第一卷）》，北京：人民出版社 1997 年版，第 496 页。

性认识与理性认识相互区分的历史。

感性真正开始被贬抑的历史要从柏拉图说起。在他的《斐多篇》中，感性是感官的感受能力以及可感物的统称，感觉也与肉体交替出现，如果人过多地沉溺于此就不容易获得真正的智慧，这样感性就有了消极含义。在《会饮篇》中，感性有了更丰富的意义。它可以指"美的身体"①，是非永恒的，要靠"厄若斯"（Eros）的生殖神力才能得以延续，它还是升往"美本身"的理念的起点。在《泰阿泰德篇》中，感性又相当于快乐、恐惧、欲望等情绪，这是来源于肉体的自然反应，虽然属于较为低级的灵魂的部分，但无法与肉体分割开来。② 而后来作为一门独立学科的"美学"就是在这个意义上来规定自身的，既有着作为人类低级的认知能力的含义，也表示与身体相关的情欲和情绪。由此可见，在柏拉图的认识里，感性在表达知觉时，对求得真知有着不利影响，但在与生命和美有关的神话性叙事里，又与肉体和心灵相关，是万物萌生的起源。感性并没有被完全否定，只是与理性相较而言，地位遭到了贬抑。因此，感性有了认识论与生存论的意蕴。

可见在原初意义上，感性并非仅仅作为一种低下的、为理性而服务的认识能力而存在，从本体论的意义上来说，感性还是古人探讨世界的本原问题所无法绕开的第一步经验，它与现实生存境况中的人的肉体需要和精神活动也息息相关。因此，我们不应该仅从认识论领域去谈论感性，还应该从本体论甚至是生存论意义上去探讨感性的内涵。我们不仅要在认识论意义上，将感性作为思维的工具、认识能力，以及成为理性的主体的手段途径来看待，认识到它还是人类直接表达情感、意志欲

---

① 汪子嵩等：《希腊哲学史（第一卷）》，北京：人民出版社 1997 年版，第 1051 页。

② 汪子嵩等：《希腊哲学史（第一卷）》，北京：人民出版社 1997 年版，第 937 页。

望、悲喜等内部体验的本真需求，我们还要将其当作人类追求的目的之一，也就是生存需要的满足与本真生存的确证，它是属人的生存状况的真实反映。从存在论上来讲，人要在感性生存活动中以及感觉经验和情绪体验中不断谋求生理与心理上的发展，并且锻炼自身的感受力。这不仅仅是出于成为更理智化的人的需要，而且是出于成为具有更丰富的感性生活能力的人的需要。人们只有通过感性以及感性活动本身，才能在社会化生产实践中和社会关系中不断确证自身，而感性活动也是将内在理性对象化的过程，我们需要在这个过程中改造世界甚至改变身体感知模式和身体形态，让我们的身心能得到更加自由而全面的发展。

然而，在技术理性横行的现代社会，人们认为只要通过机器设备与精确智性算法与科学实验方法，就攻无不克、战无不胜，那个隐秘的"逻各斯"也只能以这种方式被证明。人们将幸福等同于物质利益本身，认为感性生存的全部意义在于经济的发展、科技的进步、人类的文明，即物质需要的满足，他们仅仅把不断研发新式武器、高新科技、严谨的科学实验当作"努斯"精神的现代性延续，而忽略了原本"努斯"精神中那些孕育生命最初动力的情欲致动性。那些微妙的、变动不居的快乐与痛苦，被当作无益于快速流水线作业的异质性感受和体验而失去了存在的合法性。为了跟上加速度社会的发展步伐，这些容易拖人后腿的无端的激情可以被阉割。人类为更好地适应现代社会的利益最大化原则，早已开始了用技术去改造自己的身心机能的历史。他们心甘情愿地让自己消融于外在客观物质世界，自动地成为其中的一个物，却把偶尔冒出来的、能证明他们"生而为人"的感性冲动当作病态心理从灵魂中剔除出去，或者以科学测量的方法和量化的形式操控感性使之服务于技术理性。至此，理性主义文化与技术理性共同携手到达了统治的巅峰。

综上，在技术理性的驱动之下，感性生存论意义上的内涵被人们所忽视。人们只从认识论的意义上将感性视同于从属于理性的认识能力和简单的感觉经验,感性也只能是为产生关于可靠的、稳定不变的规律性的认识而服务,却失去了生存论意义,它不再作为爱欲本能的生命起源得到尊重,反而成了为换取技术进步的牺牲品。因此,被技术理性改造、阉割后的感性成为了无肉体、无人身、无疼痛、无爱恨、无想象、无实践的受动性,它仅能在关于这个表象世界的外在客观性认识中祈求最卑微的地位,原本丰满的感性最终成了干瘪的、已经被规训与管制的思维模式,它与人的感性生存活动毫无关联。在这样的感性观的影响下,技术时代的审美活动和美学呈现出内在化的"高尚文化"和世俗化的"商业文化"两种路向,在这两种文化观念统摄下的艺术都不是真正具有独创性和否定性的艺术,只能产生肯定性的、单向度的艺术,它们都受到了马尔库塞的批判。马尔库塞深刻地认识到技术理性对感性的压制,提出应该在主客统一、感性与理性统一的出发点上重新审视现代性,要以新感性的美学革命去颠覆这个规训的社会,要以新感性为武器改造个体受压抑的本能,重建感性与理性的统一,使人的主体性得到恢复。实际上,马尔库塞的新感性美学不仅是一种在意识层面的政治运动,直指无孔不入甚至侵入人的本能心理结构的新的操控方式,还是重新塑造主体的、使现代社会中男男女女回到前技术时代的完满人性的人类学意义上的解放运动。在他的观念中,不仅理性要作为一种机能,感性也应该在"人类的认识活动、价值评价和实践活动中存在并发挥作用"①,因此新感性作为统一的理性与感性"是统一理论能力与实践能力于一身的完整的能动力量"②。

---

① A. Pacey, *Meaning in Technology*, Boston: The MIT Press, 1999, p.4.

② A. Pacey, *Meaning in Technology*, Boston: The MIT Press, 1999, p.4.

# 第三节　理性的颠覆与重建

　　马尔库塞认为现代人失去幻想、想象与感受能力的同时，也会失去理性的批判反思能力，久而久之也失去了否定性，这些都是技术理性将偶然多变的非理性因素当作异端而将其扼杀的后果。自从马尔库塞发现了单向度的社会的症结所在，便从重新确立感性的话语权出发构建他的政治美学批判理论。因为在他看来，感性是唯一能够打破这冰冷僵化的现存秩序的力量，因此蕴含着深刻的政治特性。要颠覆这个被技术理性所操控的社会，唯有恢复感性的审美力——新感性，也就是在艺术与美学的世界中以恢复人的本能需求和爱欲冲动为目的进行感性审美实践，方可克服理性的过度，使感性与理性重新在想象力的沟通下实现回归与统一。故只有恢复与重建辩证理性，使人性重新回到古希腊那种完满的境地，崭新的社会秩序的重建才拥有可能性。

## 一、新感性对技术理性统治的颠覆

　　马尔库塞在《马克斯·韦伯著作中的工业化与资本主义》一文中明确地揭示了技术理性的本质与危害。他指出：技术理性表现为生产和通过有计划的和科学的机构所实现的物质转化。这种机构是为着可计算的效率这个目的而建造起来的，它控制着物和人、工厂和整个科层、工作和闲暇。问题是，这种被韦伯概括成一种为资本主义机构的普遍可计算的效率提供可能性的抽象形式，破坏了理性自身的概念。[1] 在进入现

---

[1]　李健：《审美乌托邦的想象——从韦伯到法兰克福学派的审美救赎之路》，北京：社会科学文献出版社 2009 年版，第 97 页。

代化进程中理性逐渐偏离自身，最终技术理性替代了理性，这是一种理性的过度，也可以说，技术理性是韦伯的工具理性的表现形式，它缩小了理性的内涵，排斥了实践理性和批判理性。这种理性的过度使人们"对于一个无所不在的体制的运行"产生了"总体依赖"，人们根本不可能意识到"这种被征服的状态"，"因为使人们从属的那种秩序本身就是如此惊人地富于理性"。[①] 人类根据技术理性中的效率最大化原则去建构与组织社会，从事社会活动，然而人的感性与情欲的需要却因不能被流水线式的生产程序所容纳成为异端而被压抑。即使在弗洛伊德的精神分析中，也没有它们独立存在的地位，造成了理论与治疗的脱节，无意识功能最后只能通过被社会所允许的方式——"压抑反升华"才得以幸存，本能中的破坏性内容被清除，这种"升华"便不是爱欲本能的直接释放了。感性之维缺失后的理性被技术理性占了上风，感性需求长期得不到真正释放与满足，人成为了单向度的、失去了否定性的、逆来顺受的人。

因此，恢复感性的话语权，冲出理性主义压制的牢笼，是众多西方美学家身上肩负的重要使命，这其中也包括马尔库塞。鲍姆加通直接以"感性学"命名美学，确立了感性在美学中的合法地位，发起了一场感性的政治变革，"审美是肉体对理论专制的反叛的结果"[②]。以感性形式表达的审美活动和艺术，表征的是一个意义和价值的世界，它高于单调刻板日常状态的"单一生活"，感性审美是"对规范理性的极端怀疑，只有艺术才能弥补由过度的主观理性的失败而造成的损失"[③]。马尔库

---

① 〔美〕马尔库塞：《现代文明与人的困境——马尔库塞文集》，李小兵等译，上海：上海三联书店 1989 年版，第 100—101 页。

② 〔英〕特里·伊格尔顿：《审美意识形态》，王杰等译，桂林：广西师范大学出版社 2001 年版，第 3 页。

③ 〔美〕理查德·沃林：《文化批评的观念》，张国清译，北京：商务印书馆 2000 年版，第 124 页。

塞也是在这个意义上将美学与艺术当作突出技术理性重围的重要武器的。他认为审美活动与艺术创作并不仅仅是对感性的片面强调，其中还包含着恢复辩证理性丰富性的理论设想。而这种能够纠正"理性的过度"的审美感性应是呼唤爱欲本能回归的新感性，它能够颠覆这个被技术理性全面整合的操控社会，生成一种完全不同于理性主义文化的感性秩序。

马尔库塞关注到了新感性对技术理性压制的颠覆作用，提出应该以恢复人的需求体系和爱欲冲动为目的进行建构新感性实践。他在创立自己的感性革命理论的过程中，先是以人的感性生存为出发点注意到了海德格尔的存在主义哲学。海德格尔真正区别了"在者"和"存在"，以往的哲学家都是在"在者"的意义上去谈论感性的，这样感性就很容易被当成一个客体而失去了实践性和生成性的意义。换言之，被当作客体的感性仅被看作一种感性阶段的事物被我们所认识，我们借助于它上升至知性层面进行思考。这样一来，本来感性与主体性的同等地位就被贬抑了，感性活动也无法代表整个现实的人类生存境况而存在了，它被消融于认识论中，成了理性思维工具的一个终将被扬弃的环节。然而，海德格尔通过"存在"来重新恢复感性的生存意义，"存在"是特殊的"在者"——"此在"（Dasein）得以呈现的领会行动，所以感性是和"此在"融为一体的"绽出"，它是"此在"进行领会行动的"生存"（Existenz）本身。马尔库塞发现了海德格尔赋予感性以真正的属人性生存论意义，从人的现实生存状况去谈感性活动，这样的感性活动不只是一种认识活动，而且还具有使个体获得心理上和生理上满足的意义，也就是情感与欲望的本能性的释放，爱欲的本能力量得到自我确证的意义。但马尔库塞不满足于仅从个体的感性意向性活动抽象意义去探讨现实的人的感性生存，而是要挖掘感性作为爱欲生命本能对社会的改造功能，也就是要激发出审美感性的现实政治功用，于是他带着海德格尔的生存论美学进入了对马克思的感性生命的理解中。

《1844 年经济学哲学手稿》问世后，马尔库塞在马克思关于感性的论述中得到了理论支撑。马尔库塞高度赞同马克思关于人是感性的生命存在的观点，也将人的对象化活动本身看作使人成为感性的类存在物的自我确证性活动。马尔库塞的《历史唯物主义的新基础》一文引用了《手稿》中大量的关于感性的结论，如"感性必须是一切科学的基础"①。他还把马克思关于情欲的论述当作重点，认为人的本质就是由感性的情欲所决定的，这也说明了人的感性作为一种本能印证了人与自然之间隐秘的关系，所以"人是一个受动的存在物……是有情欲的存在物。情欲是人强烈追求自己的对象的本质力量"②。马尔库塞在这里发现了人作为感性的存在物在感性生存活动中能动性的一面和受动性的一面，恢复感性的原初意义，因为在发达工业社会中感性在被技术理性操控下只剩下了受动性，人也在畸形的理性观中忘却了人在自然界中获得的生命本能冲动，忘却了情感与欲望的满足。正是在马克思的影响下，马尔库塞已经为将感性存在当作人的生存本能打下了基础，这也使他的思想得以顺利地转向了弗洛伊德的本能理论。

马尔库塞在弗洛伊德关于本能的观点中，恢复了感性在美学中的含义，也追溯了感性与美在含义上发生重叠的古希腊源头。美学（拉丁文 aisthesis，德语 asthetik）在词源上与希腊文中的"知觉"（希腊文 aisthesis）是一致的，而"知觉"在柏拉图看来是源自于肉体的快乐和痛苦、悲伤与恐惧等低级的感性欲望，因此鲍姆加通以"感性学"命名"美学"，就是为了恢复感性的原初语义。也就是说，感性是与肉体欲望有关的人的本能情感，同时也是人的认识能力，更重要的是它与美有关。在柏拉图的《会饮篇》中，感性的作用要在以美为对象的学问——"狄奥提玛启示"中寻找，得到的结论是：美是爱神厄洛斯（Eros）的神韵。人间美的肉体（如少年之美）皆为美的"相"，而真

---

① 马克思：《1844 年经济学哲学手稿》，北京：人民出版社 2000 年版，第 89 页。
② 马克思：《1844 年经济学哲学手稿》，北京：人民出版社 2000 年版，第 107 页。

正的美是超越具体可见形体的美的原则或"共相"，而爱神则是规定着万物之美的生命本能，这种生命本能体现为鲜活的爱欲，也就是说："爱神总与鲜活的东西在一起……只要哪里有血脉、有鲜活，就会有爱神"①。至此，感性最丰富的内涵产生了。而弗洛伊德将人感性能力的范围拓展到身心本能领域，它包括感觉、情绪、欲望，是在快乐原则之下的潜意识表征，"本能代表的是肉体对于心灵的要求"②。马尔库塞发现了弗洛伊德在用本能理论解释感性这一概念时，相较于近代以来的认识论，最大限度地保存了感性的原初意义，弗洛伊德认为"'本能'代表了所有产生于身体内部并且被传递到心理器官的力"③，在直接反映肉体欲望的"感性学"——美学中将本能概念的美学意蕴继续推进。在《爱欲与文明》中，马尔库塞继续为弗洛伊德的感性本能添加了美的功能，挖掘出感性审美的政治功能，"这个任务要求证明在快乐、感性、美丽、真理、艺术和自由之间有一种内在的联系，这种联系在审美一词的哲学史上曾被揭示过"④。也就是说，马尔库塞发现了弗洛伊德关于本能的理论与柏拉图的《会饮篇》中的爱欲之间的关系，进而他用爱欲替代了弗洛伊德的性欲本能，赋予了本能以美的力量。因此，马尔库塞接下来谈及的艺术和美学活动皆为恢复人的爱欲的行动。

然而，马尔库塞的美学理论之所以具有政治性被称为政治美学，是因为他在以艺术呼唤人性中的本能爱欲过程中，并非只是对感性的片面强调，更重要的是通过以感性形式的结晶——艺术——复原感性中的对

---

① 刘小枫：《从〈会饮〉看后现代审美文化的品质》，载《文艺研究》，2011 年第 9 期，第 9 页。

② 〔奥〕西格蒙德·弗洛伊德：《弗洛伊德文集·性爱与文明》，滕守尧译，合肥：安徽文艺出版社 1987 年版，第 286 页。

③ 〔奥〕西格蒙德·弗洛伊德：《弗洛伊德后期著作选》，林尘等译，上海：上海译文出版社 1986 年版，第 39 页。

④ 〔美〕赫伯特·马尔库塞：《爱欲与文明》，黄勇、薛民译，上海：上海译文出版社 2012 年版，第 156 页。

于现存秩序的否定精神，让人们在意识中重新确立否定精神的权威，以此推翻资本主义的统治逻辑，构建一个以爱欲满足为基础的美好的世界和新秩序。为了使审美感性——新感性发挥出颠覆技术理性的政治功能，马尔库塞还从席勒的政治美学中吸取了养分。席勒赋予了审美中的感性以权威地位，审美感性不同于普通的感性，他说只有感性的人是"野人"，而只拥有理性的人是"蛮人"，而真正自由的人是审美的人，这样的人必须是可以使感性与理性在审美中统一的人。"感性的人通过美被引向形式与思维，精神的人通过美被带回到物质，又被交给感性世界。"① 可见，在席勒看来，唯有具有审美感性的人，才可以在感性与理性中自由穿梭。马尔库塞接受了这一观点，在他的《爱欲与文明》中谈到如果想要使人们成为各方面潜能得以自由实现的人，必须要成为席勒所说的那种审美的人，即满足"游戏冲动"的人。

马尔库塞所宣扬的新感性，并非是混乱的、庸俗化的那种只沉溺于现世肉欲享乐中的感性，而是艺术世界中远离尘世纷扰尤其是物质生产的美感趣味与审美能力，它建立在动物生理基础之上具有个体感性的直接性，同时还积淀了辩证理性的渗透，获得了超感性的历史内容。这是浪漫主义和唯美主义的一种具有超越性的情感，这种情感是以审美幻想为基础的，因此马尔库塞自称为一个绝对无可救药的、感伤的浪漫主义者。"在这里，马尔库塞接受了自谢林以来的德国浪漫派的唯美主义思想传统的影响，坚信美学（或艺术）是人类社会能够得到救赎的最后力量，美学（或艺术）是通向最后自由的必经之路。"② 但是，接受了唯美主义和浪漫主义的美学观，马尔库塞的具有感性革命性质的政治美学也不可避免地取道于康德那种无涉功利的自律性美学。马尔库塞认为

---

① 〔德〕弗里德里希·席勒：《审美教育书简》，冯至、范大灿译，上海：上海人民出版社 2003 年版，第 141 页。

② 田光远：《论马尔库塞政治哲学中的唯美主义向度》，载《社会科学家》，2006年第 9 期，第 18 页。

艺术应该以其自律性与异在性保持与现实之间的距离，这样才能保持艺术中的超越性质。这也是康德的"无目的的合目的性"的体现，而这种超越精神也是对古希腊"努斯"精神的重新强调，强调理性精神不能只有被"逻各斯"统治的一面，更重要的是要保持一种向善向美的理念进升的主动性和超越精神。但是，以精神的超越性去实现对现实的人的感知方式的改造从而建立一种新社会的路线，虽然具有一定的政治性，但仍然缺少现实力量和具体途径，这也使马尔库塞的审美感性救赎方式成为了一种浪漫主义式的反讽。浪漫主义反讽的目标是使世界浪漫化与诗化①，而这种诗化和浪漫化的"观"世界的方法只强调了现实与理想世界的距离，却没有具体的现实路径，因此它始终只能保持一个"未完成"的和正在进行的形态，在无意中表现了对无限、绝对和上帝的渴望。这种对绝对的无意识渴望，便是对完满人性的渴望。仅以特殊的个体感性的人性论去直接概括具有普遍性的完满的人性（而这种人性是从自然中获取的爱欲本能的实现），这显然不符合马克思的"对全部生产力占有的个人"②的设想，充其量只能达到费尔巴哈的动物式的感性直观和抽象的宗教之爱的再现水平。他的感性不是马克思意义上的真实的实践的、人的感性的活动，他的感性和审美不能克服黑格尔的"抽象思维"，因此他改造感性以攻克技术理性的救赎路线是无力的、抽象直观，马克思则强调实践活动对感性直观的改变和历史理解，要把实践范畴具体化为生产力的概念，而不是仅在自律的王国中获得一种本体论的存在地位。③

---

① 李金辉、谢静：《马克思的政治浪漫主义：无产阶级的反讽和"力的隐喻"》，载《理论探讨》，2018 年第 3 期，第 81 页。

② 李金辉、谢静：《马克思的政治浪漫主义：无产阶级的反讽和"力的隐喻"》，载《理论探讨》，2018 年第 3 期，第 81 页。

③ 李金辉、谢静：《马克思的政治浪漫主义：无产阶级的反讽和"力的隐喻"》，载《理论探讨》，2018 年第 3 期，第 80 页。

马尔库塞的将感性从技术理性统治中解救出来的审美救赎路线具有重大的革命意义,为人类恢复新的冲动和需求以及对抗现有的工具理性统治的意识体系提供了新思路。他立志重新确立消融于技术理性中的感性秩序的权威,建构新的话语体系,实现辩证理性的复归,"拯救文明,包括废除文明强加于感性的那些压抑控制"①。这些观点,不仅恢复了感性的原初意义,同时也复原了理性的真正意义,表达了对消逝于技术理性社会中的价值理性和审美冲动的追忆,都对于恢复感性在形而上学层面重构全新的意识体系有着重要的借鉴意义。但是,我们也不能忽略马尔库塞以自律性的审美形式去替代现实的生产领域变革所造成的弊端。可以说这种方式无异于与上帝融为一体去获得神圣力量的浪漫主义反讽方式。他把架设于此岸世界之上的彼岸的美的世界当作人类最完美的归宿,实际上就是将美的世界幻化成为无限的上帝,以得出沉溺于技术理性世界的人类的无知这样的反讽式的结论。这种反讽本质上是一种宗教审美经验,是对无限的渴望。这种无限的可能通过对有限的客体和对象否定而体现出来,这就是马尔库塞思想中浓厚的否定性力量的确证。这样的后果是,客体和对象(现存世界)必须被浪漫化和诗化,无限和绝对的美的王国也绝对不是一个具体的目标,是不可到达的彼岸,它们始终保持着与人的有限距离。人在这个过程中,除了获得一种迪奥尼索斯式的美学沉醉之外,也将产生无力感和挫折感。

## 二、辩证理性的复归

自柏拉图以来,对理性主义的推崇成为西方文明的主要精神支柱,但在马尔库塞看来,理性主义在本质上是压抑性的。在他的《肯定性的文化》中,分析了观念的历史和资本主义意识形态握手言和的整个

---

① 〔美〕赫伯特·马尔库塞:《审美之维》,李小兵译,桂林:广西师范大学出版社 2012 年版,第 225 页。

过程，而这个过程在现代社会生活领域，则体现为科学技术已经代替了理性的全部力量成为了新的神话的过程。在技术理性的驱使下，人们将符合现代工业生产标准的理性思维能力当成了理性本身，久而久之，技术理性作为理性思维的产物成为了一种外在于人的先验存在统治着人们。包含着感性丰富性的原初理性被片面化，致使内涵于理性中的辩证理性和批判理性被服务于现代社会生产的知性理性与认知感性所替代。马尔库塞提出恢复理性的否定性力量，就要重构感性与理性统一的新型意识形态。"理性作为一种机能，在人类的认识活动、价值评价和实践活动存在并发挥作用，因此是统一理论能力与实践能力于一身的完整的能动力量。"① 以上对于理性真正含义的理解与马尔库塞恢复辩证理性的初衷不谋而合。

马尔库塞指出为了打破在剥削社会中技术理性的权威，将被整合进压抑社会中的"自然的感性经验"解放出来，需要一场建立感性新秩序的权力实践。而感性新秩序的建立，能够改变人们的感知方式，重新把想象力归还给灵魂，使人们重新建立起感性与理性统一、主体与客体统一、自然与社会统一的新型理性观，这种新型理性观能够将错位的内在目的与外在目的重新颠倒过来。它是一种主客统一的力量，使被技术理性统摄着的、丧失主体性的单向度的理性，转变为双向度的辩证理性和批判理性，这也是一个从技术理性向历史合理性转化的过程。人们在这个过程中，能够在新理性的引导和规范下，不断地扩大自身认识和实践能力，还能不断释放主体的力量。马尔库塞认为将真正的理性和感性从现代极权主义的控制下解救出来，重新实现统一的途径是构建新感性。新感性不仅是一场认知领域的革命，同时也是一场美学层面的革命。也就是说，马尔库塞将美学艺术当作为人类争取爱欲满足与幸福的主战场。只有在美学与艺术中，才能按照理性—真理—现实的公式把主

---

① A. Pacey, *Meaning in Technology*, Boston: The MIT Press, 1999, p.4.

观世界和客观世界结合成一个统一体，激发出理性的颠覆性力量，使人和事物的本来面目显露出来并得到确证。

为何只有在艺术与审美的世界中，才能完成辩证理性的回归呢？马尔库塞是在追溯了审美活动在古希腊哲学中与爱欲的关联的基础上，并且融合了弗洛伊德的本能学说，提出了要在"美的爱欲性质"中去寻找满足人的需求和本能冲动的"根本潜能源泉"①。而美学与艺术主要是以感性形式表达的意识活动，它内蕴了一个价值与目的统一的本真世界。它能以自律性的审美形式将沉迷于艺术境界中的人们与现实物质生产的社会规范阻隔开来，形成一种陌生化的效果，也就是体会到艺术的异在性，从而去完成"一种触及人的深层心理结构的抑制和满足之根源的政治实践，一种有步骤地脱离和拒绝权势集团的政治实践"②。因此，艺术以审美判断为中介和桥梁，去联通感性经验与理性，将代表理性的意义世界以人们所能感受到的审美方式带回到人的心灵深处中去，这就是感性与理性统一的意识重建的主要途径。马尔库塞并没有将这种重建只当作仅存于虚幻的想象中的内在化的艺术创作规则，而是视为一种"破除了看、听、感觉和理解事物的惯常方式，使有机体变得善于接受一个非攻击性的、没有剥削和压抑的世界的潜在形式"③ 的实践活动。这种现实的实践就是以重建新感性为根本目标的、塑造人的本能结构和改变感知方式的革命。在马尔库塞的认知里，只有富有新感性的人才是真正意义上建立新的社会秩序的社会主义"新人"。那么，新感性究竟是什么呢？它和理性有着什么样的关系呢？它是怎样实现感性与理性统一的？这些也是马尔库塞终其一生的哲学探索和革命实践所要回答的问题。

---

① 〔美〕赫伯特·马尔库塞：《审美之维》，李小兵译，桂林：广西师范大学出版社2001年版，第231页。

② H. Marcuse, *An Essay on Liberation*, Boston：Beacon Press, 1969, p.6.

③ H. Marcuse, *An Essay on Liberation*, Boston：Beacon Press, 1969, p.6.

"所谓新感性，就是指能超越抑制性理性的界限，形成和谐的感性和理性的新关系的感性。"① 也就是说，新感性与感性的区别在于，新感性不仅仅作为一种感性认知和情绪体验能力而存在，还是融入了能够从罪恶的和富有攻击性的社会中解脱出来的爱欲本能的审美能力和意识的创造能力。它不再是所有社会成员接受技术指令和行动规范的"感知中介"，也不只是感性的逻辑化、内在化与系统化，而是一种以审美的形式拒斥技术理性、改造思维与沟通方式的实践活动。新感性的重建要依托于艺术创作活动，从中"产生出另一种理性、另一种感性，它们公开对抗统治的社会制度中的理性和感性"②。也就是说，新感性是通过艺术和审美活动唤醒人们的爱欲本能，并激发出他们对本真的情感表达与本质力量的自由追寻的渴望，马尔库塞将这种渴望的满足称为"满足的逻各斯"③。在本能的直抒胸臆的满足中，"在想象与理性，高级能力与低级能力，诗歌与科学思维之间的对立，将会消除"④。

马尔库塞重构知性与感性统一的理性构想的终点是建立新的理性，而建立新理性的基础和关键环节是新感性。新理性是新感性的价值原则和内在要求，新感性是新理性的主要表现形式与核心内容，二者是统一的整体，不可分割。马尔库塞在创立他的新感性概念时，借鉴了康德的判断力批判。康德将想象力作为沟通感性与理性的桥梁，而马尔库塞受

① 张之沧：《论马尔库塞的解放美学》，载《马克思主义与现实》，2007 年第 5 期。

② 〔美〕赫伯特·马尔库塞：《审美之维》，李小兵译，桂林：广西师范大学出版社 2001 年版，第 195 页。

③ 〔美〕赫伯特·马尔库塞：《审美之维》，李小兵译，桂林：广西师范大学出版社 2001 年版，第 51 页。

④ 〔美〕赫伯特·马尔库塞：《审美之维》，李小兵译，桂林：广西师范大学出版社 2001 年版，第 107 页。

此启发，也将想象力当作新感性的核心，将康德的审美共通感当作新感性的政治功能的体现。他和康德一样，发现了现代社会中人的感性与理性处于分庭抗礼的状态，康德以审美判断力去沟通对物质现象的认知观念与精神现象的理性观念，因为他认为审美能力既源自于人在自然界中原始生命的勃发，富于感性与激情，又对美的理念世界有一种渴求，因此能够顺应理性与道德的呼唤，调和感性与理性之间矛盾。可见，审美判断力是感性的，同时也内蕴着理性。而构成审美判断最核心的因素的想象力，它与人类心灵中的"愉快或不愉快的情感相联系"①。它既"从各种不同的乃至于同一种的数不清的对象中把对象的肖像和形象再生产出来"②，又将对象的形式"对（不借助于概念而）与给予表象结合在一起的那些情感的可传达性作先天评判"③。也就是说，想象力可以将形成感觉的那些感性经验材料与主体情感结合起来，转化成概括升华了感官表象的新的审美形象。马尔库塞正是在此意义上借助于想象力去恢复人与自然之间天然的联系，即恢复人的本能爱欲，并使人形成合乎于价值理性的感觉能力，重新成为敏感的新感性主体。因此，以想象力为核心要素而形成的新感性，是一种沟通有限流变的经验现实的感性能力与无限绝对的形式存在的理性能力的意识实践。它能够以浪漫主义反讽的方式去激发人的全部潜能，实现感性与理性的统一，即实现在美的自律王国中建立起一种新理性，进而改变人的思想意识，恢复人的主体性，产生否定性的思维方式。新感性是新理性的源泉，新理性也可以理解为新的社会秩序的合理性，它也是拒斥技

---

① 〔德〕康德：《判断力批判》，邓晓芒译，北京：人民出版社 2002 年版，第 37 页。

② 〔德〕康德：《判断力批判》，邓晓芒译，北京：人民出版社 2002 年版，第 70 页。

③ 〔德〕康德：《判断力批判》，邓晓芒译，北京：人民出版社 2002 年版，第 138 页。

术理性的合理性。作为社会主义新秩序的合理性，应该以人全部的力量和潜能得以自由而全面的发展为目标，也就是将实现人的爱欲解放作为新社会的图景。因此新理性是一种与感性、幸福、本能、爱欲结合在一起的理性，是包含着新感性的理性。在一定意义上，新理性实际上就是新感性，是艺术与美所传达出来的走向平静的境界，是价值理性的审美化身，代表了分裂的感性与理性最终的统一。这也是马尔库塞政治美学的终极奥义所在。

# 本章小结

现代社会的危机在马尔库塞看来是人类精神领域的一场灾难，现代文明之所以越来越抽空了文化的温情，变成与人本身无关的外在操控系统，摧残着人的精神世界，这些均源自于技术理性对原本合一的感性与理性的强行分裂。马尔库塞认为人之所以能成为最富有斗争性与革命性的物种，在于他们具有超越性的审美感性，而富有美感的人才能称得上是拥有创造能力、反思批判能力的完整的人。因此，马尔库塞认为回到古希腊哲学中的那种感性与理性统一的审美人性中去，才有建立一个崭新的现实原则的可能性，也只有审美的人才是突破技术理性操控的总体性的人。这样的人是依靠情感、幻想、情绪等非理性因素感知与体认生活世界的、充满灵气的人，不是甘愿被技术理性与效率利益原则统摄的、丧失生命力的"纯理性"的人，他们应该是敏感而富有理性否定能力的不安于现状的人。马尔库塞将重塑感性与理性统一的新理性——辩证理性作为他政治美学批判理论的出发点和落脚点，这也决定了他必将延续浪漫主义反讽式的批判风格。实际上，马尔库塞所追求的是类似于海德格尔所说的乡间农民式的生活，和前技术时代的富有反抗激情且恬淡的人性。只有这样，人的劳动、时间、生活、身体、爱情才真正属于他自己，而不是别人，更不是外在于人的什么神秘的东西。如果说要以一种身份去规定马尔库塞的话，他更像是一个激进的诗人，以浪漫主义的斗争方式展开他政治美学的一生。

# 第二章　思想先声与理论来源

　　理性对感性的压制在马尔库塞看来是现代人性分裂的文化根源，因此马尔库塞选择了一条改造人性的救赎之路。他与美学的结缘，看似偶然，但从其实现感性与理性的复归之途的理论初衷上来看，则是必然。当政治失意后，他第一次遁入美学研究，却仍记挂将自己的理想付诸现实的政治实践，在弗莱堡完成的博士论文《德国艺术家小说》便是最好的证明。他在文中强调了艺术理念世界与现实感性生活的对立，故艺术家应有超越现实的审美理想。但他更注重的是艺术家应承担起将艺术中的完满理想注入现实社会的责任，在真正的政治运动中重塑已然分裂的感性与理性。这说明，马尔库塞在学术探索的原点就选择将政治与美学当作一个自洽性的整体，这也为其今后的政治美学批判理论的建构发出了思想先声。显然，美学不是马尔库塞逃避政治的港湾。为了接近自己的政治目标，为完满人性的实现寻求更为深邃的哲学基础，他投师于海德格尔门下，将曾经的浪漫主义美学理想放置于生存现象学的理论背景下，确立了悬置技术社会表象回到对审美自由的人性的本真探索中的方法，并以人的感性现实生存为关注点，为审美理想的实现寻找可行的政治之路。带着这样的希望，马克思的异化劳动理论让他看到了现实的历史、社会环境才是理性与感性重新统一的实践场域，但又受到席勒的浪漫主义美学和海德格尔的存在主义的影响，使他无法进入真正的政治经济学批判之中，而将历史唯物主义的基础确立在审美人性上。出于改变现存社会结构的政治需要，马尔库塞将黑格尔的历史总体性理论作为自己的研究课题。为了从逻辑上使自己的审美理想得到严谨论证，他将黑格尔的思维辩证法当作自己政治美学批判理论的"历史—概念"方法，更重要的是这种辩证法让他发现了理性应有的否定性内涵，并以否定性为自由完满人性的实现注入了精神动力。

## 第一节 《德国艺术家小说》的美学思想

《德国艺术家小说》（*The German Artist-novel*）是马尔库塞于 1922 年在弗莱堡完成的博士论文，这也是马尔库塞的政治美学批判的思想先声。马尔库塞在弗莱堡攻读博士学位，是在他目睹了德国社会民主党内的惨剧——罗莎·卢森堡和卡尔·李卜克内西被杀害——之后，选择的一种对政治的逃离方式。这也是年仅 22 岁的马尔库塞在政治上所遭遇的第一次挫折。他自己也在晚年采访中也承认过，"1919 年，我离开了柏林，来到了弗莱堡，我过着完全非政治的生活"①。弗莱堡大学为那些同流行的资产阶级秩序相关却对其日益不感兴趣的学生提供了一个更为宽松的环境。② 此后，从 1920 年到 1926 年，马尔库塞的研究兴趣一直停留在美学文学领域。然而，马尔库塞即使埋头于文学美学的貌似无涉功利与政治的研究中，但他的博士论文《德国艺术家小说》却隐含着某种"入仕"情怀。这篇文章的主题始终围绕着艺术家的真正使命，

---

① H. Marcuse, *Revolution or Reform? A Confrontation*, Rutgers, NJ: Transaction Publishers, 1985, p.578.

② Barry M. Kātz, "New Sources of Marcuse's Aesthetics", *New German Critique*, No. 17, 1979, pp.176-188.

这就是将艺术中的圆满理想注入流动的现实社会中，改造与重塑已经分裂的现代社会，进而使在社会生活中"异化"了的人回归到完整的状态。黑格尔关于古典型艺术理想和卢卡奇关于小说所代表的心灵与形式之辩，深刻地影响了此时的马尔库塞对德国艺术小说的理解方式。在这篇文章中也透露出马尔库塞接受了以有限的审美理念去设定与表现无限的美的理念的浪漫主义反讽主张。这也是马尔库塞说过的"在这个弗莱堡时期，我却变得越来越政治化了"① 原因之一。与其说，《德国艺术家小说》的完成见证了马尔库塞第一次面对政治运动失意后的逃避，毋宁说这是马尔库塞首次在美学领域为重返政治舞台积蓄力量的韬光养晦。它虽然是一部文学评论著作，但同时也是一部政治美学著作，是马尔库塞政治美学批判理论开始建构的起点。

## 一、黑格尔的艺术形态演进理论对马尔库塞的启发

在《德国艺术家小说》中，马尔库塞将艺术家小说分为主观浪漫主义型和客观现实主义型两种类型，实则是受到了卢卡奇的影响。而卢卡奇对小说的分类思想是在黑格尔对艺术理念的展开过程理论的影响下形成的。而且，马尔库塞在《德国艺术家小说》中以"史诗"为重要概念，强调了对史诗时代原始完整性的审美理想的希冀，而艺术家小说则是弥合形式和内容之间的裂隙的审美冲动。这些可以说是对黑格尔关于古典型艺术中的典范——古希腊艺术所传递出精神的完整性思想的创造性阐释。由此可见，马尔库塞关于德国艺术小说涉及的核心观点是对黑格尔的美学理论进行批判性的吸收所得到的产物。

黑格尔把艺术史理解成由象征型艺术、古典型艺术、浪漫型艺术所

---

① H. Marcuse, *Revolution or Reform? A Confrontation*, Rutgers, NJ: Transaction Publishers, 1985, p.578.

构成的三个不同阶段的历史。① 他认为真正的艺术理想在于追求精神与心灵的内容同外在现实形式的完整统一，绝对精神需要通过自身的客观性存在来表现自身进而构成审美理念世界，这是艺术存在的逻辑依据和它所肩负的使命。艺术史的演化过程实际上就是绝对理念的发展过程，也是一个审美形式与现实内容的原始完整性逐渐丧失的过程。艺术的最初形态在黑格尔看来是象征型艺术，它的产生源于原初人类对自然的惊诧，他们将自然当作神秘的"威力来崇拜"②，故这种艺术形态代表着人类的心灵与自然事物的完全同一。但象征型艺术仅是艺术发展过程中的过渡阶段，因为象征型艺术所隐喻的精神不满足于在有限的自然物中展现自身，理念总是设法越出"它的外在形象，不能完全和形象融为一体"③，与外在存在保持对立状态。黑格尔认为象征型艺术最典型的表现形态是神话，神话起源于心灵，包含着内在理性，而直接以外在自然物作为理念载体的象征型艺术不能深入到这种内在理性中去。因此，象征型艺术传到希腊后，在原本空洞的神性精神中融入了人性精神，理念试图以人的肉体形象表现自身，这样象征型艺术就被古典型艺术所代替了。于是，古典型艺术能够将理念作为精神个性，与它的肉体实存完满结合。古典型艺术是真正的美的艺术，只有它才能"形成一种自由的整体"，并"符合美的概念"④。

在黑格尔看来，古希腊艺术是古典型艺术的典范。他还把希腊文明称为欧洲人尤其是德国人的精神家园。因为希腊精神的自由既受到了"自然"的塑造，是有限的自由，同时作为生活在城邦中的民族，希腊

---

① 雷礼锡：《黑格尔神学美学论》，武汉：湖北人民出版社 2005 年版，第 117 页。

② 〔德〕黑格尔：《美学（第二卷）》，朱光潜译，北京：商务印书馆 1979 年版，第 23 页。

③ 〔德〕黑格尔：《美学（第二卷）》，朱光潜译，北京：商务印书馆 1979 年版，第 9 页。

④ 〔德〕黑格尔：《美学（第二卷）》，朱光潜译，北京：商务印书馆 1979 年版，第 157 页。

精神的本质是现实生活与实体精神的直接统一，个人与城邦政治的完美结合。而古希腊这种以人性为载体的类神性深刻地影响着史诗的形成。黑格尔以荷马史诗为例，谈到了民族精神与客观存在的融合，史诗是通过人类现实生活真实行动、事迹等素材来表现某种意念和神性精神的统治。这意味着一个民族虽然觉醒，但没有形成高级的"自我意识"，"民族信仰和个人信仰"① 尚且停留在统一的阶段，精神和现象还是完整结合的。因此在希腊史诗的艺术表现方式中，艺术家的精神世界与生活世界能够保持统一。但是，由于希腊艺术中的"拟人性"特征，慢慢不适用于表达不断发展的"自我意识"，也就是人的肉体形象随着精神向绝对理念的发展不足以承载逐渐壮大的内在主体性了，这样古典型艺术走向解体，被浪漫型艺术所代替。代表着艺术与现实完整统一的史诗时代，因为以"内在主体性"原则规定艺术的散文时代的到来走向解体。艺术也逐渐完成了它的使命——送精神回家，"它已转移到我们的观念世界里去了"②，"艺术的形式已不复是心灵的最高需要了"③。

黑格尔的艺术形式发展的"历史性"思维对卢卡奇和马尔库塞均产生了深刻的影响。马尔库塞在《德国艺术家小说》中继承了黑格尔对古典型艺术中希腊史诗的原始完整性的思想。面对着浪漫型艺术的到来，主体实体排斥有限的感性现实，马尔库塞从卢卡奇对小说的分类中汲取养分，试图以艺术小说整合分裂了的理念世界和客观存在，达到完整人性的回归，以及社会的和谐统一。而马尔库塞与黑格尔的不同之处在于，他没有将原初完整性的丧失归结为绝对精神的发展，而是从社会

① 〔德〕黑格尔：《美学（第三卷·下册）》，朱光潜译，北京：商务印书馆1979年版，第109页。

② 〔德〕黑格尔：《美学（第一卷）》，朱光潜译，北京：商务印书馆1979年版，第15页。

③ 〔德〕黑格尔：《美学（第一卷）》，朱光潜译，北京：商务印书馆1979年版，第132页。

现实状况和阶级社会的发展寻找根源，这更加突显了马尔库塞此时期美学思想的政治倾向。

## 二、卢卡奇的生活、心灵、形式理论的影响

卢卡奇受到黑格尔古典型艺术理论的启发，继续以艺术和人道主义美学为落脚点和出发点，为生活在心灵与生活分裂中的异化的人寻求回归到原初的完整人性的现实出路。卢卡奇认为，克服人类社会拜物教化、异化的出路及实现人的解放的方式在于艺术的人道主义本质和它的本体功能。卢卡奇指出了艺术的美学功能在于主体从现实的完整的人向理想的总体的人转化。理性与感性相统一的完整性是史诗时代的人性特征，但是由于现实生命境遇的物质化，散文时代取代了黑格尔所描述的史诗时代，人的内在精神和外在生活形式的严密结合的状况被打破，异化意识侵入人的意识形态中。而艺术可以超越异化意识，艺术和美学可以更完整地阐释与人类发展相关的现实环节，艺术以声音、色彩、感觉等方面为媒介，形成了人类沟通现实与理想的能力与经验感受。这些观点都为马尔库塞所继承，使他确立了一种对抗资本主义社会全面异化的革命思维，即以"总体革命"和"总体性批判"作为艺术美学批判的理论旨归。这些与卢卡奇的《历史与阶级意识》有着深刻理论渊源的思想也为马尔库塞以后的激进革命理论奠定了基础。

卢卡奇曾在他的后期著作《审美特性》中也经常运用"客体化的概念""完整的人""作为总体的人"和"作为封闭的总体性的艺术作品"等术语，它们都在传达着对黑格尔关于古希腊人性和神性完美统一的艺术类型的观点的认同，这与"他后期马克思主义美学著作里艺术的反拜物教化使命相关"。① 区分"生活""心灵"和"形式"这几

---

① György Márkus, "Life and the Soul: the Young Lukács and the Problem of Culture", in *Lukács Revalued*, Agnes Heller (ed.), Oxford: Basil Blackwell, 1983, pp.2–3.

个概念，对于理解卢卡奇对小说形式的分类有重要意义，而小说形式的分类直接影响到马尔库塞对德国艺术家小说的分类。在卢卡奇那里，"生活"有两种含义，其中一种是指在能够按照真实的心灵生存的、有价值和意义的生命活动，类似于黑格尔所说的古希腊艺术所反映出来的有限自然性和伦理意义相结合的生活状态；另一种就是指，在史诗时代以后的散文时代，人们居住的与人对立的、原子化、机械化的、制度严格的世界，是一个人类通过自身的劳动所建构出来的异化的商品世界。这个世界"只有借助心灵的再次苏醒的形而上学的行动才能唤醒它"①。而"心灵"是与卢卡奇所说的第二种"生活"对立的、能够使个人的意志力得到最大程度发挥的自由潜能，它是使个人具有异质性潜能和价值的根据和核心。然而，现存生活世界中的人丧失了主观世界与客观世界的完整性，始终处于心灵和生活相分离的状态，卢卡奇认为只有"形式"才能使人们从异化的生活世界中走进内心真实的世界中去，因为"形式能够把生活的原料整理成一个自我包容的整体"②。形式能够在原本混乱的生活中把被遮蔽的心灵唤醒，重新构成一种新的、有序的生活世界，使生命的本真意义得以重现。因此，形式是心灵与生活的辩证统一，是对资本主义现实的反抗，是"纯粹心的现实领域"③。

　　卢卡奇在《小说理论》中对小说形式的历史演进分析深刻地影响了马尔库塞对艺术小说的分类。卢卡奇认为小说的结构类型与当今社会类型本质上一致，他将小说与史诗进行对比，分成了三种类型：一是抽象的理想主义，这类小说"要么心灵辽阔于外部世界，要么逼仄于外

---

①　〔匈〕卢卡奇：《卢卡奇早期文选》，张亮、吴勇立译，南京：南京大学出版社2004年版，第40页。

②　György Márkus, "Life and the Soul: the Young Lukács and the Problem of Culture", in *Lukács Revalued*, Agnes Heller (ed.), Oxford: Basil Blackwell, 1983, p.11.

③　〔匈〕卢卡奇：《卢卡奇早期文选》，张亮、吴勇立译，南京：南京大学出版社2004年版，第114页。

部世界"①。二是幻灭的浪漫主义，这种小说的心理描写多过于对主人公行动的叙述，更偏向于内在主体性。三是综合前两种类型的现实主义，这种类型的小说的主题是处于异化中的个人在美的理想引导下重新与现实达成和解。这种理想照进社会现实的因子也是马尔库塞《德国艺术家小说》的重要主题之一。无论在卢卡奇还是马尔库塞的笔下都表达了对现实主义的小说给予的厚望，即对抗使资本主义人性分裂的现代性，找寻昔日史诗时代的艺术理想与现实生活和谐统一的境界。

## 三、《德国艺术家小说》对浪漫主义反讽的继承与超越

程巍曾在其专著《否定性思维——马尔库塞思想研究》中指出，"完整性"这一概念最早是由浪漫派产生的。譬如席勒以审美教育恢复人的完整性而闻名。而马尔库塞的《德国艺术家小说》，也体现了对前技术时代，尤其是希腊文化中完整人性的渴念。他继承了自黑格尔到卢卡奇所流传下来的传统，即对"史诗时代"中生活与艺术的和谐统一向往，在史诗时代"生活本身就是艺术和具有神性的"②。马尔库塞认为德国艺术也经历了从史诗向散文化时代的演变。散文时代的个体的心灵与现实生存是分裂的，而德国艺术家小说是一种渴望回复到完整状态的艺术形式。只有在艺术空间内，人自身才是现实性和超越性的统一，有限与无限的统一，达到浪漫主义的反讽境界。马尔库塞认为，德国艺术小说的虚幻性和现实性特征寄予了小说这种艺术形式以革命潜能。艺术小说所具备的虚幻性，是对浪漫主义的核心理想化的继承，它把对理想的表达视为艺术的本质。正是这种虚幻的理想性，能够使艺术家真切

---

① 〔匈〕卢卡奇：《卢卡奇早期文选》，张亮、吴勇立译，南京：南京大学出版社2004年版，第65页。

② D. Kellner, *Herbert Marcuse and the Crisis of Marxism*, Berkeley: University of California Press, 1984, p.20.

地感受到艺术与现实之间无法调和的对立，才产生了对"客观性的反讽"的期盼，将艺术理想与艺术家的"自豪"和"意志"相结合，以"世界的精神化"去"改变现实的革命性行动"，"强调精神的想象力的力量"，这与"早期的浪漫派的反讽"是一脉相承的。① 而艺术小说同时具有现实性，它借用"反讽这种浪漫主义的艺术手段"去解决美的理想与现实之间的矛盾，"把有限与无限一并在有限中表现出来"。② 从而把个体有限的感性体验和艺术家构建的"彼岸的理念的梦想乐园"③具体化为社会性的激进革命。马尔库塞指出了艺术家的使命是架设"是"与"应是"之间的桥梁，将超越现实的审美理想引向现实生活的改造行动之中，而不是去执行单纯的"为艺术而艺术"理念，这些均体现了对浪漫主义的超越。

（一）继承：艺术与现实的对立

人们常把弗里德里希·施莱格尔关于反讽的思考当作浪漫主义美学的核心，他对反讽的构想与黑格尔哲学的辩证法的作用很相似，"都是以自己特有的手段，即否定性来矫正有限世界的否定性"④。在浪漫主义反讽中，反讽的否定作用展示出了无限性，而自足的有限性假象也将消失，"容易导致浪漫的抒情主义"⑤。"这种抒情仅仅是对上帝

① 李金辉、谢静：《马克思的政治浪漫主义：无产阶级的反讽和"力的隐喻"》，载《理论探讨》，2018 年第 3 期，第 78 页。

② 〔德〕曼弗雷德·弗兰克：《德国早期浪漫主义美学导论（下）》，聂军等译，长春：吉林人民出版社 2011 年版，第 309 页。

③ H. Marcuse and D. Kellner( ed. ), *Art and Liberation. Collected Papers of Herbert Marcuse( Volume Four )*, London：Routledge, 1998, p.79.

④ 〔德〕曼弗雷德·弗兰克：《德国早期浪漫主义美学导论（下）》，聂军等译，长春：吉林人民出版社 2011 年版，第 305 页。

⑤ 李金辉、谢静：《马克思的政治浪漫主义：无产阶级的反讽和"力的隐喻"》，载《理论探讨》，2018 年第 3 期，第 77 页。

和绝对存在的渴望，而这种渴望是处在无穷无尽的生成过程中的。"①
这种反讽之诗"使世界成为对存在、绝对和上帝的象征，并且被'流体化'"②。

马尔库塞的《德国艺术家小说》的字里行间都体现了对浪漫主义反讽的批判性的继承，虽然他主张以"客观现实型"小说的理性特征去对抗"主观浪漫型"小说的苍白的抒情性，但是他对德国艺术家通过对美的无限渴念，表达自身对现实生活的排斥与疏离之情也给予了一定程度的肯定。正是因为艺术家们深受浪漫主义反讽传统的熏染，才能坚持在心灵深处追寻美的理念世界，进而在艺术作品中身体力行地建构这个审美乌托邦，才能有希望完成他们的使命，即揭示这个处在不断异化中的人类发展进程，并与污浊的社会现实和残忍分裂的人性对抗。艺术小说就是艺术家的对抗性和否定性意志的高度浓缩，也是对他们所创造的"诗化的现实"的一种对象化形式，他们追求的是关于浪漫主义的无限性美学理想。虽然马尔库塞也批判纯粹主观浪漫的艺术家小说没有提出解决人性异化的方案，把唯美的艺术当作与现实生活对立的避风港，但是艺术家对现存的不满的确是使"艺术成为一种武器"③ 的动力源泉。在他看来，布伦塔诺和霍夫曼就是这种德国艺术家，他们无法对现实妥协，不能使审美走进日常生活，也就无法找到精神家园在实际生活中的影子，对世界始终怀着怀疑和失望的悲观情绪。他们最终寻找的仍然是一个理念的世界，艺术中的美也只能在虚幻的彼岸存在，这就决定了艺术家即使参加社会革命，即使"成为一个实践的人，一个政治

---

① 李金辉、谢静：《马克思的政治浪漫主义：无产阶级的反讽和"力的隐喻"》，载《理论探讨》，2018 年第 3 期，第 78 页。

② 李金辉、谢静：《马克思的政治浪漫主义：无产阶级的反讽和"力的隐喻"》，载《理论探讨》，2018 年第 3 期，第 78 页。

③ D. Kellner, *Herbert Marcuse and the Crisis of Marxism*, Berkeley: University of California Press, 1984, p.26.

家或者是一个战士"①，他们的出发点和归宿和人民大众的物质性的实际满足相对立，"因为大众战斗是为了别的什么，而不是艺术家所期望的东西"②。这也加重了马尔库塞政治美学思想中的精英主义倾向，也是后期思想中历史主体缺失的部分原因。因此，他们的反抗只能是单纯的"抒情性"的，是"融入性的反讽"③，缺少了"力的隐喻"。主观浪漫主义艺术家们所追求的"无限、存在和绝对不是一个具体的目标，是不可能到达的彼岸，它们始终保持着与人的有限性距离。这样的距离将产生饥饿、需要和挫折，总之产生否定的感觉。人在这个过程中体验到无力感和挫败感。这是一个牺牲的、献祭性的主体性，是被动的主体性。这是一种消极的反讽，是人自身力量的毁灭。它是一种狄奥尼索斯式的美学沉醉"④。

## （二）超越：艺术切近现实

《德国艺术家小说》的确向我们传递出这样一种信息，就是马尔库塞间接地赞美了艺术家对现实生活的反抗和叛逆精神，虽然他们的艺术作品的"存在对于内心的完整性并不是充分的，这种生存方式实际上是有缺陷的"⑤。但他们一直孜孜以求的是以艺术创造和浪漫主义式的

---

① D. Kellner, *Herbert Marcuse and the Crisis of Marxism*, Berkeley: University of California Press, 1984, p.25.

② C. Reitz. *Art*, *Alienation*, *and the Humanities*: *A Critical Engagement With Herbert Marcuse* (*SUNY Series in Philosophy of Education*), Dulles, VA: State University of New York Press, 2000, p.37.

③ 李金辉、谢静：《马克思的政治浪漫主义：无产阶级的反讽和"力的隐喻"》，载《理论探讨》，2018 年第 3 期，第 78 页。

④ 李金辉、谢静：《马克思的政治浪漫主义：无产阶级的反讽和"力的隐喻"》，载《理论探讨》，2018 年第 3 期，第 78 页。

⑤ 丁国旗：《马尔库塞美学思想研究》，北京：社会科学文献出版社 2011 年版，第 9 页。

遐想，纠正一种狭隘的人类文明的进化观念。这种观念用马克斯·韦伯的话说就是："人们可以通过计算掌握一切，而这就意味着为世界除魅。"① 而与主观浪漫主义型的艺术家小说相比，马尔库塞此时更加推崇的是使艺术的表象方式更切近现实生活本身的客观现实主义型的小说，高度肯定了将美学艺术融入日常生活的现实主义表现手法，以此来克服处在分裂的散文时代的人性的异化，实现文化价值领域的复魅，使人们重新回到"那个宗教—形而上学世界观整合一切的传统世界"②。这种对艺术切近现实的目标追求实际上是对浪漫主义反讽的超越，提倡"客观性的反讽"，即"依靠人自身的力量"③，更具体地说是依靠艺术作品对现实自然的超脱，通过与现实的融合寻求外在现实与内心形式的完整统一。马尔库塞认为德国艺术家应该成为类似于"晚期浪漫主义"的反讽诗人，"强调人自身的力量和意志，强调人的实践和行动对世界的创造和改变"④，只不过他们借用的武器仍然是精神产品，无法完全对象化为现实的"工业的力""生产力"和"劳动的力"，因此艺术革命不外乎是对早期浪漫主义的外延的进一步拓展，这种反讽也就不是"强力的、对抗的反讽"。因此反讽的客观性在此时马尔库塞的思想中还体现得不是很彻底。⑤

虽然马尔库塞在客观上受到了早期浪漫主义传统的影响，但在他的

---

① 〔德〕马克斯·韦伯：《学术与政治》，冯克利译，北京：外交出版社 1998 年版，第15页。

② 李建：《审美乌托邦的想象——从韦伯到法兰克福学派的审美救赎之路》，北京：社会科学文献出版社 2009 年版，第 16 页。

③ 李金辉、谢静：《马克思的政治浪漫主义：无产阶级的反讽和"力的隐喻"》，载《理论探讨》，2018 年第 3 期，第 78 页。

④ 李金辉、谢静：《马克思的政治浪漫主义：无产阶级的反讽和"力的隐喻"》，载《理论探讨》，2018 年第 3 期，第 78 页。

⑤ 李金辉、谢静：《马克思的政治浪漫主义：无产阶级的反讽和"力的隐喻"》，载《理论探讨》，2018 年第 3 期，第 78 页。

主观意识中深藏着对早期浪漫主义的批判。由于只有"艺术家内心怀有对美与完满的信仰"①，而他们所处的社会是异化深重的熔炉，无时无刻不在企图将他们与现实世界一体化，而他们的"生活实质是美，这种生活方式与现有的生活完全疏离且无法综合"②。只有他们最接近美的体验，也只有他们才能感受到逼仄现实对他们的束缚，"他们在狭隘的周围世界中看不到什么完满的事物；他的本性和他所渴望的没有被自身所包容或者在其自身展现，他是孤单的，超越并反对现实"③。在马尔库塞看来，只有他们能够临危受命，通过对异化世界的厌弃才被激发出创造美的新世界的渴望。因此"（德国艺术家）小说的主题是艺术家的受难和寻找，是艺术家为全新社会的斗争"④。而马尔库塞最提倡的抗争方式并不是一味地对现实生活的拒绝和逃避，而是提倡艺术介入现实，成为对抗现实的武器，艺术家有责任进行自我教育，教育的途径在于不断地切近现实，使审美的教育和美的灵魂融入日常生活，积极促成艺术与生活实现和谐统一。因此，"马尔库塞倾向于对浪漫主义的批评，而对'古典'现实主义文学则更多是肯定的"⑤。他认为艺术家真实的命运不是否定这个世界，而是以超越性的目光来审视这个世界，肯定这个世界。艺术家们通过美学教育他人以重新获得美好的灵魂，这在马尔库塞的眼中是远远不够的，艺术家的真正目的和改造世界的途径应

① H. Marcuse, *The German Artist Novel*, Charles Reitz(ed.), London and New York：Routledge, 1998, p.11.

② Barry M. Katz, "New Sources of Marcuse's Aesthetics", *New German Critique*, No. 17, 1979, pp.176-188.

③ H. Marcuse, *The German Artist Novel*, Charles Reitz(ed.), London and New York：Routledge, 1998, p.11.

④ H. Marcuse, *The German Artist Novel*, Charles Reitz(ed.), London and New York：Routledge, 1998, p.33.

⑤ D. Kellner, *Herbert Marcuse and the Crisis of Marxism*, Berkeley：University of California Press, 1984, p.33.

该是通过自我教育不断地超越自我，领会生活的意义。例如，他对歌德的《威廉·迈斯特》中的罗塔利奥这个人物给出高度的评价，是他以实际行动教育了威廉·迈斯特不再与生活世界隔绝。马尔库塞也分别赞扬了歌德、凯勒、托马斯·曼的小说，认为他们的现实主义类型的小说才真正符合德国艺术家小说的真谛——艺术家的自我教育。

## 第二节　海德格尔的影响

1919 年到 1922 年，是马尔库塞首次到弗莱堡求学时期。当时的马尔库塞刚刚经历了一场失败的社会主义性质的政治运动，陷入了对社会民主党的失望情绪中，于是决定暂时远离政治性的现实运动，而是继续寻找"一场真正意义上的革命"之路。马尔库塞就这样带着政治上的失意，决心沉入书斋，在文学和美学领域之中为社会主义性质革命运动寻求新的理论支持。可以说，马尔库塞在读博期间，仍然没有放弃实现政治变革的梦想，而 1922 年的博士学位论文《德国艺术家小说》，就是他将现实的运动中尚未完成的革命实践遗落在美学和艺术理论理想中的证明。在这篇文章中，马尔库塞确立了一条使艺术切近政治生活的进路，目的是将德国浪漫主义文学传统中的对现存秩序和理性的反叛精神重新挖掘出来，去激发艺术小说家的浪漫主义想象，使小说家主动承担用审美理想作为思想武器去融入社会、改造现实的革命使命，从而实现自由、公平、正义的政治理想。《德国艺术家小说》开启了他将美学问题政治化的活动路向，传达出了他将政治生活中失落的价值目标寄予在美学境遇中的心声。紧接着，马尔库塞经历了一段短暂的书商生活，在此期间他初次接触到席勒的政治美学思想。但他在此时只是提出了一个将浪漫主义美学的革命品格融入生活的可能性构想，还没有能力找到一个恰切的以美学和政治相结合去改造社会的方式。直到 1927 年海德格尔的《存在与时间》的发表，为马尔库塞的政治美学问题的深入提供了现实生存论的哲学支持。于是，马尔库塞于 1928 年重回弗莱堡，成为海德格尔的学生和助手。

## 一、从浪漫主义美学到存在主义美学

马尔库塞之所以能够从浪漫主义美学顺利地过渡到海德格尔存在主义的研究，原因是这两者之间存在着有机的连续性。无论是浪漫主义美学还是存在主义都隐含着对前技术时代伦理美学价值的追忆。德国浪漫派美学家试图唤醒人们内心深处审美本性去反抗工业文明，重新回到古希腊那个灵魂与身体尚未分化的时代。这个时代就是海德格尔所追求的"天、地、神、人"和谐共处的时代，只有在这样的境遇中，人的完整性才能得以保存，才不会被异化为"物"。德国浪漫主义美学为马尔库塞实现人类的自由与解放的政治理想提供了文学上的替代物，使他的美学思想打上了鲜明的政治性烙印。海德格尔的存在主义则为马尔库塞的政治理想提供了哲学上的替代物，使他的政治美学获得了向哲学领域纵深的可能性。他以"本真之美"的哲学去改造现实之人，进而改造现实世界，是他在第二次进驻弗莱堡时期的主要目的。他用政治化的实践目标扩充了海德格尔的存在主义，克服海德格尔消极的政治保守主义缺陷，形成了自己的使哲学激进化、政治化的独特风格。而且，海德格尔对传统形而上学的颠覆给了马尔库塞很大启发，使他"在重建形而上学的基本认知中诉诸审美救赎理论或生存美学理论"①。人们在有限的生存境遇中被激发出对超越性和无限性的本真生存之美的生命欲望，使马尔库塞在海德格尔的生存美学中寻找到了新的起点。他要把这种

---

① 张丽：《批判的审美的实践的——马尔库塞美学思想研究》，南京：南京大学出版社 2019 年版，第 49 页。

"向美而生"的生存之本真的源头导向他自己的广义的政治学中。在马尔库塞眼中，美是与绝对的、完善的、和谐的存在方式相连的，因此他看到了海德格尔将世界加以浪漫化的潜力。威廉·巴雷特也曾暗示过海德格尔是一个宣布"上帝不在场"的浪漫派代表，他"援引诗人荷尔德林的话说，现在是世界的夜晚，上帝已经引退，就像太阳西下一样。与此同时，思想家若是要挽回时间，就必须设法理解那离开人既是最近又是最远的东西，即他自己的存在和存在本身"[①]。而伊格尔顿也曾说到过海德格尔是"'有机社会'的又一个浪漫主义提倡者"[②]。这些都说明海德格尔以一个乡间诗人的形象来寻找一条破解技术与工业文明的压抑之路，而把浪漫主义的情感寄托在向本真之美的生成之中。马尔库塞本人亲口承认，他在这个阶段即使没有参加任何政治党派，过着非政治的生活，却保持着前所未有的政治性。

马尔库塞之所以把目光投向了海德格尔的存在主义，还有一部分原因要归功于胡塞尔的"回到事情本身"的现象学主张。马尔库塞并没有沿着胡塞尔的既定路线去论证认识如何可能，而是打破了认识论的局限，将"回到事情本身"的"事情"定义为人应该怎样去悬置那个令人眼花缭乱的充斥着表象的技术世界，抛弃自传统形而上学以降的主——客两分式的对象化的"自然主义"思维，引导人透过片面、表象的纷繁假象去直观自己的自由本质，从而回到人的本源性和自明性的状态，这种状态是超越了一切外在束缚和功利而直接显现出来的审美状态。马尔库塞从中发现了现象学与美学的共通性，即人在审美中追求的自由恰恰是始源性的本质，因而只有在纯粹的审美世界中，本真的自由人才可能存在。一旦在世之中的人都回到自由本真的审美生存状态，那

---

① 〔美〕威廉·巴雷特：《非理性的人》，段德智译，上海：上海译文出版社 2007 年版，第 223 页。

② T. Eagleton, *Literary Theory*, Oxford：Basil Blackwell Publisher Limited, 1983, p.64.

么审美判断就会成为新的立法方式确立起自身的普遍性，审美就可能富有政治性。这就是马尔库塞想用生存现象学为理论资源扩充自己的政治美学批判理论的初衷。同时，马尔库塞对存在主义现象学的关注也有着深刻的社会政治原因。在 1932 年之前，马克思的《1844 年经济学哲学手稿》尚未被发现，所以马尔库塞遇到的马克思主义是被第二国际机械化了的"无人"的马克思主义，他们不关心人的具体存在，只见"物"而不见"人"，这就鼓励了当权者用人的自由和解放换取经济的增长。而海德格尔关心的是"具体的人"的实存以及属人的世界，"他对人的思考首先是建立在对'存在'的理解基础之上"①。这与马尔库塞关于超越一切经验和超验的主体性假设后回归到原始的审美状态的向往不谋而合。因此，从 1928 年到 1932 年这一阶段，是马尔库塞用存在主义现象学为自己的政治美学批判理论奠定哲学基础的力量积蓄期。

## 二、海德格尔对胡塞尔现象学还原的改造

1928 年，马尔库塞开始了向海德格尔求学之路。说到海德格尔思想对马尔库塞的吸引力，还要从胡塞尔的现象学还原谈起。马尔库塞曾说过他在海德格尔和胡塞尔的哲学中发现了一种新的开端，由此他发现了哲学"真正具体的基础——让哲学关注人的生存、人的条件"②。胡塞尔把新的开端建立在超越自然主义和主客二元分立的思维方式的现象学还原之路上，只有遵循现象学，才能使世界摆脱一切抽象概念和经验成分，将附加到实事本身之上的超验之物"悬搁"起来，让事物在其自然状态之中自行显现，还原到事物的本质中去。因此，他认为真正的哲学要指向具体现象和经验，这一点也得到了马尔库塞的认同。胡塞尔

---

① 陈俊：《技术与自由——马尔库塞技术哲学思想研究》，北京：中国社会科学出版社 2013 年版，第 186 页。

② M. Schoolman, *The Critical Theory of Herbert Marcuse*, New York：The Free Press, 1980, p.3.

"回到事情本身"的方法是通过悬搁表象的、抽象的"真理"及一切经验因素，以达到一个纯粹的、不带任何前见的先验自我，这需要找到一个纯心理的意向性结构，而这样做的后果是，这种"先验意识"逐渐成为了一个孤独沉思的自我、一个无偏向的旁观者、一个仅在内在世界中存在的人。胡塞尔把存在还原为纯心理的意向性结构，这在海德格尔看来，背离了摆脱对象性（主体性）思维模式的初衷。

海德格尔从另一个角度继续发展了胡塞尔的现象学还原路向，一改胡塞尔将"先验意识"当作纯心理意向性结构的研究方法，而是把现象学还原与此在的基本生存结合在一起。海德格尔认为胡塞尔的现象学还原仍然没有跳出主体性思维方式，"回到事情本身"意味着要回到主客体尚未分化之前的本源的存在状态，在这种存在中感性与理性、理论理性与实践理性、情感与概念是统一的。总而言之，这是存在与存在者尚未分化之前的阶段，即处于前理解阶段，在这里存在是存在者的基本存在方式，而不单纯是存在者普遍共性。海德格尔认为最原初的"存在"是人的"存在"，而人的"存在"就是此在。此在是一种"在世之在"，指的是人将自己投身于与之打交道的世界之中，世界万物随着人的活动与之发生互动。这样，海德格尔就把胡塞尔的还原——世界的根据在于纯粹意识结构的本质真理①，转化为导向本真的此在在世。

由此可见，海德格尔的在世之在是以胡塞尔的现象学还原为基础的，他们最终的目的都是要寻求克服主客二元对立的对象性思维的方法，拯救已经被物欲和外在操控逻辑分崩离析的现代社会和现实中的人。只不过海德格尔只吸收了胡塞尔现象学还原的"字面意思"，没有

---

① 胡塞尔在《欧洲科学的危机与超越论哲学的道路》中说道："事实上在心理学与超越论哲学之间，存在着一种不可分割的内在联系。一定有一条通过具体阐明的心理学而达到超越论哲学的道路"。他还说，"在心理学的内在分析中"也能重新找到"我'具有'世界的那种超越论的成就"。原文见 M. Heidegger, *The Basic Problems of Phenomenology*, Albert Hofstadter(trans.), Bloomington, IN: Indiana University Press, 1988, p.248。

继承他的"实质内容"①，将现象学还原理解成生存态度的转变，而不仅仅是认识领域的转变。海德格尔认为存在的本真意义的恢复和重建才应该是真正的现象学还原。在日常的此在生存中，此在往往受控于毫无个性的"他人"，在世的活动大多数情况下都是以"沉沦"和"闲谈"的异化形式存在，忘却自己的存在，存在的意义首先是被遮蔽的。只有到与死亡直接照面的例外状态，此在才能突然意识到他处于非本真的异化状态，才会产生超越现存通往本真生存的祈望，海德格尔将这种例外状态称之为"向死而生"，这也就是海氏对现象学还原的独特解读。经历了与死亡的照面之后，此在转而返身于本真存在，自觉地以"决断"和"谋划"的生命活动，开创通往本真的生存状态的现实路径。

海德格尔通过对此在的真实存在的思考，将胡塞尔的现象学推进到一个新的起点，他将现象学方法进一步具体化，发展了关于人的生存现象学。他希望以此在的"向死而生"激发此在回到古希腊时代理性和感性和谐统一的完整人性，与世界的运动融为一体，不再经历任何外界经验的侵扰，在本源性的个体"心境"中建立与世界的统一。这何尝不是一种通往美的境界的生存态度。事实上，现实中的人都要受到外界自然的束缚和社会关系的制约，对本真的生命也只能停留在个体的内心世界中，海德格尔对这种生命激情的唤醒，也是尽自己所能去接近与表征那种超越性的美好或绝对存在之美，在美的领域里追寻关于人生存的意义的终极关怀，将人的精神重新拉回到自我观照的维度。

### 三、马尔库塞对生存现象学的吸收

海德格尔的此在生存论能够吸引年轻的马尔库塞原因在于：第一，海德格尔显示了人的相互作用的世界在本体论上的优先性；第二，海德

---

① M. Heidegger, *The Basic Problems of Phenomenology*, Albert Hofstadter (trans.), Bloomington, IN: Indiana University Press, 1988, p.21.

格尔构建的"本真存在"的问题显示出人对其在世界上真实处境的关心；第三，海德格尔提出了可以通过决断和谋划的途径通达本真存在。那么，马尔库塞究竟是如何批判性地吸收与改造的海德格尔的生存现象学呢？这也是马尔库塞在 1928 年到 1932 年的主要理论课题。

　　海德格尔关于本真性的根本活动的探讨，激发了马尔库塞曾在撰写《德国艺术家小说》时就深藏于心的向往，那就是追求一个"更高更真实的存在方式"①。他在这个时期，逐渐明晰了通过"在世之在"的根本性活动去改变人的生存环境才是克服"非本真"的统治秩序的出路。海德格尔有一种追求"本真"的本能，他将其称为"遗传"，代表着人的"决断"能力。而"决断"则发端于人对"死亡"的"想象"，也就是说人对"本真"状态的指认要凭借想象死亡的降临才能超越沉沦状态。这一点深刻地启发了马尔库塞，他也把"想象"当作人之存在的本体。瑞兹认为马尔库塞是从海德格尔的《康德与形而上学问题》一文中挖掘出了"想象"这种"遗传"本能的本源地位，并以此作为后来"爱欲"理论和"新感性"甚至是审美之维的基础。"本体的知识从来不是靠体验来给定的，而是存于想象之中，并且拥有一个生而有之的超越特性。"② 马尔库塞之后对"生欲"的创造性功能恰是对"想象"概念的继续延伸，"死欲"这种本能生存欲望是在海德格尔"死亡"概念之上的延续。马尔库塞写道："只有这种超越被征服——当永恒成为此地此时的现在的时候，人才成为他自身。"③ 而马尔库塞对"想象"和"死亡"的吸收与借鉴实际上与政治美学的两个维度——理

---

　　① D. Kellner, *Herbert Marcuse and the Crisis of Marxism*, Berkeley：University of California Press, 1984, p.382.

　　② C. Reitz, *Art, Alienation, and the Humanities：A Critical Engagement With Herbert Marcuse* (*SUNY Series in Philosophy of Education*), Dulles, VA：State University of New York Press, 2000, p.117.

　　③ 〔美〕赫伯特·马尔库塞：《爱欲与文明》，黄勇、薛民译，上海：上海译文出版社 2012 年版，第 87 页。

想与现实是相互连通的。"想象"代表了政治美学的超越异化以后的理想之维，而"死亡"代表了在通往美的境界途中必须经历的异化阶段。

除此之外，马尔库塞之所以从浪漫主义美学领域转向生存现象学，是更加重视人的感性生存和他生活的世界的体现，这也激发了他在海德格尔对此在的生存理论基础上建立自己的具体哲学的理想。马丁·杰伊曾谈到马尔库塞在这个时期撰写的《对历史唯物主义现象学的贡献》中出现了大量海德格尔的概念，如烦、历史性、决断、在世等。① 这说明马尔库塞也曾积极地吸收海德格尔关注感性此在的活动的理论旨趣，曾试图将历史的本真性建立在本体论的基础上。他将海德格尔的此在生存境遇中的沉沦、烦等存在状态理解成近似于马克思所说的异化，虽然此时马克思的《1844年经济学哲学手稿》还尚未被他发现，但他也隐约有了将现象学和马克思主义相融合的想法。马尔库塞此时能够提供的摆脱沉沦的斗争方法在很大成分上是基于"个人造反"层面的"根本性活动"②，仍存留着浓重的海德格尔式的个人主义倾向，这些在他后来的"大拒绝"思想中也有所体现。此外，马尔库塞和海德格尔一样，都强调人类世界中主体和客体在存在的基础上达到统一，而不是在存在者的基础上。而海德格尔对于美学本体论的认识给马尔库塞的政治美学理论的准备注入了新鲜的力量，"对马尔库塞来说，美学理论更多关注着存在而不是存在者，更多的是本体而不是科学"③。马尔库塞后期对美学与艺术的异在性特征的探讨也是在绝对性的本体论意义上的存在主义美学基础上的拓展和延续。

---

① 〔美〕马丁·杰伊：《法兰克福学派史（1923—1950）》，单世联译，广州：广东人民出版社1996年版，第86页。

② D. Kellner, Herbert Marcuse and the Crisis of Marxism, Berkeley: University of California Press, 1984, p.279.

③ C. Reitz. Art, Alienation, and the Humanities: A Critical Engagement With Herbert Marcuse (SUNY Series in Philosophy of Education), Dulles, VA: State University of New York Press, 2000, p.99.

## 四、马尔库塞对生存现象学的批判与改造

海德格尔的生存现象学和马克思的哲学思想都强调从人的感性生存状况和他们所处的世界进行具体现实的分析，出于这一原因，马尔库塞相信二者有相互融合的可能性。但是马尔库塞也发现了海德格尔存在主义的缺陷，逐渐地远离了他的思想，尤其在发现马克思的《1844 年经济学哲学手稿》以后，迅速在新的审美人性的基础上重建他自己的政治美学，虽然还保留着海德格尔存在主义的风格。在《海德格尔的政治》中，马尔库塞谈到了海德格尔所说的具体性在一定程度上看来是"骗人的虚假的具体性，就像是当时统治德国大学的相当枯燥的新康德主义、新黑格尔主义、新唯心主义，还有实证主义哲学一样，实际上他的哲学不仅是抽象的远离现实的，甚至说是逃避现实的"①。因为马尔库塞发现了海德格尔生存美学的最终境地是通往个人内心深处，这样就会将革命的冲动和社会变革计划封闭在孤立的内心世界。也就是说，海德格尔只能建立一个孤立于历史和现实关系的个体的人，这也是令马尔库塞失望的地方。这主要是因为海德格尔的生存美学把此在的在世沉沦当成是生命常态，不管是在新的社会形态还是在旧的社会形态中，人都要和非本真的存在对抗。如此一来，海德格尔的对抗性的此在生存在所有的历史条件下均有效，这样未免将人类的解放建立在抽象的本体论基础之上。因此，人对本真性的审美世界的向往，如果想要在现实世界中兑现和实现的话，只能靠个人在内心的想象。而且他所说的本真性活动和"向死而生"的内在冲动根本找不到现实依据和参照，也没有现实的可能，增添了更多的悲观主义色彩，无法引起根本性的社会结构的变革，最终海德格尔被希特勒的纳粹主义所吸引，

---

① D. Kellner, *Herbert Marcuse and the Crisis of Marxism*, Berkeley：University of California Press, 1984, p.36.

这显然不符合马尔库塞对具体哲学的设想。马尔库塞认为具体哲学的
根本宗旨在于对现实条件下的人的关注，然而"海德格尔的《存在与
时间》出现了向出版以前所持的立场的反向运动，哲学不无理由地避
免对自己所论述的主体的历史境况和物质事实作更为仔细的考察。在
这一点上，具体性停止了。这样它就否认了理解历史境遇的事实以及
理解它们之间诸特点的任何可能性"①。

　　怀着对海德格尔伪激进的存在主义的失望，马尔库塞走向了早期马
克思。从《历史唯物主义现象学》和《论具体哲学》可以看出，马尔
库塞已经在尝试用马克思主义的激进社会理论改造海德格尔的生存论。
他综合马克思主义和存在主义的策略，是在马克思的历史唯物主义基础
上将二者进行合并同类项式的综合。他将现象学的"面向事情本身"
的方法与海德格尔对此在的现实生存的关注统统诉诸辩证法的革命批判
精神上，尝试着克服以往现象学家们只从纯粹主体的意向性结构这种主
观形式方面去弥合主客统一的方法。在此时期他慢慢注意到了可以从主
观形式的客观方面，如感性、肉体、心理基础、自然等方面去找寻
"真正的人"存在的根据，并将其先验化，也就是从主体理性的绝对存
在走向了听从感性与本能需求的人的先验假设。他不承认现存的人性在
任何历史条件下都是总体性的人性，人性是需要建立在特定的物质和历
史基础之上的，这个特定的基础就是把人当成活生生的、有血有肉的、
在饥饿中生存的生命物本身，在一定的社会结构和环境中保持着特定的
生产模式，展示着人的不同需求。② 这一灵感是马尔库塞在研读马克思
的《德意志意识形态》中关于社会生产与再生产中的人的第一生存需
要得来的。他把马克思对"唯物主义"作为对人和他们存在其中的社

---

　　① 〔美〕赫伯特·马尔库塞：《现代文明与人的困境——马尔库塞文集》，李小兵
译，上海：上海三联书店 1989 年版，第 299—300 页。

　　② D. Kellner, *Herbert Marcuse and the Crisis of Marxism*, Berkeley：University of Cali-
fornia Press, 1984, p.50.

会的自然结构的规定，与海德格尔的基本生存状态"操持"和"焦虑"加以联系，认为人的本真性存在活动是一种在现实社会生产和阶级状况之中的具体的实践活动，而不是像胡塞尔和海德格尔在"悬搁"历史和自然的情况下抽象的人类活动。"正是在现象学中这种历史、社会和社会改变的唯物主义理论的缺乏使马尔库塞转向了马克思主义，从而提供了在现象学中丢失的'具体哲学'的决定性方面。"①

马尔库塞在1932年发表的《黑格尔本体论和历史性理论》一文证明他越来越远离海德格尔的存在主义，专门研究历史性的物质构成以及人所处的世界关系的总体得以根植的那些具体历史条件。② 同年的《历史唯物主义的新基础》是马尔库塞在马克思的"按美的规律去生产"基础上，确认了人的审美本质的复归之路才最符合"事情的本身"。人类的自由与解放绝对不是在抽象的绝对的存在之美中实现的，而是要在接受人作为感性存在物本身实际条件的前提下，利用自然，按照存在物的"内在固有尺度"去改变、创造自然，使自然成为人的"无机身体"③，最终突破人仅仅作为生物本能的生存需求，以"按照美的规律去生产"为尺度实现人的自由自觉的活动，而这个"美的生产"恰恰也属于人的心理本能冲动。

可见，马尔库塞逐渐远离了对抽象人性和主体性的阐述，将人的本质的基础转移到真实的历史环境和人的情欲与感性本能的探讨中来，这为他对抗资本主义的政治诉求提供了美学的幻想空间，同时他也为人类解放的乌托邦美学理想寻找到了一条实现政治激进化的可能。但是，马尔库塞的这一套路线仍然没有逃脱"主体性"老路，即使他强调重新

---

① D. Kellner, *Herbert Marcuse and the Crisis of Marxism*, Berkeley：University of California Press, 1984, p.55.

② D. Held, *Introduction to Critical Theory：Horkheimer to Habermas*, Berkeley：University of California Press, 1980, p.227.

③ 马克思：《1844年经济学哲学手稿》，北京：人民出版社2000年版，第56页。

建立"感性的人"的基础，但实质仍与海德格尔一样，是在精神世界中建构出来一个普遍的人类理想。只不过海德格尔将美的希望建立在无始无终的"存在"之上，而马尔库塞则是希望建立在人的审美本能之上。

## 第三节　马克思《1844 年经济学哲学手稿》的启发①

席勒曾在《审美教育书简》中申明了审美和艺术研究工作的庄严使命和魅力，他说："我要谈的对象，同我们幸福生活中最好的部分有直接的联系，同人的天性中道德的高尚也不相违阔。"② 他的意思再明显不过，即人最纯正的爱好的满足和最纯粹的人性的塑造，都可以通过美的享受来实现，只有在美的享受中才能通达"至乐"和自由。因此，以往在经验中所遇到的政治问题，都可以通过美和艺术得到解决。对此，马尔库塞是深信不疑的。马尔库塞早在 1922 年就与席勒的政治美学结下了不解之缘，且他的第一个出版物就是《席勒〈审美教育书简〉注释本》。席勒的"游戏冲动"学说及以审美冲动实现对人性的重建的思想在马尔库塞的著述中也俯拾即是。马尔库塞关于艺术和审美对人的爱欲本能的重建思想，以及以美学和艺术作为冲破资本主义社会的支配体系的政治突围路径的思想，都是在充分吸收了席勒的学术养分的基础上得以形成的。以审美能力的提升实现对人性的改造，以人性的完整去改变普遍异化的社会现实，这是贯穿于马尔库塞政治实践生命的思想纲

---

① 本文曾发表于《湖南工业大学学报（社会科学版）》，2020 年第 2 期，篇名为《历史唯物主义的"新"基础：审美人性的复归》，此次收录有改动。

② 〔德〕弗里德里希·席勒：《审美教育书简》，冯至、范大灿译，上海：上海人民出版社 2003 年版，第 21 页。

领，也是其政治美学批判的理论基准点。他将艺术审美与政治结合的战略之特殊性在于：从主观因素（人性、意识、主体性、性格结构）出发，将艺术审美看成是现实革命的替换形式。他的政治美学不只是鲍姆加登意义上的纯粹的感性学，也不只是康德意义上的无涉功利的审美判断，更不是萨特意义上的艺术完全介入现实的工具艺术观①，而是以完满的审美人性的复归为期望，以艺术的自律性和异在性为武器，以审美能力为人的主体性的集中体现，击穿资本主义统治下的额外压抑和异化劳动的政治现实。马尔库塞的政治美学立场，不同于后结构主义者在"消解主体"之后采取的"私密的反抗"——基本放弃变革社会的目标②，而是承接了自近代西方现代性审美文化以来的宏大叙事主题——以人性自由和解放的终极追求重建社会价值内涵、改变日常生活的质量——的审美意识形态，并以其独特的快感政治学开启了后现代的微观权力政治研究的大门。因此，马尔库塞的美学思想是广义的政治学。

1932 年《1844 年经济学哲学手稿》（以下简称《手稿》）的问世使马尔库塞欣喜若狂，他敏锐地捕捉到《手稿》透露出了由卢卡奇等人所阐发的"真正的马克思主义"——文化哲学领域的人道主义的信息，并找到了他所设定的审美人性复归这一政治美学路线的理论根据，即马克思在《手稿》中根据辩证法的规律，通过"人性—异化—复归"的公式，论证了人类社会必然走向审美人性得以复归的共产主义③。因此他于同年在《社会》杂志上发表了《历史唯物主义的基础》这篇书评，将历史唯物主义的基础确立在了人的审美本质这一哲学基础之上，

---

① 范晓丽：《马尔库塞批判的理性与新感性思想研究》，北京：人民出版社 2007 年版，第 48 页。

② 〔法〕阿兰·巴迪欧：《哲学与政治之间谜一般的关系》，李佩纹译，北京：中央编译出版社 2017 年版，第 4 页。

③ 陈学明：《二十世纪的思想库——马尔库塞的六本书》，昆明：云南人民出版社 1989 年版，第 34 页。

为"'科学社会主义'的整个理论找到了新的地位"①。因此，《手稿》可以说是为马尔库塞的政治美学批判理论提供了人性论的基础，而他为此而作的《历史唯物主义的基础》为其政治美学救赎路线确定了哲学起点，也是他将存在主义现象学和马克思主义结合的典范之作。这同时也在"二战以后当代马克思主义范围内产生了深远的影响，促使了马克思主义理论的主要中心由经济学和政治学转向哲学，并使它的正式场所由党的集会转向学院系科的转变"②。《历史唯物主义的基础》一文所确立的人道主义哲学方向开启了马尔库塞以后的"人性—美感—爱欲—游戏—新感性—新左派—审美之维"的政治美学研究路向。

## 一、以审美人性为基础重释《手稿》的原因

马尔库塞之所以要通过解释《手稿》，发表《历史唯物主义的基础》这篇文章，是出于对 20 世纪 20 年代初欧洲工人运动转入低潮的革命现象的深沉思考。为何根据第二国际和第三国际的经验没能使"内部矛盾"相当尖锐的资本主义走向灭亡？为何十月革命的道路同样拿到中、西欧革命实践中便失去了原有的效应？欧洲的资本主义国家明明在经济上比俄国领先，"在真正革命的条件准备就绪的时候，革命为什么轰然崩溃、被打败了？旧势力为什么重新夺回了权力，以及整个事业为什么会以退化的形式重新开始？"③ 面对种种疑惑，卢卡奇和科尔施等人认为革命失败是第二国际和社会民主党对马克思主义的教条化理解所致，片面地强调马克思主义的经济意义和政治意义，将其转化成

---

① 〔英〕佩里·安德森：《西方马克思主义探讨》，高铦、文贯中等译，北京：人民出版社出版 1981 年版，第 67 页。

② 〔英〕佩里·安德森：《西方马克思主义探讨》，高铦、文贯中等译，北京：人民出版社出版 1981 年版，第 66—67 页。

③ H. Marcuse, *Revolution or Reform? A Confrontation*, Rutgers, NJ: Transaction Publishers, 1985, p.578.

"决定论"的马克思主义，否定了马克思主义哲学中丰富的类主体与意识的积极作用。因此，卢卡奇等西方马克思主义者开始"强调哲学与批判对激进的社会变革工程的重要性"①。马尔库塞也受到了卢卡奇和科尔施奠定的政治美学传统的影响，试图从构建完满丰富的感性人性方面入手，以培养出不受资本主义意识形态国家机器所操控的自由主体为目标，走上了一条审美政治解放之路，而《手稿》中所体现出来的一种乌托邦式的未来观为马尔库塞提供了最有力的理论支持。因此，马尔库塞评论《手稿》时所做的《历史唯物主义的基础》一文，也正是他重新将马克思主义的历史唯物主义奠基于审美人性的复归之上的代表之作。

《历史唯物主义的基础》的问世标志着马尔库塞政治美学道路的人本主义马克思主义哲学基础的确立，与马克思主义的相遇也同样代表着马尔库塞本人从一位政治激进分子到一位学者和作家的身份的转向。早在 1917 年，马尔库塞加入了德国社会民主党，"加入社会民主党，并不是他对于政治理论深思熟虑的结果，而只是一个上层的中产阶级背景出身的年轻人的一种反抗形式，是他开始的一种政治参与"②。"而 1918 年间，他所参与的工人委员会也爆发了革命的时候，他开始对政治、革命的社会主义以及马克思主义表现出极大的兴趣，此时他阅读了关于社会主义的小册子，但是激烈的政治活动使他无法全面地研究马克思主义。"③ 直到 1919 年，罗莎·卢森堡和卡尔·李卜克内西被暗杀，马尔库塞对曾经报以热忱的德国社会民主党丧失了信心，并选择了退出。为

---

① 〔美〕赫伯特·马尔库塞：《马尔库塞文集（第 3 卷）》，高海青、连杰、陶锋译，北京：人民出版社 2019 年版，第 15 页。

② D. Kellner. *Herbert Marcuse and the Crisis of Marxism*, Berkeley：University of California Press, 1984, p.15.

③ 〔美〕赫伯特·马尔库塞：《马尔库塞文集（第 6 卷）》，高海青、连杰、陶锋译，北京：人民出版社 2019 年版，第 15 页。

了冷静地思考德国革命失败的原因以及准确地理解资本主义和帝国主义
的动力，马尔库塞从 20 世纪 20 年代开始深入钻研马克思主义的经典理
论，并试图证明的确存在着一种既不同于社会民主党又不同于苏联式的
马克思主义的真正的马克思主义。虽然他当时尚且没有明晰这种马克思
主义究竟是什么样的，但是也确立了一个模糊的努力方向，即通过唤醒
沉睡的主体性和革命意识，塑造一种解放了的、成熟的新人类。这种新
人类是新的历史主体，可以和自然保持和谐一致，并尊重一切生命形
式，能够运用科学、技术、文化、艺术及其他形式的产品来提升自身的
感性、身体、社会关系和生活品质的新人类。而唤起新人类的主体性的
方法不再是他当时已经不抱有信心的政治性的暴力革命手段，而是让他
在追寻谜底的路上走到了另一个极端——在美学和哲学的精神领域中追
寻思想的自由，这也预示了他在审美人性的塑造上所下的决心和所做的
努力。于是，1919 年他离开了柏林，在弗莱堡开始了他早就感兴趣的
文学研究，并于 1922 年完成了他的博士论文《德国艺术家小说》。马
尔库塞自己说过他虽然在弗莱堡时期过着"完全非政治的生活"[①]，无
力做出任何明确的政治承诺，但美学成了贯穿马尔库塞一生的政治美学
之路上的一个饶有意味的开始，一个让他确信自己在政治上怀抱矢志不
渝的左派信仰的梦。在这段非政治的生活境况中，马尔库塞从来没有放
下对苏联马克思主义和德国社会民主党的革命策略的思虑，虽然他没有
在组织上皈依于某种党派，但"在这个时期，却变得越来越政治化
了"[②]。当 1927 年海德格尔的《存在与时间》出版后，马尔库塞发现了
比研究小说更能接近人性解放这一政治诉求的哲学养分，那就是海德格

①　H. Marcuse, Revolution or Reform? A Confrontation, Rutgers, NJ: Transaction Publishers, 1985, p.578.

②　H. Marcuse, Revolution or Reform? A Confrontation, Rutgers, NJ: Transaction Publishers, 1985, p.578.

尔的关注着人的生存、境遇和命运的哲学。马尔库塞认为海德格尔的著作既包含着对个体本真性的关切，又体现了"回到事情本身"的现象学经验，恰好能为马克思主义补充具体鲜活的血液，同时为马克思主义补上了对个体问题的关切这一课。马尔库塞在 1928 年发表的《历史唯物主义现象学论稿》目的就是将马克思主义、现象学和存在主义进行整合，这说明即使马尔库塞的身份转变为学者，但对个体的解放和幸福始终念念不忘。① 虽然马尔库塞分析过海德格尔和马克思的思想的相似之处，但他后来又对海德格尔的晦涩的"此在""存在"展开了批判，认为其抽象的本体论排除了当下问题的具体特征。而 1932 年马克思的《1844 年经济学哲学手稿》的新发行使马尔库塞更加坚定了离开海德格尔的哲学的决心，将目光聚焦在了马克思的异化理论上，发表了书评《历史唯物主义的新基础》。

《历史唯物主义的新基础》标志着马尔塞与马克思主义理论的重逢，然而这次重逢也使马尔库塞更坚定了对哲学意义上的"人性"概念的信心，并以此为批判的武器去打碎人类在资本主义社会被异化的现实，拯救被资本主义的破碎政治所整合的个体性格结构、生物学基础、感受力、性、娱乐、意识等一系列复杂的微观心理体系，恢复马克思在《手稿》中所强调过的"感觉的人性"②，以"感觉的解放"为基础的新理性去摆脱剥削的合理性，在改造自然的过程中"自由地发挥出人性的创造性、审美方面的能力"③，去实现个体解放的目标。

---

① 〔美〕赫伯特·马尔库塞：《马尔库塞文集（第 5 卷）》，高海青、连杰、陶锋译，北京：人民出版社 2019 年版，第 8 页。

② 马克思：《1844 年经济学哲学手稿》，北京：人民出版社 2000 年版，第 87 页。

③ 〔美〕赫伯特·马尔库塞：《审美之维》，李小兵译，南宁：广西师范大学出版社 2001 年版，第 125 页。

因此，"革命性的政治经济学批判本身是有哲学基础的"①，这个哲学基础就是审美人性，这"深层次的哲学早已包含了革命性的实践"②。

## 二、人性基础在于哲学中的劳动概念

马尔库塞虽然在写作《历史唯物主义的新基础》时，是怀着有意识地脱离存在主义的抽象地基的心理去吸收青年马克思的人的本质理论的，但是他没有放弃海德格尔对现存个体的此在生存境遇的持续关注，还有对回归人的意识和实际生活的现象学初衷的坚守。他的目的是通过挖掘《手稿》中丰富的人性内涵为他曾经热衷的"具体哲学"加入"人的具体社会结构"这曾被忽视的一课，将哲学对人性的观照引入到社会实践领域中去，以人性之美的哲学基础作为他一生所绘制的政治美学框架的初探之笔。如果说，在他所著《德国艺术家小说》的弗莱堡时期，是他为躲避残暴无序的政治争斗而无意识地遁入美学这个避风港的无奈抉择，那么他所著《历史唯物主义的新基础》就是他有意识地将"马克思主义的现实原则"③ 和美学的实践的理论品格加以融合的选择。马尔库塞所奠定的历史唯物主义的基础的创新之处在于："将马克思的政治经济学批判与革命理论整个地建立在特定的关于人性及其本质力量的观念基础上。"④ 同时，马尔库塞也揭示了人的本质这一基础蕴含着两种向度的可能性，其一是内在于人的本质之中的异化态，即在资

① 上海社会科学院哲学研究所外国哲学研究室编：《法兰克福学派论著选辑（上卷）》，北京：商务印书馆 1998 年版，第 296 页。

② 上海社会科学院哲学研究所外国哲学研究室编：《法兰克福学派论著选辑（上卷）》，北京：商务印书馆 1998 年版，第 296 页。

③ 张丽：《批判的 审美的 实践的——马尔库塞美学思想研究》，南京：南京大学出版社 2019 年版，第 33 页。

④ 〔美〕赫伯特·马尔库塞：《马尔库塞文集（第 6 卷）》，高海青、连杰、陶锋译，北京：人民出版社 2019 年版，第 34 页。

本主义社会中人类的基本需要和能力所遭受的压抑和扭曲，这是一种无法逃避的"当下的必然性"；其二是人的本质所蕴含着的超越属性，即通过美的人性对社会现实的改造，使审美乌托邦成为自由的"异托邦"①。而这两种向度之间必须要通过人的最根本的实践活动——"劳动"作为中介进行两者之间的联系和转换。

在马克思的《手稿》和《德意志意识形态》中，直接能够引起马尔库塞的注意的莫过于"劳动"这一概念。相对于第二国际和第三国际以《资本论》中的生产性的经济学意义去概括马克思的劳动概念而言，马尔库塞批判的正是这种抹杀掉劳动概念中的哲学意义的理解方式。这种方式在马尔库塞看来是将马克思主义政治经济学僵化地理解成一门"无人的科学"，因此必须以人的美好类本质——自由——去改造以往忽视劳动的人学属性的经济学概念，以审美人性和人的游戏本性去消解劳动的经济学含义，旨在在哲学领域建立一种"'一般的'劳动概念"②，来概括整个人类的此在，用审美形式所包含的意向性将实际的劳动概念进行虚化，使劳动的概念得到扩容。因此，马尔库塞在《手稿》出版以后，写了《历史唯物主义的新基础》和《经济学中的劳动概念的哲学基础》，试图建构一种劳动的本体论或本质范畴，将人性的复归的基础建立在关于此在的存在主义哲学上，也就是将人性中的情感解放（等同于人类的总体性解放）的哲学起点定位在劳动的概念上。因为，在青年马尔库塞的意识中，劳动贯穿于人的此在生存的整个过程发展始终，人的此在生存在具体境遇下是通过劳动表现的，人的此在生存是人的本质的表现，这与马克思在《德意志意识形态》中所说的

---

① 〔美〕萨利·贝恩斯：《1963 年的格林尼治村——先锋派表演和欢乐的身体》，华明等译，桂林：广西师范大学出版社 2001 年版，第 1 页。

② 〔美〕赫伯特·马尔库塞：《现代文明与人的困境——马尔库塞文集》，李小兵等译，上海：上海三联书店 1989 年版，第 206 页。

"人是什么与他怎么生产相一致"有着相应的理论综合点。而"人的此在生存"（劳动）包含着双重维度的审美性格，一种是现实的人在现有的能力和生存境遇中所表现出的不可避免的有限性，劳动就表现为一种受到限制的、异化的人性；另一种是存在中的人具有追求"超越性、无限性、至上性"①的游戏冲动，自由自觉的劳动就可以成为反抗现实世界的既有秩序和塑造审美人性以消灭异化的解放力量。因此，在马尔库塞的早期论著中，"一般的"劳动概念与人性有着密不可分的关联。

（一）对象化、外化劳动等同于异化劳动——此在生存的负担性

马尔库塞虽然在 1932 年尚未明晰通过审美改造现实的人和现实世界的政治美学进路，但是他敏锐地感知到马克思的《1844 年经济学哲学手稿》中蕴含的人本主义思想宝藏，可以为他把政治上的公平、正义的希望建立在思辨的哲学实践之上提供可能性。因此可以确定的是，马尔库塞试图为人性的改变奠定马克思主义的哲学基础的决心是从研究《手稿》开始的。他认为人性，就是人的本质，人的类本质就是区别于动物的最大特征。他继承了马克思对人的类本质的定义，即"作为人的生命活动和人格体现的自由、自觉的创造性活动"②，又深受存在主义哲学的影响，"以一切纯粹的自我活动，一切与此在的发生创造、与此在的'自我作案'分离的'所作所为'的活动"③，将人的本质设定为理想状态之下的无拘无束的本真存在，在承认劳动的积极性和超越性的前提下，更倾向于以批判的眼光来抨击现实中的劳动。因此，与马克

---

①　张丽：《批判的 审美的 实践的——马尔库塞美学思想研究》，南京：南京大学出版社 2019 年版，第 50 页。

②　孙伯鍨：《探索者道路的探索——青年马克思恩格斯哲学思想研究》，南京：南京大学出版社 2002 年版，第 163 页。

③　〔美〕赫伯特·马尔库塞：《现代文明与人的困境——马尔库塞文集》，李小兵等译，上海：上海三联书店 1989 年版，第 245 页。

思所定义的自由自觉的劳动所不同的是，马尔库塞主要是从游戏的对立面去看待劳动的，这也能够解释为何马尔库塞总是未加分别地将劳动、劳动的对象化、外化等同于马克思的异化劳动和卢卡奇的物化。

在《经济学中的劳动概念的哲学基础》一文中，马尔库塞把存在主义哲学的奥义运用在分析劳动概念之中，并回答了为什么他把现实中的劳动当作异化劳动。在这篇文章中也预设了他撰写《历史唯物主义的新基础》的初衷：他认为此在生命的贬抑这种异化是内在于人性之中的，而劳动就是一种异化的形态。他在此文中，为经济学中劳动概念寻求哲学基础，其的目的是揭示一个常被人所忽略的、重大的人类的生存境遇的问题：政治经济学领域中的劳动概念是不全面的，是"被限制为被领导的、非自由的、领工资的活动"①，是为剩余价值和资本提供合法性的活动，是一种类似于费尔巴哈所提出的"反人性"的活动，是沉沦于人世间的此在的无奈的"经常性的、消极的、负担"② 的存在方式，是马克思《手稿》中批判的异化劳动。于是他在《历史唯物主义的新基础》中阐明了这样一种境况：劳动是不自由的，劳动者是非人的"抽象"肉体，劳动对象是外在的商品，人存在的目的仅为维持肉体生存。正是这种异化劳动能够反映此在的存在，是他后来确定的政治美学批判的对象之一，关于异化劳动的分析也始终是马尔库塞思想的一大焦点。"但归根到底，他使用'劳动'一词，是指资本主义所实际理解的含义，即在商品生产中创造剩余价值或'产生资本'的活动。另一些活动不是'生产性劳动'，因此不是真正意义上的劳动。可见，劳动意味着从事劳动的个人绝不会有自由和全面发展，显然，在这种形

---

① 〔美〕赫伯特·马尔库塞：《现代文明与人的困境——马尔库塞文集》，李小兵等译，上海：上海三联书店1989年版，第207页。

② 〔美〕赫伯特·马尔库塞：《现代文明与人的困境——马尔库塞文集》，李小兵等译，上海：上海三联书店1989年版，第239页。

势下，个人的解放同时就是劳动的否定。"① 马尔库塞是在《论经济学劳动概念的哲学基础》中奠定了对"劳动"的批判基调，又继续在《历史唯物主义的新基础》中深入地论证马克思主义政治经济学中常见的范畴（劳动、对象化、外化、扬弃、财产）的"本来的"哲学含义，冷静地找到了马克思主义理论作为一种革命理论和"实践的革命的批判"的基础和出发点在于"哲学的批判"②，阐释了对象化、外化劳动等同于异化劳动的生成逻辑。

马尔库塞把美好的、自由自觉的人类本质的哲学基石建立在了"劳动"之上，因为劳动是人的此在本身的存在。而"外化了的劳动""外化劳动""对象化劳动""异化劳动"在这里就成为了"人的外化、生命的贬损、人的现实的歪曲和丧失"③。马克思曾指出："人在其中使自己外化的劳动，是一种自我牺牲、自我折磨的劳动。"④ 可以看出，马尔库塞是在马克思这样的论述基础上才将外化劳动等同于异化劳动的。但是，他没有注意到马克思之所以这样阐述外化劳动，是从资本主义制度下的异化劳动这一前提出发的。马克思认为劳动是一个具有双重性质的概念，是人类的智力和体力表现在外物的一个"对象化"的过程。人类的本质力量在劳动产品中被固定下来成为某种外物，这种物的形式能够使人类的本质力量得到自我确证，因此"这就是劳动的对象化"⑤。这样，人作为有意识的主体同动物区别开来，在劳动的对象化

---

① H. Marcuse, *Reason and Revolution*：*Hegel and the Rise of Social Theory*, London：Routledge and Kegan Paul, 1955, p.293.

② 上海社会科学院哲学研究所外国哲学研究室编：《法兰克福学派论著选辑（上卷）》，北京：商务印书馆 1998 年版，第 295 页。

③ 上海社会科学院哲学研究所外国哲学研究室编：《法兰克福学派论著选辑（上卷）》，北京：商务印书馆 1998 年版，第 300 页。

④ 马克思：《1844 年经济学哲学手稿》，北京：人民出版社 2000 年版，第 55 页。

⑤ 马克思：《1844 年经济学哲学手稿》，北京：人民出版社 2000 年版，第 52 页。

过程中获得自己的本质，证明了自己的能力。但是，马克思揭示了对象化劳动在一定的历史条件下可能成为异化劳动的必然性。也是因为劳动的对象化和外化，在私有财产制度下，"劳动产品，作为一种异己的存在物，作为不依赖于生产者的力量，同劳动相对立。……劳动的这种实现表现为工人的失去现实性，对象化表现为对象的丧失和被对象奴役，占有表现为异化、外化"①。人在"本质力量"的实现过程中完成了劳动的"外化"，但也使劳动者丧失了他们的现实性，对象世界也因此不再是从整个人性自由活动中产生的，而是被私人占有的、必须服从的"死的物"。马尔库塞夸大了对象化造成异化的可能性，一味地批判对象化、外化和物化劳动，借用卢卡奇对缺乏主体能动性的"物化"去取代马克思的"物化"（劳动产品）概念，还站在存在主义哲学的地基上将对象化定义为"自我的他在"②，把它当成了纯粹的贬义词，以此形容人的现实性丧失殆尽的事实。因此，马尔库塞在现阶段只能将异化劳动的根源归结于人性内部的异化——类似于海德格尔的此在的存在自我分裂："模范的—解放的"和"替代的—支配的"两种持存形式。如此一来，异化就成了一种永恒不变的生命表现。他反感异化劳动本体论，却又摆脱不掉，他没有看到劳动在马克思那里是人类自由自觉的活动，包含着按自身意愿选择后，又从对象化劳动中感受到美、愉悦和游戏审美的情况。③ 这样，人类丧失自我意识的原因不在于私有制度下的抽象的劳动带来的私有财产和雇佣劳动制度的发展，也削弱了马克思的异化劳动理论对资本主义社会和生产资料私有制的斗争性和批判性。再

---

① 马克思：《1844 年经济学哲学手稿》，北京：人民出版社 2000 年版，第 52 页。

② 〔美〕赫伯特·马尔库塞：《现代文明与人的困境——马尔库塞文集》，李小兵等译，上海：上海三联书店 1989 年版，第 232 页。

③ 〔美〕赫伯特·马尔库塞：《现代文明与人的困境——马尔库塞文集》，李小兵等译，上海：上海三联书店 1989 年版，第 231 页。

者，他说重新解释《手稿》的目的是为了证实"马克思理论中的基本范畴是通过追溯了黑格尔哲学的基础问题而得出的"①，马尔库塞没有严格区分"异化""外化""物化"之间的细微差异，也主要是受到了黑格尔哲学的影响。在黑格尔看来，自我创造、自我对象化的运动，即是自我外化和异化的运动，而异化和外化、对象化本身是必须被扬弃的。因此，对象性本身又成了异化的、不符合人的本质的东西。而人若失去对象化只能是一种唯灵论的存在物，一种非现实的人，这也变相说明了马尔库塞想把历史唯物主义的基础建立在一种纯粹思辨的、仅具有抽象的意义的唯心主义立场之上。

（二）感性本能审美冲动是自由劳动的源泉——存在的超越性

既然劳动不是受制于资本和剩余价值的"生产性活动"，那么什么是马尔库塞意义上的真正的劳动呢？马尔库塞在《论经济学劳动概念的哲学基础》中将亚里士多德的"目的在于自身的"实践与海德格尔的"此在的实践"相结合，指出：真正的劳动应该是"自由的实践"，而且肯定了"此在在实践中"所具有的"可能性和有力性"②，从另一个角度承认了真正的劳动应具有本质上的超越性。而这种超越性正是劳动的真正本质，而在个人所占有的财产无法满足人的本能需求的"匮乏"境况下是无法实现真正的劳动的。而个体只有实现了对财产的"属人的真正占有"，才能够使劳动恢复与存在物自由地发生关系的本质属性，在这里自由的劳动是人的类本质，是人类本能的审美冲动的复苏。而自由劳动的源泉在于审美本能冲动的解放。在马尔库塞笔下，

① 上海社会科学院哲学研究所外国哲学研究室编：《法兰克福学派论著选辑（上卷）》，北京：商务印书馆1998年版，第295页。
② 〔美〕赫伯特·马尔库塞：《现代文明与人的困境——马尔库塞文集》，李小兵等译，上海：上海三联书店1989年版，第247页。

"自由的劳动"是与"当时的此在",以及"个别的"、淹没于一切"他者"之中的"个别的劳动"① 相矛盾的。这说明自由劳动是存在于个人本真的生命形式之中的,与社会中的他者无关,一旦个体陷入与他人的"闲谈"之中,就不再处于本真状态之中,而是一种沉沦。个体消融于由"他者"构成的社会关系中,就相当于人丧失其本质处在异化状态之中。可见,马尔库塞敌视社会关系,认为社会关系是使个体被固化在特定的分工之下的罪魁祸首,而分工则是劳动的另外一种表现形式。"在劳动之前以及在劳动之外,人的此在可以保持许多可能性而根本不让他们实现。通过劳动,则这种此在就进入某种确定的可能性范围:此在得到了一种历史的永久性。他现在既是一种真正的历史的力量,同时也显露出他的无力性。"② 因此,人是在进入劳动环节后才丧失他自身的,在闲暇时才具有多种可能性,才是纯粹自我。由此可见,马尔库塞不仅把自由劳动当作劳动的理想形式,而且将自由劳动的精神层面的意义抽象出来,等同于与劳动对立的"游戏",这种游戏与苦役式的、受压抑的劳动对立,是一种审美式的闲暇体验,是感官的全面解放。游戏才是人类真正自由的存在方式,"游戏者完全按照自己的爱好对待对象……这便具有决定性的意义:人在不理睬对象的同时就进入了他的自由领域,这种自由正是劳动中尚付阙如的"③。

马尔库塞又受到了《手稿》的启发,试图论证以往的异化劳动与内在于人性自身之中的自由劳动这两者是不可分离的,借用了马克思的说法:在对私有财产和异化劳动进行扬弃以后,人性全面复归的共产主

---

① 〔美〕赫伯特·马尔库塞:《现代文明与人的困境——马尔库塞文集》,李小兵等译,上海:上海三联书店 1989 年版,第 244 页。

② 〔美〕赫伯特·马尔库塞:《现代文明与人的困境——马尔库塞文集》,李小兵等译,上海:上海三联书店 1989 年版,第 239 页。

③ 〔美〕赫伯特·马尔库塞:《现代文明与人的困境——马尔库塞文集》,李小兵等译,上海:上海三联书店 1989 年版,第 216 页。

义才会到来。然而，与马克思不同的是，马尔库塞认为共产主义与纯粹的经济财产和物质社会无关，它存在于人的全部的感受性和审美本能得到解放的前提之中的。而对财产的占有形式的理解，也是以是否使人的所有感官本能得到全面的解放为标准，将现实生活中对财产的占有分为"真正的占有"和"虚假的占有"两种形式。马尔库塞认为私有财产是异化了的人的生命活动的实现和现实，是整个人的行为的形式的实现，是真实的和本质的人的行为的异化了的不真实的形象。私有财产中包含着异化了的形式（私有财产）和真实的形式（人的本质的财产形式），共产主义要依靠真正的人的财产的恢复才能实现。在私有财产的情况下，对象只能在直接消费或成为资本的情况下是财产，此时人的生命活动是为财产服务的，这种财产是虚假的财产。真正的财产是指"人为了自由地实现他的本质所需要的所有对象的有效性和可用性"①，对真正的财产的占有指的是人对自己的本质的全面的、感性的占有，做一个总体的人，而不是单向度的人，"视觉、听觉、嗅觉、味觉、触觉、思维、直观、感觉、愿望、活动、爱——总之，他的个体的一切官能……是通过自己同对象的关系，而对对象的占有；这些器官同对象的关系……是人的能动和人的受动，因为按人的方式来理解的受动，是人的一种自我享受"②。这是马尔库塞一生所追寻的乌托邦理想，代表着人的自由而全面的发展和全社会的解放，在他中后期的很多著作中都体现了类似的观点，如《爱欲与文明》《单向度的人》中都强调了要实现人对自身感性官能的全面的总体性的解放和恢复，而人的官能占有的丧失则是一种压抑性的、无思的原子式的存在方式。

---

①　上海社会科学院哲学研究所外国哲学研究室编：《法兰克福学派论著选辑（上卷）》，北京：商务印书馆 1998 年版，第 325 页。

②　上海社会科学院哲学研究所外国哲学研究室编：《法兰克福学派论著选辑（上卷）》，北京：商务印书馆 1998 年版，第 325 页。

他也曾就如何消除异化、外化提出了不同于马克思的独特看法，并不是通过消灭私有制进而铲除异化劳动的根源，而是通过人性自身中对审美"游戏"的向往和对现实此在生存的对照，指明了从痛苦中解放出来的关键是"游戏"，反映在对财产的占有上，就是实现对"真正的人的财产"的占有，即人的快乐和欲求的自然满足。而本质上是自由的、具有超越性的"游戏"，并非是完全独立于"他者的现象"①，是以压抑性的生产劳动为基础的，他把这种劳动解释为"物质的、为生产和再生产而服务、创造、照料并维护此在的纯粹必然性的行动"②，自由劳动必须以压抑性的生产劳动为基础，游戏是劳动派生的。人只有经历了丧失和异化的"非本真"阶段，自由劳动中的人性基因才能够得到完全释放，因为人性是能动性和受动性的统一。人不能脱离对象而存在，人能够创立对象的同时，是被对象创立的，因此人具有受动性，进而具有感觉，是感性的存在物。马尔库塞综合了感性在康德、费尔巴哈和马克思的解释中所具有的被动性、对象性、肉体性特征，得出了感性受动是人的自然本性这个结论。③ 马尔库塞认为感性应该成为具体的、对象性的人的本体论基础，"人的情感和感觉是现实生活中真实存在的、关联着人的本质实现的东西"④，因此在社会的重建中，必须发挥出"感觉解放"的作用，因此对马克思来说，"感性就成了他的哲学

---

① 〔美〕赫伯特·马尔库塞：《现代文明与人的困境——马尔库塞文集》，李小兵等译，上海：上海三联书店1989年版，第217页。

② 〔美〕赫伯特·马尔库塞：《现代文明与人的困境——马尔库塞文集》，李小兵等译，上海：上海三联书店1989年版，第245页。

③ 上海社会科学院哲学研究所外国哲学研究室编：《法兰克福学派论著选辑（上卷）》，北京：商务印书馆1998年版，第312页。

④ 丁国旗：《马尔库塞美学思想研究》，北京：社会科学文献出版社2011年版，第47页。

基础的中心"①。只有超越了人的受动性的人类劳动，才能够实现对财产的真正占有，并由此通往自由自觉的按照"美的规律"的劳动，走向审美人性和本能解放的共产主义。

马尔库塞在早期著作中，除了注重对操控社会下人的非本真的异化和人性丧失的批判以外，也萌生了对未来乌托邦式的生存状态的向往，这体现在他对马克思《手稿》中的"按照美的规律去生产"的独特解读。马尔库塞认为人的本质是"类存在物"，类是依据存在物的"血缘"和"起源"而得以存在的，人能在存在物的一般本质中自由地和任何存在物发生关系，能按照存在物的固有尺度开发、改变、对待处理任何存在物。而劳动就是作为类的存在物的人的本性。因此，人的本质就是作为类的存在物的自由的劳动。人的万能性表现在人能够把整个自然界变成人的"无机的身体"、人的工具。人是万能的、自由的、无限的原因在于人是在摆脱了"在直接的肉体需要的支配"② 情况下进行生产，在物质生活之外还有精神生活，人能按照"美的规律"而不仅仅按照自己需求的标准来生产。③ 在这种自由活动中，人重新生产、改造、占有自然界，将其融入自己的生命活动中，把人的历史变成了自然界的历史，人就是自然界，因此马克思说彻底的人本主义就是自然主义。④ 显然，马尔库塞在这里对美的理解与马克思不同，马克思认为美是人类通过生产实践把自身的本质和人格力量赋予了客体对象的产物⑤，而马尔库塞更倾向于美是由美感产生的，美感是一种内在于人

---

① 〔美〕赫伯特·马尔库塞等：《西方学者论〈一八四四年经济学—哲学手稿〉》，复旦大学哲学系现代西方哲学研究室编译，上海：复旦大学出版社 1983 年版，第 111 页。

② 马克思：《1844 年经济学哲学手稿》，北京：人民出版社 1979 年版，第 50 页。

③ 马克思：《1844 年经济学哲学手稿》，北京：人民出版社 1979 年版，第 51 页。

④ 马克思：《1844 年经济学哲学手稿》，北京：人民出版社 1979 年版，第 120 页。

⑤ 全国马列文艺论著研究会《马列文论研究》编辑部编：《马克思手稿中的美学问题》，哈尔滨：黑龙江人民出版社 1984 年版，第 27 页。

生命自身的天赋或先天才能，是优越于动物的主体感觉能力，并没有像马克思那样把美感归结为劳动实践的创造物。因此，他对于劳动和物质生产的理解也与马克思不同。在他看来，马克思之所以把劳动看作是人的本性，正是因为劳动是一种人的本能活动，劳动可以使人的本能得以满足。[①] 劳动本身并不是人的本质，而劳动中所寄予的人的主观超越性和能动性才是人的本质，于是马尔库塞就理所当然地误读了马克思，人为地忽视了马克思的主客统一的实践论，而是把唯物主义的基础建立在摆脱物化的精神游戏、官能本能的自由这些心理学的生物基础上，这样就缺少了物质生产活动的实践底色，却集中体现了精神上的美学自由。

## 第四节　黑格尔的影响

1932 年到 1943 年，这十一年是马尔库塞为他的政治美学批判理论奠定历史和概念方法论地基的重要阶段。在这一阶段中，马尔库塞注意到了黑格尔思想的否定性，将黑格尔哲学界定为否定的哲学。黑格尔是马尔库塞由存在主义过渡到马克思主义的重要纽带与桥梁。他试图改造海德格尔存在主义的缺陷——缺乏坚实的社会基础，于是将目光转向黑格尔的历史理论和否定性的辩证法。马尔库塞认为现代人失去革命性精神，屈从于极权主义的哲学基础在于实证主义，批判实证主义的有力武器是辩证法，而辩证法的核心是否定性精神和理性主义，理性主义的巅峰是由黑格尔创立的，黑格尔的概念辩证法也是马克思思想的重要理论来源。因此，1941 年的《理性与革命》标志着马尔库塞的政治美学批

---

① 陈学明：《二十世纪的思想库——马尔库塞的六本书》，昆明：云南人民出版社 1989 年版，第 28 页。

判理论体系中的批判基础正式形成，这同时也是法兰克福学派社会批判的理论基础。但是这一基础的确立，并非一部著作所能囊括的，这一过程经历了近十年的准备。

1932 年，马尔库塞在弗莱堡大学写论文，准备求职，几经波折后，于 1933 年加入法兰克福学派。"批判的社会理论"成为家喻户晓的名词，其中也有马尔库塞的贡献。1937 年，他的《哲学与批判理论》和霍克海默的《传统理论与批判理论》共同标志着社会批判理论的诞生，但是这也离不开马尔库塞在《黑格尔本体论和历史理论的基础》（1932）、《文化的肯定性质》（1937）、《理性与革命》中对否定性概念的深入研究。《黑格尔本体论和历史理论的基础》确立了为社会批判理论奠基的"历史总体性中的否定概念"。《文化的肯定性质》确立了肯定性的实证思维方式这个批判目标，揭示了资本主义现存秩序对理性文化的利用与对大众的欺骗，在现实与理想的激烈矛盾斗争中还存在着政治美学突破的可能，这也是马尔库塞否定的批判内核在文化领域的哲学思索。在《哲学与批判理论》（1937）中，马尔库塞继续拓展了纯粹理性在经验世界中的异在性，理性论作为传统意义上的唯心主义可以继续深入到社会物质条件中去，重新整合貌似"合理"的物质世界，只有建立起新的理性秩序，才能使人的潜能得到自由而全面的发展。而《哲学与批判理论》的否定性主题在《理性与革命》中得到专题化的阐述，可以说它是《理性与革命》的导言。否定不是单指其本身的否定，而是涉及否定背后的庞大的概念体系。否定和许多其他概念（如辩证法、自由、理性等）扭结在一起构成政治美学批判的最为革命的政治与价值原则，也保留了乌托邦式的审美理想。而《论快乐主义》继续深化了《哲学与批判理论》中的否定潜能的实现和需求的满足等主题，强调实现感性的"欲求"与"幸福"，隐含着一种浪漫主义的反讽，这是对发达工业资本主义社会和极权思维的一种独特的破题方式，开创了浪漫主义反讽在当代的深层构境。

### 一、历史总体性中的否定概念

1928 年到 1932 年，是马尔库塞在弗莱堡师从于海德格尔的时期，但他越来越对黑格尔的历史总体性产生浓厚的兴趣，因为他发现海德格尔存在主义缺乏进入到具体社会结构中进行革命批判的力量。而马尔库塞却在黑格尔的历史哲学中发现了否定性的力量，把否定性作为总体性和历史运动的理论中心，这也是历史运动的内在动力。在写作《黑格尔存在论与历史性理论》的过程中，他把弄清总体的世界得以存在的具体条件作为这一阶段的主要目标。他对于存在论和历史性的论述，也是建立在总体性及其否定性对应物集体的主体基础上展开的。

实际上，使马尔库塞产生浓厚研究兴趣的历史总体性概念背后，隐藏着他对前技术时代的存在方式的追忆，他渴望寻找一种普遍性的真理与人存在的内在价值相统一的理想境界，它是一种不缺失意义和价值的生活世界。这种原初状态就是马尔库塞期望用存在论加以解释的历史的总体性，这不仅仅是一个尚未敞开与正在形成的生存世界，更是一个存在和存在者统一的物质与自我价值和谐共生的世界，他在关注美的可能性的同时，也注重对感性客观的实际体验，这恰恰是尚未被实证主义和形而上学压抑的美的生活世界。安德鲁·芬博格说过，马尔库塞对总体性的"关注开始于自我和世界统一的缺失之处"①。自我与世界的从统一到分裂的漫长历史过程中，深藏的是政治美学传统的隐性逻辑。这一政治美学传统要回溯到海德格尔对"存在"和"存在者"的探析之中。从古希腊到此后的西方哲学的发展经历了"存在"和"存在者"从融合到分裂的完整历程。在苏格拉底和柏拉图的哲学中，"存在"还被包含在"理念"中，而到了亚里士多德那里，"存在"和"存在者"开始

---

① 〔加〕安德鲁·芬博格：《海德格尔和马尔库塞——历史的灾难与救赎》，文成伟译，上海：上海社会科学院出版社 2010 年版，第 71 页。

走向分裂，空间上的"存在者"逐步吞噬掉"存在"的本真性，于是主体和客体间的二元对立的历史进程开始了，人梦想着蜕变成纯粹的"我思"主体，去征服构成他周遭世界的一切客体。至此，理性精神中的实践伦理价值和批判理性的部分逐渐消失，最后只剩下主观理性外壳裹挟之下的"技术理性"，以及人们对于实证主义和经验证明的精确性的迷恋，替代了曾在他们心中占据一席之地的关乎于美的浪漫主义诗情。康德在认识了现象世界之后，对人的理性能力无法触及"纯粹理性"之外的"物自体"（道德、价值、尊严）这种局面产生了无力回天的情绪，最终靠审美判断力作为协同感性与理性、物质与心灵、存在与存在者的唯一途径。浪漫主义的哲学家和诗人们，甚至包括马尔库塞在内的法兰克福学派成员们，也将目光纷纷投向蕴含着无限遐思的美学世界，表达他们对理性主义的厌恶。法国大革命的号角声鼓舞了黑格尔，他在宏大的历史运动中将自我意识演绎成为绝对精神的胜利，以精神发展的形态演进填补了现象与本质的时代裂隙，使历史主体到达了主观与客观的统一，把革命的激情、生存的理想境界纳入历史的自我的外化与异化运动中去，最后"自我"作为主宰世界的客观实体精神而回归到历史的总体性中去。因此，历史的总体性运动是一个从"存在"与"存在者"、从统一到对立又重新回到融合状态的否定之否定过程，这也是一种独特的自我创造实践，"卢卡奇称之为理论与实践的统一"[1]。这个范畴被马尔库塞用来阐述黑格尔，实际是为了要奠定研究历史理论的存在本体论的基础，"从而获得一种超出与物化范围的新视角"[2]。

马尔库塞是在海德格尔对黑格尔的历史概念的否定中，重申了海德格尔存在论的价值，即以此在的感性生存的意义世界丰富了黑格尔的历

---

[1] 〔加〕安德鲁·芬博格：《海德格尔和马尔库塞——历史的灾难与救赎》，文成伟译，上海：上海社会科学院出版社 2010 年版，第 48 页。

[2] 王晓升：《历史性的观念与现代性的本体论化——对马尔库塞〈黑格尔本体论与历史性理论〉的考察》，载《学术界》，2018 年第 9 期，第 36 页。

史性运动思想。海德格尔指出了黑格尔的时间概念的缺陷在于他把时间归结为点的时间，对时间的确认是从单纯的点与点的连接而来的，"黑格尔从现在出发来标画时间，而这一标画设为前提的是：现在的总体结构一直被遮蔽着，以便能把现在作为现成事物加以直观"①。海德格尔对黑格尔的时间概念的否定，是为了把历史归属于此在的存在者，奠定历史的存在论基础，"历史"本身就是存在的属性。但是这样一来，时间就成了有限的当下，缩小了历史的总体性范围。这种处理的结果，实际上忽视了黑格尔历史哲学内蕴的"流质性"和运动性。马尔库塞在这一点上借鉴了海德格尔的此在的存在论，把"历史的东西"作为存在论的依据来加以阐释。他把"历史的东西"定义为时间方面事件的发生的存在模式，把历史当作存在论的条件，也就是说，他将对存在方式的理解作为理解存在者的依据，这个依据被他称为历史性，"历史性意指这'存在'，即历史的东西的存在的意思"②，并不仅仅是经济的东西。

更值得注意的是，马尔库塞对海德格尔的存在论部分地接受了以后，在对历史性概念进行具体阐述时，融入了特殊的生命运动形式改造了海德格尔对总体历史性的抽象概括，更加强调从潜能到现实的存在方式的运动性，这也体现了本质辩证法的否定性。马尔库塞认为"历史的东西"的存在方式是"历史发生的过程"，是"一种运动形式"。我们想要理解存在者，必须要先了解其存在方式（历史的运动）。"一种特殊的运动形式是历史的东西的存在的构成性要素。"③ 而伏尔泰的生

---

① 〔德〕马丁·海德格尔：《存在与时间》，陈嘉映、王庆节译，北京：生活·读书·新知三联书店 2014 年版，第 504—505 页。

② H. Marcuse, *Hegel's Ontology of Historicity*, Cambridge, MA：MIT Press, 1987, Translator's Introduction, p.2.

③ H. Marcuse, *Hegel's Ontology of Historicity*, Cambridge, MA：MIT Press, 1987, Translator's Introduction, p.3.

命哲学被马尔库塞当作这种特殊运动形式的基本事实，也就是将生命的辩证法纳入了黑格尔本体论的前提构建，黑格尔的历史本体论就演变成了精神生命的自我运动过程。黑格尔的历史本体论表明，存在的展开过程就是对现存东西的否定运动中的最高运动形式。历史总体性的否定本身就是历史的运动性，就是从潜在到现实的运动，趋向于精神的完善，这也是黑格尔存在论的核心。在黑格尔的《逻辑学》中，"存在"是"纯粹的是"，其实质是"空"，马尔库塞发现了从存在（纯有）过渡到空（纯无）的过程，这个过程体现为具体的历史性，是从潜在到本质的"过渡"，这种历史过程包含了否定性，它就是存在的展开，历史的东西在这种自我否定中得到了自我规定性，得到了一种潜能动力。历史总体性的否定"这个概念的背后也有着一个去物化的意图。目的就是要打破掩盖'事物本身'的客观性遮蔽，因为它们已经通过现象学方式被展现。在这一现象学的基本层面上，事物并不独立存在，并不是处于一种固定不变的状态等待这与认识主体纯粹偶然的相遇，相反它们以一种与此在的动态关系而存在，此在在其实践活动中揭示它们"①。历史总体性的否定概念，表达的是马尔库塞对理想和价值在现实生活中得以建构的一种精神寄托，是审美的必然王国与现实王国的对立，在历史的发展和实现进程中，必然王国的潜能不断地在现实王国的实在中得以显现，并不断展开。在《黑格尔的本体论与历史理论》中，海德格尔的存在与黑格尔的精神运动，再融合伏尔泰的生命辩证法，为批判理论中的否定冲动奠定了坚实的哲学基础。这一时期，马尔库塞的重点工作是，把否定性纳入到批判理性所处的历史本体论基础中去。这为下一阶段实现批判理论从本体论向历史唯物主义的转化做了一个自洽的铺垫。

---

① 〔加〕安德鲁·芬博格：《海德格尔和马尔库塞——历史的灾难与救赎》，文成伟译，上海：上海社会科学院出版社 2010 年版，第 50 页。

## 二、否定辩证法对实证主义的批判："潜能"的实现

马尔库塞在 1928 年到 1932 年间完成的三篇文章还能够证明他当时的目标是为政治美学批判理论构建一个本体论的基础，这三篇文章分别是《黑格尔本体论和历史理论的基础》《历史唯物主义的新基础》《论经济学劳动概念的哲学基础》。1927 年的《哲学与批判理论》和 1941 年的《理性与革命》，标志着马尔库塞从本体论向历史唯物主义的过渡。这是为了以客观科学的精神对现存秩序进行"下降"式的实际批判，深入到产生极权主义的社会结构中去分析其中不可弥合的矛盾，逐一否定单向度的肯定性思维的具体的哲学表现形式——经验主义、实证主义、技术理性主义，也就是为全方位拒斥单向度的"决定论"奠定社会批判的基础，因而他将目光转移到对人的潜能关注上来。这个潜在的实现可以从两个方面论证：一是对未来的想象就是一种潜在的能在，简称潜能的实现。二是"能在"的否定辩证法。

### （一）未来的想象——潜在的能在

马尔库塞的《哲学与批判理论》对社会批判理论的创建意义是不言而喻的。这篇文章与《理性与革命》一道传达出来的是这样的核心精神：以理性为法庭重新审判现存生活中的一切，这关乎于人的自由与解放能否从潜在因素转化成为现实的可能性，也就是从潜在到能在的过程。这种革命的理性精神使马尔库塞确定了批判理论的目标，即那些阻碍社会实践的自我意识和自由发展的因素。①

马尔库塞的政治美学批判理论的目标也正是在此时期被一同纳入了社会批判理论体系。也就是说，马尔库塞的政治美学批判理论此时的第

---

① 李永虎：《马尔库塞的乌托邦思想研究》，北京：光明日报出版社 2015 年版，第 61 页。

一要务是确定实现社会变革以及美好理想需要什么样的真理标准的问题。他认为"所希望的目标"从潜在到能在的过程，不能缺少的是以想象力为中心的自我意识，想象能力就成了一种人之为人的基本欲求，想象和幻想作为重要概念，多次出现在他的《爱欲与文明》《论解放》《阻碍革命与反抗》《审美之维》中。他说"在德国，对现存秩序的批判开始于对那种意识的批判"①，意识的批判武器是"遐想"，只有它才能填平"理性与现实生活的鸿沟"，只有想象才能在对象不在场的情况下对其进行直观②，突破技术理性的限制，从而更接近"真理指向的欲望和需求"③。因此，想象力是检验人的类本质和人的本真存在是否成为一种能在的标志。想象力的革命性在此体现为对未来社会，也就是在操控社会之外的另一种替代可能的大胆想象，从而坚定了实现人的智力和个性的满足的潜在可能的乐观自信。想象力的革命性与创造性不仅体现为"个体的自由创造"④ 意识被唤醒，还集中表现为对违反自由和解放目标的、屈服于实证主义单向度思维之下的社会观念的否定，这种否定是对《黑格尔本体论和历史理论的基础》中的历史总体的否定性精神内核的延续，进而从人的历史存在和社会存在去解释人及世界的整体，以浪漫主义式的批判作为重构现实境遇的价值阶梯。在此，想象和未来是一对联系紧密的范畴，马尔库塞认为他的政治美学批判理论的历史基础与唯物主义的相关之处在于："一是对人的幸福的关注，一是深

---

① 〔美〕赫伯特·马尔库塞：《现代文明与人的困境——马尔库塞文集》，李小兵等译，上海：上海三联书店1989年版，第173页。

② 〔美〕赫伯特·马尔库塞：《现代文明与人的困境——马尔库塞文集》，李小兵等译，上海：上海三联书店1989年版，第199页。

③ 〔美〕赫伯特·马尔库塞：《现代文明与人的困境——马尔库塞文集》，李小兵等译，上海：上海三联书店1989年版，第200页。

④ 〔美〕赫伯特·马尔库塞：《现代文明与人的困境——马尔库塞文集》，李小兵等译，上海：上海三联书店1989年版，第174页。

信这种幸福只有通过变革生存的物质条件才能达到。"① 这说明未来式的审美乌托邦的建构根基在于历史性的社会存在结构，即使此时他的政治美学批判精神本质是一种先验的"未来理论"，但也会使人们在未来实际可能的基础上看清人是其所是的趋势，它所"指向的是需求和欲望，已有可能的实现和完满"②。

### （二）"能在"的否定辩证法

1941 年马尔库塞离开法兰克福，赴美国哥伦比亚大学社会研究所任职，在此期间完成了《理性与革命》的写作。这部著作充分地体现了马尔库塞一贯的主张：思想本身不能仅仅作为束之高阁的"纯学术"被人供奉，而是要发挥出构建未来新秩序应有的政治功能。他继续深化了《哲学与批判理论》中的"理性与自由"这一主题，复兴了黑格尔哲学中的被法西斯封印的革命精神——理性观与否定性，赋予黑格尔的辩证法以新的生命力，将其发展为实现"能在"的否定辩证法，并以此开创了浪漫主义政治批判的新的理论构境。在这个意义上，可以把《哲学与批判理论》当作《理性与革命》的导言。

在《理性与革命》中，马尔库塞将想象力对审美乌托邦的重要价值拉回到理性这一抽象地平上来，目的是证明人的最高潜能是在现存生活中到达理性的自由，以否定的辩证法作为实现这一潜能的推动形式和概念方法基础。对潜能的实现，也就是对"能在"的追求，是马尔库塞一直以来的理论诉求，他在《文化的肯定性质》中的一段话就可以证明，"人所达到的最高的目的，就是一个自由人和理性人的联合体；

---

① 〔美〕赫伯特·马尔库塞：《现代文明与人的困境——马尔库塞文集》，李小兵等译，上海：上海三联书店 1989 年版，第 174 页。

② 〔美〕赫伯特·马尔库塞：《现代文明与人的困境——马尔库塞文集》，李小兵等译，上海：上海三联书店 1989 年版，第 200 页。

在这个联合体中，每一个人都有同样的机会，去展示和完善他所有的潜能"①。

马尔库塞在此时正深处于复杂的社会环境中。第二次世界大战以后，法西斯极权主义横行于世，希特勒一伙将黑格尔的哲学包装成极权统治的喉舌，因此马尔库塞要恢复黑格尔哲学的本来面目，将蕴藏于理性中的人的主体性和人性的审美向度释放出来。因为在马尔库塞眼中，人是有思想的生物，通过否定的理性精神完成对现存秩序和经验世界的超越，以人对自由的希冀通往新的关于美的理念世界。这是一种美学意义上的批判理性，能够使人认识到他自身的潜力和他所生存的世界的潜力。马尔库塞也正是在政治美学的意义上重释了"合乎理性的东西是现实的，现实的东西是合乎理性的"②。这也是黑格尔被误解最深的一句话，这句话也成了专制主义证明自身作为合法存在的一个著名命题。马尔库塞认为，评判社会存在是否合理的依据在于能否使个体的自由和幸福、人的需求得到满足，使人的潜在成为能在，这才是最基本的合理性和必然性。从否定的辩证法意义上，它告诉我们，凡是现存的、丧失必然性的东西，都理应灭亡，反之，从肯定的方面来看，凡是合乎审美创造的理性革命的东西都会从潜在过渡到能在，注定成为现实。"在一部宪法中，只有得到人的理性法庭承认的东西才是有效的。"③ 理性的先进性和革命性，被马尔库塞当作对抗经验主义、实证主义的单向度操控逻辑的哲学基础，他认为这种失去否定的批判维度的思维方式正是当时的极权主义、第二国际修正主义和斯大林主义的错

---

① 〔美〕赫伯特·马尔库塞：《审美之维》，李小兵译，桂林：广西师范大学出版社 2001 年版，第 52 页。

② 〔美〕赫伯特·马尔库塞：《马尔库塞文集——第五卷 哲学、精神分析与解放》，黄晓伟、高海青译，北京：人民出版社 2019 年版，第 128 页。

③ 〔美〕赫伯特·马尔库塞：《马尔库塞文集——第五卷 哲学、精神分析与解放》，黄晓伟、高海青译，北京：人民出版社 2019 年版，第 128 页。

误根源，源于从有限中直观无限的人性审美本能和生命潜能的丧失。这一观点实际上在 20 世纪 30 年代末，也就是在《理性与革命》出版之前，就已经思考成熟了，这主要体现在马尔库塞的《唯心主义与实证主义》中。他认为，唯心主义作为实证主义的对立面，能够"假定本质与现象之间的差别，也就是说，现实既有的形式并没有穷尽和实现人类与事物的潜能，只有当真正的认识与行动把握住现实的存在形式，并根据更高的标准改变它们时，这些潜能才能实现。在唯心主义体系中，这些标准通常包含在理性概念之中。理性为'完美生活'提供了原则，而它们的共同基础是自由的观念"①。这种哲学就是否定性的哲学，因为它坚持一种彻底的否定观，否定给定的事实，"拒绝承认把经验的证实当作最高的裁决，坚持理性的公理"②。否定的哲学对占支配地位的现实形式持否定态度，在辩证方法中体现出来，辩证法将所有固定的、稳定的关系都分解成一个过程，而该过程归根到底由正在形成中的主体构成，认为世界是一个矛盾对立的总体，其中所有的形式与关系都构成了对自身内容的否定，并凭借这种否定展开了自身。如果这些原则被用到了具体的社会现实，那么必然导致激进的批判，而激进的批判会把理性与自由的概念改造成社会的需要，这种否定性就是美的理念世界的最根本的精神。

### 三、开启浪漫主义的深层构境：否定的乌托邦与革命的姿态

马尔库塞在 1932 年到 1943 年这十余年期间，一直在为他的政治美学批判理论构建历史和概念方法地基而不断努力着，这个地基的核心是

---

① 〔美〕赫伯特·马尔库塞：《马尔库塞文集——第五卷 哲学、精神分析与解放》，黄晓伟、高海青译，北京：人民出版社 2019 年版，第 128 页。

② 〔美〕赫伯特·马尔库塞：《马尔库塞文集——第五卷 哲学、精神分析与解放》，黄晓伟、高海青译，北京：人民出版社 2019 年版，第 129 页。

以否定性为突出特点的批判理性。《哲学与批判理论》《黑格尔本体论和历史理论的基础》《理性与革命》所共同铸就的是一个革命的否定性的形象，这个形象抵抗的是肯定性单向度的极权主义思维，是对实证主义和经验主义的粗俗同一性的反叛，它拒绝"把人直接变成自然物质系统等级中的一个隶属层级"①。

《哲学与批判理论》中最重要的主题是想象力对未来社会的创造性生成的重大作用，而这种未来的社会，在马尔库塞的笔下成了一个从人的无限潜能到在有限的现象界中得到完整展现的新的存在方式，也就是说，在这样的未来社会中，每个人的潜能、欲求和幸福都能得到自由而全面的满足。而接下来的《论快乐主义》更是将《哲学与批判理论》中关于"个体幸福、自由"的主题进一步延续下去。在这篇文章中，寄予在《黑格尔本体论和历史理论的基础》中的"历史总体性中的否定性概念"、具体的社会历史的运动与实现方式被"需要""感性""本能"和"幸福"这一系列关键词所代替，对未来式的社会的浪漫主义想象和个人的潜能实现在这里有了兑现的可能，这个可能性就是要拯救幸福的客观性。马尔库塞在《论快乐主义》中的基本主张是，人的感觉潜能以及最真实的欲求和需要理应得到全面的满足，这才是从潜能到本质实现的充分必要条件，他提倡将被理性哲学压制的感情和本能释放出来，以感性的有限之躯去预见与观照无限的自由与美的理念世界，这与浪漫主义反讽的手法不谋而合。他将感性、情感、自由、幸福与社会历史的总体性运动加以融合，去开创另一种合理的社会秩序或另一种替代的可能。这种未来式的替代性社会，在他的设想中是"各尽所能、按需分配"的自由人的联合体，社会生产是为了满足人的潜能与需要

① 张一兵：《无调式的辩证想象——阿多诺〈否定的辩证法〉的文本学解读（第二版）》，南京：江苏人民出版社 2016 年版，第 62 页。

而组织进行的，"在需要和要求的全面满足中追求幸福"。①

马尔库塞在《论快乐主义》中对未来的潜能与需要和幸福的渴念，在《理性与革命》中获得了辩证理性的支持，黑格尔的理性辩证法对现存的破坏性形成了实现人的最高潜能的现实力量与精神动力。黑格尔的辩证法为事物提供了朝着它的"无限"不断变化和发展的不竭动力，事物的发展是超越和否定低级阶段向它的"反题"——"绝对"（即潜能得以实现的高级阶段）转化的过程。用马尔库塞的话说来就是："辩证法的力量存在于批判的确信之中，全部的辩证法都被一种弥漫着本质否定的存在形式的概念联系着。"② 因此，《理性与革命》否定的辩证法是在美学意义上的批判基础上所展开的浪漫主义构境。

马尔库塞在这一阶段的所有工作，无形之中是为他的政治美学批判理论确立了以否定的辩证法为核心的批判原则，但是这种批判理性随着马尔库塞对否定性和潜能实现条件研究的推进，他的历史总体性和隐含在否定性的整体背后的集体主义原则，逐渐被"完全的""彻底的"否定辩证法所解构，出现了依靠内在性领域中的"情感""想象""欲求"等表达情感意志的概念作为突破口征兆，这使马尔库塞在 20 世纪50 年代以后走向微观的心理本能研究有了自明性的解释。然而这种否定的辩证法是完全革命和开放的，试图以非强制和非同一的辩证认识和批判理论冲破牢笼，这使他逐渐背离了黑格尔理性主义。即使他通过"遐想"和"幸福的客观化"等手段在虚幻的彼岸构造出来了一种"自由人的联合体"的意义与伦理的世界，但这种政治美学批判只是保持了空洞的革命的姿态，没有触及资本主义和极权社会最根本的生产关系和经济政治运行的机制，最终导向了否定的乌托邦。可以说，在这一层

---

① 〔美〕赫伯特·马尔库塞：《现代文明与人的困境——马尔库塞文集》，李小兵等译，上海：上海三联书店 1989 年版，第 342 页。

② 〔美〕赫伯特·马尔库塞：《理性与革命》，程志民等译，重庆：重庆出版社1993 年版，第 24 页。

面上，马尔库塞远离了黑格尔，走向了阿多诺，即使他挖掘了海德格尔的存在论和狄尔泰的生命辩证法去丰富黑格尔的历史本体论，但之后的理论轨迹却证明了他并没有成功地建立这种历史本体论，反而建立起了一种微观心理学领域的情感本体论。至此，马尔库塞的政治美学批判的哲学理论地基已经完全成熟，并准备投身于对有限的社会内部结构的批判理论研究和他所谓的"历史唯物主义"之中去。

马尔库塞这种彻底的否定，实际上是对弗里德里希·施莱格尔关于浪漫主义反讽的思考在发达工业资本主义环境下的实践。这样一来，马尔库塞和施莱格尔有了融通的可能，正如弗兰克所说的，"反讽与辩证法的共同点在于，两者都以自己特有的手段，即否定性来矫正有限世界的否定性"①。马尔库塞与浪漫主义反讽一样，都是以历史性的时间作为讽喻现实的完备图式，一切正面的东西在被设定的同时又被随后的观点否定和毁灭，历史本身具有无限延伸的特性。因此马尔库塞以他不断的否定式的破解图景开创了一种浪漫主义美学的新构境。但是，也和浪漫主义反讽的悲剧起因一样，他们都试图以有限把握无限，追寻不可能的可能性，对未来社会的构想也没有提出一种具体的特定的社会形态，因此，另一种替代的可能也逐渐成为了不可能。对此，诺瓦利斯做出了言简意赅的总结："在什么情况下我们永远无法实现理想？只有在理想自我毁灭的情况下。理想要发挥作用，就不应该存在于平庸的现实中。"② 马尔库塞对未来社会的构想是在理想不断被创造与被毁灭的路上，因此，他虽然以黑格尔的辩证法和理性为武器，但他无法达到辩证的理性，他试图构筑的审美世界与现实世界之间的鸿沟也永远无法消除，更无法统一，无法抵达"绝对精神"自我演化的终点。他想要通

---

① 〔德〕曼弗雷德·弗兰克：《德国早期浪漫主义美学导论（下）》，聂军等译，长春：吉林人民出版社 2011 年版，第 305 页。

② 〔德〕曼弗雷德·弗兰克：《德国早期浪漫主义美学导论（下）》，聂军等译，长春：吉林人民出版社 2011 年版，第 308 页。

过浪漫化的做法使低级自我与高级自我"等同"起来，而这种做法恰恰无法消除有限与无限之间的鸿沟，只是使有限在经历浪漫化以后呈现出无限的趋势。这是一种不肯以同一性为目的绝对否定，强调"反讽自身的独立性，其本质是一种艺术美学意义上的反讽，它蕴含一种反理性的或非理性的'泛情感主义'"①。这也不难解释，为何马尔库塞在20世纪50年代后开始转向了对情感本能心理的研究，构建以新感性为主要途径的政治美学批判方法论。

# 本章小结

从 1919 年到 1943 年，马尔库塞用了自己学术人生中近一半时间去接触各种美学的、哲学的理论。在这一阶段，他完成了从政治运动受挫后的迷茫到逐步明确政治美学批判的主题与方法论的转变，也为自己的政治美学批判理论的建构打下了坚实的哲学基础。其一生的所有理论建树，无不围绕着"使美学理想切近政治现实"这一主题而展开，这既是他的思想先声，也是他的理论归宿，是贯穿他的政治美学批判理论建构工作始终不变的理念。为了将艺术的真实兑现，必然少不了要以现实的政治运动为依托，而现实的政治运动需要严谨的理论指导。为了使感性与理性再度回到统一的原初语境中，他吸取并综合了卢卡奇、黑格尔、伏尔泰、马克思、海德格尔、胡塞尔等哲学家以及包括席勒在内的浪漫主义美学家的理论，确立了政治美学批判理论的哲学基础——审美人性，也确定了概念方法——否定性的批判，还找到了相对具体的实践场域——代表现实的具体的感性生存环境的社会结构与人的自我意识领

---

① 李金辉：《浪漫主义的反讽概念：实质、类型与限度》，载《思想战线》，2018年第 3 期，第 136 页。

域。从上文中，我们可以发现，马尔库塞思想作为一种政治美学的理论主要强调两个维度，一是幸福，二是为了实现幸福的生存物质条件。这两个维度实际就是美学联通的两端——理想与现实。为了填平这两个维度之间的鸿沟，马尔库塞从黑格尔的辩证法中寻找到理性精神的否定性内涵，而这种否定性就是趋使审美理想从潜能到现实运动的重要动力。以精神中的否定性为驱动力的批判方法也决定了马尔库塞思想作为一种批判理论的主要批判对象是阻碍社会自我意识发展的因素，而这种因素在马尔库塞看来也是社会自我意识层面的东西——技术理性。这一重大发现也为马尔库塞下一步的批判计划——批判技术理性在现实中的异化现象——做出贡献。然而，马尔库塞即使从黑格尔的辩证否定中获取理论资源，但是他关于人性之完整的审美理想也限制着他无法使用辩证否定的批判方法，而只能以浪漫主义反讽方式去完成他从有限的政治现实到无限的理想境界的进阶，这是一个无限的否定过程，这种否定结果是无限与有限在浪漫主义和生存美学中的"趋同"。故这种政治美学式的批判，无论其逻辑多么严谨，但也掩饰不了它仍是以反讽式的激情为支撑的真相，这样也无法克服先验与历史之间的矛盾。这也从另一个侧面解答了为何经过这一阶段的学术探索之后，马尔库塞转而进入情感本能的心理学层面去寻找引导现实政治运动的行动指南。

# 第三章　马尔库塞政治美学批判思想展陈

　　将政治与美学当作一个自洽性的整体，利用艺术与现实之间的张力使艺术理想融入对现实的政治性改造，实现感性与理性在哲学的原初意义上的统一，回归到完整的人性中去，并在现实中建立通往自由的新秩序，这是马尔库塞自《德国艺术家小说》起一直到最后一篇文章《审美之维》中一以贯之的政治美学理想。为了使这种审美理想发挥出改造现实的政治功能，马尔库塞融合了浪漫主义美学、唯美主义、生存现象学、马克思的哲学思想以及黑格尔的理性辩证法等美学与哲学思想，为自己的政治美学思想打下了坚实的哲学地基。尤其是吸收了黑格尔的辩证法和历史总体性之后，马尔库塞更加确定了理性的功能是推动感性因素发挥出改造人类意识的内在动力，这种动力就是辩证理性的否定性所给予的。马尔库塞的这一重大理论发现，也间接地促进了法兰克福学派的社会批判理论的整体批判框架的形成。因此，马尔库塞的政治美学批判理论首先作为一种批判理论，所批判的对象和法兰克福学派基本一致，均是从社会的自我意识方面寻找阻碍完整性的人全面发展的因素——技术理性。他在《现代技术的一些社会含义》中指出对于"现代化"和"工业化"的强烈要求是极权主义的思想根源，在《单向度的人》中继续推进了这种观点，认为技术理性便是片面追求"现代化""工业化"所造成的精神危机结果。美国以其强大的科技力量与现代科层制相结合，改造人的心理与生理机能，使科学技术成为意识形态实现对微观潜意识领域的整合。苏联强调大型工业化与军事化国家的建设而轻视人的感性生存，并为此援引马克思主义的政治经济学原理试图为这种国家战略寻找理论依据。德国纳粹正是出于对现代工业化权威国家的狂热迷恋，采取极端的经济与管理制度，力求建立起一种效率化的准军事化管理模式。因此，对美国、苏联和纳粹德国这三种国家权威形式的批判都离不开对技术理性批判。而这些单向度危机的文化根源在于西方根深蒂固的理性主义文化，这种文化观与现代技术相结合，形成了单向度的肯定性文化。针对单向度危机，马尔库塞选择了一条与众不同的政治美学批判道路。他的救赎路线的独特之处，在于他在社会批判理论的总体性批判传统中开辟了以感性与理性协同统一的新感性为反叛技术理性统治的美学转向，这是典型的将政治问题予以美学化的解决路向。因此他的政治目标也是浪漫化的，即实现人类爱欲的全面解放。马尔库塞选择了美学化的浪漫主义救赎路线与解放目标，也就不难理解为何他在其学术生命的中后期不断地从美学问题和艺术领域中挖掘政治功能。因此，从马尔库塞的思想先声、理论旨归、理论来源、目标确定、批判指向及以新感性为中心的美学政治化的研究方法，都可以得出其思想是作为政治美学的批判理论这一结论。

## 第一节 政治美学的批判指向：单向度危机

随着以存在主义现象学与马克思主义相结合的生存感性哲学基础的确立，加上对黑格尔的历史总体性理论的批判性借鉴，马尔库塞的政治美学批判理论也有了和霍克海默一致的"批判"基础，他的思想首先属于社会批判理论。和法兰克福学派的批判理论传统一样，马尔库塞也赞同霍克海默关于"批判"的主张，批判理论与传统理论的区别在于它不再满足于对已有概念的解释和对社会的肯定，而是更关注社会的"紧张关系"，对社会持质疑和批判的态度。① 马尔库塞与法兰克福学派成员们拥有一致的批判对象，那就是科技异化结果——技术理性。技术理性是人们过度迷信科技与现代工业，并将其与理性主义精神融合而成的神化了的"同一性"思维，它是统治阶级精心营造的奴化大众的隐性方式，对人进行从衣食住行等生活方式到本能心理的全方位的控制，造成了单向度的社会危机。这也从另一个侧面证明，心理范畴已经成为了一个政治范畴。鉴于单向度的极权主义人格的出现，马尔库塞将弗洛伊德本能心理学融入进自己的政治美学批判理论，建立爱欲本能的生物学基石，并由此确定了人类解放的突破口在于能调动起感性的革命性力量的美学与艺术之中，重申了感性在文化艺术和思想史中的重要地位。在生存感性哲学、批判理论和爱欲本能的三大基石确立后，马尔库塞的政治美学理论就丰满鲜活起来。那么，如何使自己的政治美学批判理论得到实践的检验？马尔库塞需要在现实的具体的人的生活方式中找到政治美学的批判对象。而接下来，马尔库塞发现了资本主义和非资本主义国家以及纳粹统治下的德国社会中，甚至在西方世界的文化领域中，都存在着爱欲本能和快乐原则受压抑的极权主义倾向。美国、苏联与纳粹德国这三种国家权威形式都离不开过度强调大型工业化、现代化的高效率技术理性思维。在马尔库塞看来，美国作为技术化、现代化程度最高的国家，以控制微观心理的施行原则对审美感性进行着不易察觉的隐性"政治"迫害。苏联正是强调高度的工业化、军事化才轻视了人们的感性生存。纳粹德国也是迫于现代化进程中转型的需要，迫切需要拓展海外市场以滋养本国的现代工业化。而技术理性对审美感性的剥夺导致在文化领域中，理性压制感性，形成了单向度的肯定性文化。因此，在这

---

① 〔德〕马克斯·霍克海默：《批判理论》，李小兵等译，重庆：重庆出版社 1989年版，第 199 页。

一阶段他的批判的矛头指向了发达工业社会、苏联社会、纳粹极权主义及肯定性的文化。

## 一、发达工业社会

现代化的进程给人类发展增添动力的同时，却向它的创造者和维护者们不断发起拷问，现代社会民众的真正需求和社会民主变革的实际公共诉求究竟是什么？是能够享受着和自己老板一样的汽车、洋房、花园，还是均等地接受着大众文化传媒所灌输于他们的被包装好的意识形态？显然人类沉浸在技术成果和科技进步的沾沾自喜中，他们坚信自己切切实实地掌握着由现代性所赋予的"合理化"的政治权力，他们有权决定自然和社会同胞们的存在，还可以决定是否有权参与自我的世界化建构中去，也就是自然和他人的存在要以自己的权力需求的满足为基础。他们早已适应了技术与主观理性的相互勾结，并以此作为评判一切价值的标准去征服自然，征服人类自身。主观理性在这里与纯粹认识性的主体概念一道试图被人类用来祛除对现代社会发展进程中的蒙昧，它们构成并取代着自古希腊以来就"建立在本质洞察之上的客观理性的价值责任"①。于是，发达工业社会中的每一分子都只能看到操作与征服的成就，自愿充当流水线上孤立的原子。而曾经一度盛行于古代艺术逻各斯中的健全的、曾作为整体的"主观"和"客观"理性，到了今天彼此争斗，逼迫着人类做出非此即彼的选择。于是，曾包含多项意涵的哲学失去其效能，肢解理性的分析哲学成为现代人的宠儿，人们以生存于经济飞速发展的单向度的现存社会为自豪，社会系统以其严密的整合性吞噬掉对抗性和批判性的可能，他们丧失掉对另一种可选择的现代性的到来的幻想，也无法想象或保持冲动去参透技术和政治背后的意义

---

① 〔加〕安德鲁·芬博格：《海德格尔和马尔库塞——历史的灾难与救赎》，文成伟译，上海：上海社会科学院出版社 2010 年版，第 98 页。

世界。每一个人都成为科层制下的一颗螺丝钉，哲学的任务不再是批判而是培养认同和服从的灵魂。因此，马尔库塞希望重建能够将价值和科学都纳入其中的更丰富的理性概念。

贯穿于马尔库塞学术生命始终的是一种在发达工业社会中将审美理想具体化的追求，他带着这样的目的写作《单向度的人》，试图重新将被遗忘的艺术理性带回人们的思维中，引发人们重新重视一种肯定人的生命技术设计，不再让建立在对自然和意义世界进行迫害的基础之上的技术理性继续稳居主流价值观的宝座。正如他本人所说，技术批判的目的在于对价值具体化的着重强调。马尔库塞之所以选用审美作为击溃盛行于现代社会中的竞争、暴力、不道德、侵略这些被动员起来的死本能的武器，不仅是因为他曾作为海德格尔的学生，有着与他思路相近的复兴隐藏于古希腊"技艺"概念的艺术的逻各斯的愿望。[①] 虽然他在《单向度的人》当中提出这个理论时并没有引用海德格尔作参考，但是检验表明，它展示了与《追问技术》一文的论点显著的相似性。还因为美学和艺术本身暗含着一种使其目标变得尽善尽美的目的论。这种目的论蕴含着一种朝向本质不断奋进的活力，它使"全部存在都追求能够实现其潜能性的完美形式"[②]。在马尔库塞的认知中，美具有维系理想与现实、实在与其潜力性之间的张力的功能，它暗示着"实然"之上还有一个"应然"状态，正是美具有这样的独特性，才使其一直保持着一种"批判性"的实践功用。美与哲学、科学存在着本源性的联系，"这种本源上的联系意识到现实与可能之间的差异……这种差异的最初变现形式之一，便是神和人、有限和无限、变化和永存之间的区别。在科学思维中仍然存活着某些现实与可能之间的那种神话中的联

---

① 〔加〕安德鲁·芬博格：《海德格尔和马尔库塞——历史的灾难与救赎》，文成伟译，上海：上海社会科学院出版社 2010 年版，第 83 页。

② 〔加〕安德鲁·芬博格：《海德格尔和马尔库塞——历史的灾难与救赎》，文成伟译，上海：上海社会科学院出版社 2010 年版，第 83 页。

系，它继续被引向一种更合理、更真实的实在"①。

但是技术理性以实证性的思维方式及其基础——新实证主义哲学，逐步地牺牲掉存在于艺术理性中的本质与潜能相互关联的真理，事物被以解析的方式分解为各种各样的质和量，并被吞并到技术体系之中，分类、限制和控制成为"新的"历史合理性。社会科学放弃了社会整体的目的、群体的利益及生活方式，专门关注高压专制政治和宣传机器。政治学不再注重某种规范的实现，而关注谁获得什么以及如何获得的相关程序性概念。不仅在政治领域，发达工业社会中的人逐渐被整合，更糟糕的是在文化领域内也发生了整合，人的主观世界也通过大众传播、管理技术和心理操控等手段被迫处于受控状态，"技术合理性过程不断侵蚀着'高级文化'中的对立因素和超越因素。它们实际上屈从于在当代社会的发达领域中占统治地位的反升华"②。而前技术时代具有异在性的艺术也消逝于实业和工业领域的算计和谋划的秩序之中。如果说《爱欲与文明》集中阐明的是个体灵魂中心理学范畴演变为政治范畴的具有普遍性的原理，那么在《单向度的人》中，马尔库塞将继续把这种原理推进到现实的工业环境中来，去解释在发达的工业社会中，艺术的异在性消逝，逐步形成一种压抑性的反升华的演变轨迹。他认为现代社会中的压抑性的反升华源自于原本相互对立的快乐原则和现实原则在"性以社会建构的方式被自由放任了"③ 的情况下得以调和，使升华了的冲动成为了技术现实的社会控制的副产品而发挥作用。劳动的机械化在表面上节省了力比多，似乎给生命的本能能量的实现提供了方便，却

---

① 〔美〕赫伯特·马尔库塞：《单向度的人——发达工业社会意识形态研究》，刘继译，上海：上海译文出版社 2008 年版，第 181 页。

② 〔美〕赫伯特·马尔库塞：《审美之维》，李小兵译，桂林：广西师范大学出版社 2001 年版，第 60 页。

③ 〔美〕赫伯特·马尔库塞：《单向度的人——发达工业社会意识形态研究》，刘继译，上海：上海译文出版社 2008 年版，第 59 页。

阻碍了以往力比多的实现方式。机械化的技术理性崇尚的效率成为人们竞相追逐的新的理性，这样一来，个体由之获得快感、愉悦的外在环境被严格地缩小，原本靠身体体悟的审美环境被人工建造，空间被局限在极其精确的时间段里，生活世界不再是爱欲化的了，而被压缩为性与肉体的体验和满足。由此，压抑性的反升华使艺术的超越性和异在性摇身一变成为塑造我们极权人格的东西，我们虚假的幸福意识也随着产生。

马尔库塞值得被称为英雄的一个原因在于即便他发现了在生活、文化、思想、艺术和政治等各个领域，理想的超越性早已被严密的统治体系所迫害的情况下，他仍然坚定地通过革命性的视角具体地构想了一个能够救赎技术社会的理想的完美境界。马尔库塞重构技术的逻各斯的方法在于在技术与艺术之间架设一种特殊的关系，通过创造一种艺术的技术合理性，将理想主义融入到工具性概念之中，也就是依赖于美学的"还原"特征去改造自然对象和处于异化中的人。对于美的"还原"性方面的理解，马尔库塞受到了黑格尔的启发，认为"艺术把某一对象存在于其中的当下的偶然事件，还原为对象在其中呈现出自由的形式和特征的一种状态"①。他要在发达工业社会中通过"诗意的"想象和感性的价值的重新结合生成新的合理性，并且利用技术进步所带来的福音——终结了生存领域内的斗争——对技术政治学进行新的探究，这也可以说是一项政治美学化的探究。继本雅明和阿伦特逐渐推进将艺术推广到政治中的研究，马尔库塞也加入了深化"政治美学"的主题研究中来。可见，单向度的社会是马尔库塞政治美学所批判的对象，在寻找美成为现代技术统治的附属物的症结所在的过程中，他还发现技术进步的同时，在客观上为形成与社会和谐共生的技术文化提供了某种智力保障和物质基础，但这需要社会公民通过建立美、秩序、适当性等共识，去扭转技术与人性之间的对立才会实现。也就是说，发达工业社会不仅

---

① 〔美〕赫伯特·马尔库塞：《单向度的人——发达工业社会意识形态研究》，刘继译，上海：上海译文出版社 2008 年版，第 189 页。

是马尔库塞进行技术批判的现实指向，还是他将美学理想的政治实现进行世界历史性实验的可能性场域。他将在单向度的社会中创造一种依靠具有持久的否定性的想象力，以此来维护客体自身之中的潜能性，而这种潜能性也只有通过想象力才能获得社会实在的美学判断进而被人类认知。马尔库塞借鉴了康德对想象力能协调感觉和理性的观点，他确定想象力也可以调和生活体验和技术原则，并将自然融合进历史的发展进程中去。那么，尊重事物的潜能的可能被救赎的技术也完全可以被创造，在新的现实原则下，新的感性和被解放了的科学也能在美学品格的创造中相结合。科技必须改变目前的方向，只有被改造为肯定生命本能的尊重想象力的解放性技术，才有可能成为自由的助推器。尽管这种设想证明他仍然没有摆脱古老的形而上学思路而被诟病，但马尔库塞向我们传递了充满希望的政治讯息，他以崭新的视角向我们展示了"文明政治"构建的可能，"这种政治是一种集体性的自我定义，它所关注的不是权力、法律和制度，而是关注人性真正的意义"①。

## 二、苏联社会

从 1932 年开始，马尔库塞就已经用马克思的哲学思想去解释和研究马克思主义的政治经济学和劳动价值论，尝试着将马克思塑造成一位人本主义的思想家、哲学家，他对《1844 年经济学哲学手稿》和《德意志意识形态》的研究倾注了极大的热情，这使他暂时中断了对政治经济学的研究，将全部的精力放在对哲学的关注上。到了 1941 年，出于现实条件的需要，马尔库塞加入美国国籍，在华盛顿战略研究局担任研究员。因此，他在刚刚建立起的批判哲学基础上进入社会学领域的研究。马尔库塞本以为在美国这样的新兴资本主义国家，人们会享受充分

---

① 〔加〕安德鲁·芬博格：《海德格尔和马尔库塞——历史的灾难与救赎》，文成伟译，上海：上海社会科学院出版社 2010 年版，第 109 页。

的自由，然而在从事情报工作期间的现实经验让他对美国的看法发生了改观：即使在资本入侵历史较短的发达工业社会里，还是难以寻到当局对人性的真正关注。与此同时，在理论上，马尔库塞关注到马克斯·韦伯在《经济与社会》中的那句话，即"官僚体制是现代大众民主普遍的伴随物"①。韦伯的对大众和官僚体制之间关系论证，仿佛给马尔库塞递过了一把锋利的匕首，去划破极权主义的神秘面纱。加上此时他还受到了同僚霍克海默在《理性的终结》中所提出的技术理性的工具主义概念的影响②，再对韦伯所说的官僚体制加以反思，他找到了其症结在于技术理性，并将这一段时间的思索结果写进了《现代技术的一些社会含义》一文中。正当他要借此成果继续深入对美国的自由政体的批判时，珍珠港事件的爆发使他离开了华盛顿战略研究局，中断了研究进程。1952 年至 1955 年期间，马尔库塞分别在哥伦比亚大学俄国研究所和哈佛大学俄国研究中心任职，继续从事他曾在第二次世界大战（以下简称二战）期间所进行过的苏联研究，并在此期间完成了《苏联的马克思主义》的写作。

马尔库塞在构思与写作《苏联的马克思主义》时，虽然由于工作上的客观原因不得不从他所感兴趣的哲学领域返回到社会学和经济领域，但他也没有放弃对哲学领域内的意义和价值的追求，依然执着于通过具体可行的实践去寻找在现实世界中遗失的形而上学意义上的美和善，这种实践方式就是对现存秩序的批判。他选择苏联作为批判的对象，是因为他发现苏联已经成为一个极权主义的发达工业国家③。马尔库塞和许多左翼知识分子一样发现苏联并不是真正的共产主义伦理的现

---

① 〔德〕马克斯·韦伯：《经济与社会（下卷）》，林荣远译，北京：商务印书馆1997 年版，第 305、310 页。

② H. Marcuse, *Technology*, *War*, *and Fascism*, Douglas Kellner( ed.), London：Routledge, 1998, p.56.

③ 程巍：《否定性思维》，北京：北京大学出版社 2001 年版，第 201 页。

实化，而只不过是一个由大型机器生产线所组织而成的极权主义政治化身。这与马尔库塞心中的符合人性的社会主义伦理观相去甚远，由此他得出结论：苏联并非如同官方认定的那样，已经实现了从必然王国向自由王国的攀升，它也没有打破实然和应然的界限。此时的马尔库塞，虽然已经参加社会工作将近二十年，但他的身上还依然保存着理想化的书卷气，他反思与批判苏联社会实际的方法仍与黑格尔一样，按照目的论的方式去解释历史。① 而他所创立的政治美学批判思想的独特之处在于，他以政治问题为研究对象，以人道主义的伦理价值为评判标准，以美学理想为救世方案，在现实历史境遇中，重塑一种朝向潜能回归的新的政治经济秩序，它更符合自由人性。他认为只有在这样的社会里，每个社会成员才能像马克思所说的那样自由地发挥出自己的潜能，并且形成关于美的秩序认同。带着这样的价值预设去深入挖掘苏联从经济到政治、到意识形态，再到伦理价值观的方方面面的疏漏之处，使他在无意之中站在了上帝视角俯视这一切，这也是后世学者批评他忽视了苏联所面临的国内外严峻形势的依据。麦克伦泰便是其中一员，他说："依据理想化理论来判断实际的不足是青年黑格尔主义的核心，在《苏联马克思主义》之中，青年黑格尔主义又一次复活了；遗憾的是，它变得衰老了。"②

可见，在马尔库塞的认知与体悟中，真正的社会主义不是一种制度形式，而是一种美学与伦理标准，他所做的工作仍旧和他在研究美学和哲学的早年经历一样，致力于审美理想的具体化。马尔库塞认为即使处于工业化中的苏联工人阶级也没有能力按照理性重建秩序，除非理性代表效率和国家，而不是自由。他反对苏联披着马克思主义的外衣，给予

---

① 〔英〕阿·麦克伦泰：《马尔库塞》，詹合英译，长沙：湖南人民出版社 1988年版，第 66 页。

② 〔英〕阿·麦克伦泰：《马尔库塞》，詹合英译，长沙：湖南人民出版社 1988年版，第 75 页。

人民以虚假的自由，摧毁了人和自然客体自身的价值，将马克思主义包装成为政治高压的理论依据而进行实证解释，抹杀了马克思主义哲学中所蕴含的丰富的美学理想与人道主义内涵，用工业化的生产和国家政治去代替寄予在马克思主义哲学理想中的伦理与意义世界，消除人类思维中的超越性和否定性，使他们从根本上丧失自我意识，变成单向度的生产工具，因此也不再追求真理和潜能的实现，而是把马克思主义当作实证性的教义和僵化的规律。因此，马尔库塞写作《苏联的马克思主义》的两项基本任务分别是：（1）批判苏联的马克思主义与马克思的原意相悖；（2）重建苏联与马克思之间真正的连续性，"把苏联的马克思主义表述的公开理论形式与其实际的意义区别开来"①。

《苏联的马克思主义》一书共分为两个部分，第一部分是"政治学原理"，第二部分是"伦理学原理"，其中第一部分所占的篇幅较大，主要呈现的是苏联马克思主义在社会和政治实践中所依赖的教义式的概念②，"因此第一部分集中于构成苏联马克思主义基础的客观因素"③。第二部分阐明的是苏联式的伦理——"共产主义精神"的所指，"涉及主观因素，也就是涉及'人的材料'"④。马尔库塞通过对苏联的经济（工业化和技术化）、政治（"行为科学"式的极权主义）、艺术（社会主义的乐观现实主义）及伦理（"外在化"的意识形态）等方面进行系统论述，得出了一个结论：苏联和资本主义的发达工业社会共同存在着由技术理性所构成的极权主义的根基，"重工业的持久优先地位使一种

---

① 〔美〕赫伯特·马尔库塞：《苏联的马克思主义》，张翼星、万俊人译，北京：中国人民大学出版社 2016 年版，第 6 页。

② 也可以表述为苏联马克思主义对马克思原意的曲解，以及这种错误在现实体制中的表现。

③ 〔美〕赫伯特·马尔库塞：《苏联的马克思主义》，张翼星、万俊人译，北京：中国人民大学出版社 2016 年版，第 7 页。

④ 〔美〕赫伯特·马尔库塞：《苏联的马克思主义》，张翼星、万俊人译，北京：中国人民大学出版社 2016 年版，第 7 页。

压抑的极权主义集中制得以继续"①。即使是世界上第一个社会主义国家，也面临着发达工业社会中的人性异化和美感消失等困境。马尔库塞认为这个问题出现的哲学原因在于苏联领导人（主要是列宁和斯大林）在向社会主义过渡时，对马克思主义的辩证法这个基本原理的理解背离了马克思。斯大林主义将辩证法当作控制着自然和社会变化的因果律，认为自然辩证法是先于并独立于社会历史而存在的，与人类思维和意识无关。由此推之，向社会主义过渡也要遵循辩证法这条铁律，与无产阶级的阶级意识和主体性无关。这样一来，无产阶级只要服从这条铁律，共产主义就会到来。可见，他改变了辩证法作为一种思维方式的内在功能，成了僵死的教义体系。再加上列宁的物质定义更加使马尔库塞确信列宁对物质的理解使其滑入了二元论，他引用了列宁的"（社会发展）独立于人类意识和意志而起作用"，断定列宁忽略了马克思的实践观点，从而陷入了消极的反映论中。在马尔库塞看来，正是这样的原理导致苏联在具体操作层面拒绝无产阶级的意志和诉求的满足，按照规律评定一切，使人一味服从，形成了极权性人格，即资本主义的工业社会之后，又统一生产出了一大批单向度的人。苏联的无产阶级是如何逐渐丧失掉他们的主体意识的，马尔库塞又主要从以下四个方面进行剖析。

在经济上，苏联马克思主义以目的的正当性掩盖了手段的非人道性，导致苏联陷入了对工业化和技术化的盲目崇拜。马尔库塞认为，斯大林过于看重两大阵营的对立，列宁指出在相对薄弱的帝国主义链条上产生"一国社会主义"理论，都是在强调与西方工业社会在"共存"的状态下争夺生存空间的政治策略。这在客观上强化了西方发达资本主义社会的逻辑，使社会主义和帝国主义在本质上成为同一种技术经济，

---

① 〔美〕赫伯特·马尔库塞：《苏联的马克思主义》，张翼星、万俊人译，北京：中国人民大学出版社 2016 年版，第 4 页。

即"把机械化的工业作为将社会生活的所有领域进行组织化的主要手段"①。表面上这两种工业文明是相抗衡的，但一方的弱势成了另一方得以存在并增长势力的力量，"在西方工业社会里，其弱势来源于日益狭窄的世界市场和严重的社会、经济混乱中生产过剩的经常性危险。……另一方面，苏联体系仍然遭受着生产不足的祸害，它要借助各种军事、政治措施才能与先进的西方世界长期抗衡"②。苏联正是出于改变经济落后的现状的迫切需要，才优先发展决定生产力水平的经济与技术，而理所当然地鼓动和要求人民压抑自身的感性需要。马尔库塞反对苏联领导人为了证明其极权政策的合理性，对马克思后期的政治经济学思想胡乱援引，让人们以为正是马克思提出的"历史的进步是通过生产力的发展，而生产力的发展，并不是自由的实现，而是为自由创造了前提"③。这样一来，为了实现每个人自由而全面的发展，则不得不偏重工业化和技术化的发展，手段和目的就被混为一谈了。

在政治上，为了实现与配合过激的经济政策，苏联还制定了将国家利益凌驾于个人自由之上的过激的政治措施，这使苏联马克思主义体现为实证性和工具主义的特征。因为苏联的马克思主义被用来论证、解释、促进并指导现存的压抑性政策的合理性，因而是一种"行为科学"④。苏联所理解的"民主""和平""自由"等词汇的含义是不同于西方世界的理解，在苏联它们只能是"革命"和"无产阶级专政"的意思。马尔库塞认为苏联社会执行的"命令经济"（"计划经济"）政

---

① H. Marcuse, *Soviet Marxism*：*A Critical Analysis*，New York：Columbia University Press，1958，p.2.

② 〔美〕赫伯特·马尔库塞：《苏联的马克思主义》，张翼星、万俊人译，北京：中国人民大学出版社 2016 年版，第 4 页。

③ H. Marcuse, *Soviet Marxism*：*A Critical Analysis*，New York：Columbia University Press，1958，p.2.

④ 〔美〕赫伯特·马尔库塞：《苏联的马克思主义》，张翼星、万俊人译，北京：中国人民大学出版社 2016 年版，第 6 页。

策，违背了马克思的经济基础决定上层建筑的原理。在苏联，国家理性
如同黑格尔所说的那样是一切个人理性的来源，是符合韦伯的"合理
性"概念的，即要依照理性化原则进行社会整合，强调制度化和效率。
这在马尔库塞看来，国家作为上层建筑，其权力超过了经济基础，按照
马克思的原意来说是经济基础决定上层建筑，市民社会决定国家。苏联
却在官僚体系没有建成一个符合人民整体利益的经济基础的情况下，通
过操纵国有经济，将经济基础的性质包装成为一种虚假的公共利益，实
际只满足了自己这个特权阶层的利益。马尔库塞认为官僚主义能够代表
国家去压制民众的根源在于技术成为了新的理性标准消灭了"私我"，
使苏联价值走向了"外在化"。这就是"对机器的一种标准化的统一态
度以及屈从于其的态度"①。

在文化与艺术等意识形态上，苏联借助于"魔法"取消了现实和
理想的差距，让民众将苏联的现实误认为是理想的表达，使艺术和文学
等文化形式失去了与现实之间的距离，无法做到对现实的真正反思与批
判，这样一来，它们就变成了一种对民众的欺瞒，不再是真正的现实主
义，而是一种虚假乐观的社会主义。说苏联的文学与艺术向民众传达的
是对社会主义的虚假乐观精神，是因为马尔库塞批判的现实主义不是
19世纪的批判现实主义文学，他所批判的是对苏联的经济与社会政策
歌功颂德的虚拟"现实主义"。批判现实主义文学形式没有泯灭理想和
现实的差距，而是号召读者们以理想中的伦理准则和美学标准为对照，
再如实地描绘现存制度中的各种不人道现象，引发人们对资本主义制度
的不满和批判。而苏联的这种现实主义，是在混淆理想与现实的基础上
形成的现实主义，其实这是一种"乐观"的理想主义。马尔库塞用黑
格尔的美学观与之比较，论证艺术的本质特征在于异在性，这其实是后
来写《审美之维》的初衷所在，而且艺术的异在性特征贯穿着马尔库

---

① H. Marcuse, *Soviet Marxism*: *A Critical Analysis*, New York: Columbia University Press, 1958, p.84.

塞政治批判的始终，在他的《单向度的人》中也出现过对这个概念的探讨，他认为，艺术是为理想而服务的，"理想与现实的差异使艺术从事于理想的表现，本质上是非自然主义的"①。就这样，苏联的现实主义文学与艺术就借助于"魔法"，把人对内心的反思带向对"机器和速度"的狂热中，让人们相信苏联社会现实就是已经实现了的乌托邦。当人们以为理想已经实现后，艺术的功能也随之发生改变，它取消了意义、目的和价值的客观性和独立性。这些在马尔库塞看来都是魔法教义，因此要进行"内在批判"。

在苏联的伦理精神方面，马尔库塞认为苏联所坚持的伦理原则是"新"的共产主义精神。称之为"新"共产主义精神，是因为至少在他眼里，苏联所确信的共产主义伦理是非人道主义的，不符合马克思的每个人都自由而全面的发展。马尔库塞是模仿韦伯的"资本主义精神"一词创造了"共产主义精神"。虽然资本主义和苏联的共产主义是两种完全不同的体制，经济基础和生产方式也存在根本区别，但是马尔库塞发现了二者的共同点：都是通过整体的工业化和高效的管理模式整合人力资源和技术资源，提高政治的集中化和行动的一致性。资本主义社会使人们丧失掉批判精神的方式是由私有制基础上产生的对私人权力的自动"认同"，而他们没有察觉到的是，这个私人权力实际上是由少部分特权阶级所提供的，这里的"认同"类似于葛兰西的市民阶层对当权者决定的"同意"；苏联的共产主义精神则是从行政命令的角度强制人民延迟本能需求的满足，投入到高强度的生产作业中去，因此它否定私人性，主张"价值的外在化"，也就是清除掉"思想和良心的私我、家庭的私我"② 观念后的国家伦理精神。

---

① 〔英〕阿·麦克伦泰：《马尔库塞》，詹合英译，长沙：湖南人民出版社 1988年版，第 69 页。

② 〔美〕赫伯特·马尔库塞：《苏联的马克思主义》，张翼星、万俊人译，北京：中国人民大学出版社 2016 年版，第 122 页。

马尔库塞认为苏联的共产主义伦理具有四个特征：（1）群体的伦理；
（2）团结和纪律的共产主义伦理；（3）知识主义的伦理；（4）工具
主义的伦理。这四个特征都反映了马尔库塞所批判的是缺乏主体性和
自我反思性的虚假人道主义伦理。

　　我们发现，马尔库塞并不是从生产、分配、交换和需要等生产力与
生产关系的内部环节去剖析苏联的问题，而是以美学的哲学意义上的个
人主义的自由作为评判苏联社会制度是否人道、是否允许人们向与现实
存在一定距离的潜能性空间攀升的标准。他经过大量实际调查，发现苏
联的社会缺陷与资本主义一致，都是技术理性压制了艺术理性，对物质
经济的偏重而弱化了审美的伦理功能，给极权思维提供了滋生的土壤。
实际上不论是资本主义的发达工业社会，还是苏联的马克思主义，都没
有"以满足全社会以及社会每一成员的需要为目的而生产"①。这也说
明马尔库塞没有真正地回归到真正的马克思主义的本源上，至少他没有
将思想的落脚点确立在现实的人的具体需要上，而是归因到美学式的人
性和本能上。人的需要不仅有现实的衣食住行方面的客观需要，也有
"按照美的规律"去生产的精神需求，所以需要不断进行物质和精神的
双重生产活动而将自己的本质力量对象化，"通过生产，不仅可能保证
一切社会成员有富足的和一天比一天充裕的物质生活，而且还可能保证
他们的体力和智力获得充分的自由的发展和运用"②。资本主义的生产
不是为了满足现实的人的需要，而是为了追求一种目的在外的实践，这
种实践的目的是资本增值，就是说，是占有剩余劳动，生产剩余价值，
利润。而苏联并非以攫取剩余价值为目的，但至少证明了马尔库塞所抨
击的官僚主义问题能够给所有社会主义国家以警示，也从人道主义理想
的维度说明了，"对当代社会主义来说，它的经济基础既不是私有制商

---

① 恩格斯：《反杜林论》，北京：人民出版社 1999 年版，第 293—294 页。
② 《马克思恩格斯选集（第 3 卷）》，北京：人民出版社 2012 年版，第 322 页。

品经济，也不是公有制计划经济，而是社会主义市场经济"①。

## 三、纳粹极权主义

马尔库塞之所以能够在美国这样高度发达的资本主义国家发现技术理性——一种全新的极权主义统治方式，并能够敏锐地捕捉到这样的信息——世界上第一个社会主义国家苏联竟然也存在着极权主义官僚体制和思维方式，这些都离不开他在 20 世纪 30—40 年代对纳粹德国的极权主义，以及作为它的哲学根源的政治存在主义的研究基础。

20 世纪 30 年代中期开始，马尔库塞随着其他法兰克福学派成员的步伐投身于对德国的纳粹极权的思想史根源以及家庭与权威主义之间关系的深入研究。除了受命于研究所对成员的要求因素之外，令马尔库塞感到疑惑的是为什么以理性著称的德国会沦为一个受纳粹极权操控的非理性的国家，于是他开始了揭示纳粹极权主义本质的政治探索，重点论述集中在《论权威》《极权主义国家观中的反对自由主义的斗争》《理性与革命》和《萨特的存在主义》等文章和论著之中。早在师从于海德格尔的弗莱堡时期，马尔库塞就对存在主义现象学产生过浓厚的兴趣，但随着海德格尔的存在主义的非现实性使其欠缺历史总体性，让马尔库塞逐渐远离了它。1934 年在研究所杂志上发表的《极权主义国家观中的反对自由主义的斗争》也透露出他背离海德格尔的另一信号，就是对政治存在主义的批判。根据卡尔·勒维特的看法，海德格尔对国家社会主义的忠诚的根据就蕴藏在他的存在主义政治哲学之中，而"他的'历史性'概念是其政治'介入'的根据"②。这样看来，马尔库塞非常隐晦地提出了一种构想，纳粹极权主义的哲学根源与存在主义

---

① 胡义成：《人道悖格——马克思主义人道主义新论》，北京：华夏出版社 1996年版，第 248 页。

② 〔美〕理查德·沃林：《存在的政治——海德格尔的政治思想》，周宪、王志宏译，北京：商务印书馆 2000 年版，第 97 页。

有着密切的关系，而这种隐秘的关系早在弗莱堡时期就慢慢地被马尔库塞警觉。可以说，海德格尔的历史性范畴就已经暗示了一种个体主动地屈从于超越个体之历史天命的最终需要。具体到萨特的存在主义哲学中，自为的自由则体现为一种激进的历史越轨的政治行动，这也是马尔库塞在《理性与革命》里将纳粹主义的哲学基础归结为存在主义之后，又于 1948 年继续对萨特的存在主义进行批判而写作《萨特的存在主义》的原因之一。

首先，马尔库塞在《极权主义国家观中的反对自由主义的斗争》一文中阐述了极权主义国家观产生的历史根源。随着总体—独裁主义国家的建立，"'英雄民众现实主义'成了指导理论"①。这种理论思潮最重要的来源是"人的英雄化"②，它与世界第一次大战（以下简称一战）战后人们对唯理智论的反对息息相关，这使"资产阶级存在的'败血症'受到一种英雄式的升级主义意识形态的挑战"③。人们越来越厌烦被过分地理性化和技术化的生活，于是把改变这种枯燥现实的愿望寄托在新的英雄形象上，自发地服从于血与土的力量，可正是对领袖的幻想却暗中滋养了他们对外在"黑暗力量的顺从"④。而马尔库塞又在 1948 年从对萨特的存在主义的批判中继续剖析了民众反智主义倾向的根源。在战后的国家垄断资本主义国家里，曾经由"我思"确立的有意义的理性宇宙都土崩瓦解，人们身处在被抛入的世界中，上帝早已不代表世界最深处的本质，于是主体和他所在的世界变得荒谬，失去目

---

① 〔美〕赫伯特·马尔库塞：《现代文明与人的困境——马尔库塞文集》，李小兵等译，上海：上海三联书店 1989 年版，第 259 页。

② 〔美〕赫伯特·马尔库塞：《现代文明与人的困境——马尔库塞文集》，李小兵等译，上海：上海三联书店 1989 年版，第 260 页。

③ H. Marcuse, *Towards a Critical Theory of Society*, Douglas Kellner（ed.），London and New York：Routledge, 1998, p.19.

④ 〔美〕赫伯特·马尔库塞：《现代文明与人的困境——马尔库塞文集》，李小兵等译，上海：上海三联书店 1989 年版，第 261 页。

的和希望，而厌弃体系化并热衷于解释荒诞的本体论含义的存在主义哲学成了人们的新宠。然而，萨特却宣布了极具迷惑性的结论，即使在落入法西斯统治中身处于最恶劣的极端境遇中的"自为"的主体"我"和"我们"，也可以通过行动实现"内在自由"这种根本的存在结构，这里的"我"象征着个体意识，而"我们"则暗示一种集体意识。①马尔库塞认为这是萨特将哲学的存在主义强行包装成为意识形态的小伎俩，因为萨特"以'内在的'自由的方式去解释人的自由，还公开地将自己的哲学与无产阶级的革命解放理论联系在一起"②，这会产生明显的矛盾，即使人面对现实的奴役也能通过与非本真存在进行否定和决断实现自我超越，而不选择或继续接受奴役也代表另外一种构造超越性的人类自由的存在方式，且得出人的存在就等同于自由本身的结论，这实际上是取消了自由。而且，人们在过度醉心于内在自由而忽视外在制度上的自由的同时，"就有可能把外部的不自由视为某种宿命"③，这样无意间将自己的权力交到外部权威的手上，于是由虚无走向对暴力的崇尚，如此一来笛卡尔的"主体"便被尼采的"权力意志"所代替，代表着"原始所与"的非理性力量的"生命"概念成为了"人的英雄化"哲学证明。这种生命哲学仅仅从尼采那里吸收了"不平等、毁灭和悲哀"④，到了社会学领域就发生了变异，发展成为"英雄民众现实

---

① 〔美〕赫伯特·马尔库塞：《现代文明与人的困境——马尔库塞文集》，李小兵等译，上海：上海三联书店1989年版，第27页。

② 〔美〕赫伯特·马尔库塞：《现代文明与人的困境——马尔库塞文集》，李小兵等译，上海：上海三联书店1989年版，第7页。

③ 程巍：《否定性思维——马尔库塞思想研究》，北京：北京大学出版社2012年版，第42页。

④ 〔美〕赫伯特·马尔库塞：《现代文明与人的困境——马尔库塞文集》，李小兵等译，上海：上海三联书店1989年版，第262页。

主义"① 的思潮。这种思潮的外在表现是整体主义，它不问每一总体是否必须首先在个人的法庭面前为自己辩护，证明个人的潜力和需要能在总体中得到实现，总体就成为神秘化的公理，人们在行动之前也无需经过理性的法庭去审判"国家""民众""集体"存在的正当性，行动和行为本身就等同于自由，存在本身优先于本质，再不需要理性的证明，人类的行动不再受通过概念思维去领会的真、善、正义的理性功能所支配，因为非理性的"自然""血和土""民众性质""存在事实"已经置于理性的自律之前。在先验的"自然规律"之中，普遍利益和私人利益之间的斗争会在总体的和谐中被消融，只有以非理性为基础的民族共同体——"总体国家"，才能解决国家和市民社会中的敌对关系。由此可见，萨特哲学中"自为"与"自在"的二元对立使曾经宣扬自由的存在主义哲学成为接受现实的托词，沦为了作为极权统治武器的政治存在主义。

其次，马尔库塞在此时期关注到了政治存在主义在反自由主义的斗争中走向极权主义的经济层面的原因，揭示了总体国家观和自由主义在总体框架和基本经济结构的相同之处，那就是在企业家私人自主性基础上的私有企业来组织社会②，并暗示了自由主义与极权主义的内在关系。因此，《极权主义国家观中的反对自由主义的斗争》被杰伊认为是"辩证思维的范例，它把极权主义既视为对自由主义的一种反动，又视为对自由主义的某些倾向的延续"③。紧接着在《萨特的存在主义》一文中，马尔库塞进而揭示了存在主义哲学给予自由主义经济生活的正当

---

① 〔美〕赫伯特·马尔库塞：《现代文明与人的困境——马尔库塞文集》，李小兵等译，上海：上海三联书店 1989 年版，第 265 页。

② H. Marcuse, *Negations*, London: Penguin Books, 1972, p.10.

③ M. Jay, *The Dialectical Imagination——A History of the Frankfurt School and the Institute of Social Research*, 1923–1950, Berkeley: University of California Press, 1996, pp. 121–122.

性说明："在存在主义的虚无主义言词后面，暗藏着自由竞争、自由创造、机会均等的意识形态。每个人都能'超越'他的处境，完成他的计划：每个人都享有绝对的自由选择。"① 这就是说，马尔库塞认为萨特的存在主义恰切地说明了自由与暴力之间能够相互转化的原因在于"虚无"，而这种"虚无"诞生于极端境遇之下仅强调了内在自由，这也导致了理性的私人化。随着社会冲突和经济危机的加剧，它使"自为"的主体取消了个人与国家、阶级之间的分化，"随时准备承认'自然的'特权和偏爱。在自由主义对天才的经济领袖、对'天生的'总经理的欢呼中，具有超凡魅力的、独裁主义的领袖的观念已经预先形成了"②。因此，自由主义向总体国家转变的经济基础仍然是资本主义社会中的以独立的个人企业家和自由竞争为基础的商业和工业资本主义，在向垄断资本主义转变的进程中，自由竞争内在需求的满足则需要一个能动员起所有暴力手段的强大国家。在垄断资本主义社会的经济结构中，存在着整体主义的现实基础，经济的发展需要强烈的整体主义。

马尔库塞对纳粹主义总体国家观的批判以及对其与自由的内在逻辑的揭示，让我们看清楚了极权主义的三个组成部分，即整体主义、自然主义和存在主义。正是因为独裁国家中的民众放弃了理性反思，而将自由的实现寄托在某个外在权威上，使他们对"物"产生了迷恋和盲目相信的情绪，体现在"自为"本身中的私人化的"我"上，则是把身体等同于"物理—生物"的"物"。然而，马尔库塞并没有局限于这种认识，他把"身体"当作人获得自由的生物学基础，并由此推导出以"新感性"为基石的政治美学革命理论。另外一种将"物"当作外在权威的表现就是德国纳粹主义对英美经验主义和实证主义的追捧，集中体现在"机器"或"技术"上，这种经验实证主义被马尔库塞在《理性

① H. Marcuse, *Studies in Critical Philosophy*, London：NLB, 1972, p.161.

② 〔美〕赫伯特·马尔库塞：《现代文明与人的困境——马尔库塞文集》，李小兵等译，上海：上海三联书店 1989 年版，第 280 页。

与革命》和《现代技术的一些社会含义》中归纳为极权主义的思想根源。纳粹国家正是出于对"现代化"和"工业化"的强烈要求，才在政治上推行非理性主义的存在主义，影射到纳粹国家的经济生活和管理制度上，则体现出一种效率化的准军事化的管理模式。

由此可见，马尔库塞早期对极权主义的政治表现、经济基础、思想史的形成及哲学根源的透彻分析，使他能够敏锐地捕捉到发达工业社会甚至是社会主义国家中蕴藏着的极权主义的影子，也为他接下来从艺术与美学革命性和政治性的普遍性原理的角度去系统阐述他的政治美学的内部要素，找到了现实的批判指向和问题导向，这也是马尔库塞美学思想鲜明的政治性的内在体现。

## 四、肯定性的文化

理性和感性自人类有了自我意识后就成为人类文化发展历程中的永恒课题。自由和解放究竟是依靠历史性的感性还是向往着神的智慧的理性？我们可以从他对西方理性主义文化（即肯定性文化）的批判中得到启发。

### （一）单向度的肯定性文化是理性主义与非理性主义的混合物

马尔库塞的思想曾经被波兰学者科拉柯夫斯基评价为"奇怪的混合物"①。这是因为他总是习惯把两个相对立的概念统一起来，其中理性主义和非理性主义在他的思想发展中经历了多次转折与结合，甚至很难完全区分和割裂开。例如，他向海德格尔求学时，受其生存论影响，关注人的感性生存状态；研究黑格尔的本体论时，将黑格尔的辩证法和狄尔泰的生命哲学相结合，将黑格尔的理性主义改造成非理性主义。他

---

① 陈学明：《"二十世纪的思想库"——马尔库塞的六本书》，昆明：云南人民出版社 1989 年版，第 196 页。

还高度赞扬了马克思《1844年经济学哲学手稿》中的人道主义，将其与资产阶级理性主义相对立，理解为反理性主义。他在《理性与革命》中又重新解读黑格尔，不再贬低理性主义，反而将理性提升到革命的高度。然而，在接下来的《爱欲与文明》中，马尔库塞以弗洛伊德的非理性学说为理论基础，对爱欲、本能展开了详尽的论述。在《单向度的人》等后期著作中，马尔库塞认为传统哲学和概念思维比分析哲学和实证主义具有否定性和多维性，对于理性的态度并不是单纯的排斥。他在《论解放》中提出"新感性"的内涵，强调感性的力量，但要在社会中重建基于新的基础上的感性和理性的统一。他在《艺术与革命》中阐发了艺术的革命性和批判功能，显然属于非理性的延续。他在《审美之维》中完成了审美乌托邦的建构，在美学领域中实现了感性与理性的统一。如果我们不去深入探究马尔库塞对理性和感性的不同时期的理解和联系，就轻易地给他的理论体系贴上"思想混乱"的标签，显然是对马尔库塞不负责任的评价，也难以理解其观点的深刻性。因此，我们要探究马尔库塞究竟从哪些方面定义理性和感性的，理性作为一个关键概念是否只有一种意义与属性。而这些问题被内在地包含在马尔库塞的政治美学思想的演进中。然而对马尔库塞的政治美学思想的形成过程的探索，则要从他对西方理性主义文化的辩证批判中寻找依据。我们可以在马尔库塞的早期作品《文化的肯定性质》中发现西方理性主义文化的特征，在他对西方理性主义的批判方法中，管窥其政治美学救赎的路径的产生。马尔库塞在这篇文章中通过对西方理性主义文化的哲学根基的深刻思索，得出了该文化的显著特征之一是理性和非理性的混合。我们可以通过对此文的深层次解读，分析出马尔库塞对理性和感性、理性主义和非理性主义的总体看法和基本态度。这有利于研究者们对马尔库塞的政治美学思想史的形成做出清晰的考察，有利于研究者们解答为何马尔库塞总是将理性和感性这对相反的概念结合起来作为批判西方发达资本主义社会和极权政治的有力武器。

马尔库塞所批判的肯定性质的文化，实则是理性主义文化。发达工业社会的文化形态在马尔库塞看来是一种单向度的、极权政治统治下的意识形态。这样的意识形态之下形成的文化是缺乏感受力和生命力的肯定性文化。肯定性文化至少包含两种含义，一是以崇高为特征的早期资产阶级文化与现实的距离，使人类预见到超越现实的可能性，是理性的，具有积极作用；二是在资产阶级掌握政权后利用理性文化与现实的疏离，使理性文化获得了类似宗教的麻痹性，人们在幻想的世界里得到满足，从而失去了批判现存制度的革命性，是非理性的，具有消极作用。它不仅没有把人类从被压抑的状态下解放出来，反而使人类自愿地臣服于无形的奴役之下①，丝毫没有改变人类孤独的、麻木的生存境遇。因此，马尔库塞不仅批判了理性主义文化的肯定性，也从早期的资产阶级文化中发现了它的否定性与超越性。他寄希望于将文化的否定性深入到他的社会批判理论中去，让缺乏自由的人们形成否定性的思维，重建否定性的文化来取代理性主义文化的权威。

肯定性文化样态的根源是发展成为新神话的理性主义，而马尔库塞所理解的西方理性文化与理性主义有着完全不同的内涵。西方理性文化经历了从初期的合理性到发达资本主义时期的异化过程，使理性成为了非理性，最终导致极权主义，这一漫长的历史阶段也就是他所阐述的"观念论与既存秩序握手言和的历史"。显然，马尔库塞所理解的理性不是类似于费尔巴哈式的贬义词，理性本身并无问题，但理性走向理性主义，便是夸大了理性的功能，也使价值理性、道德理性、技术理性、实践理性等多重内涵被单向的工具理性、技术理性所替代。他所认同的理性中包含了深刻的感性之维，这样的理性蕴藏了他后来在《论解放》中的"新感性"的影子。通过对《文化的肯定性质》一文的解析，可以发现马尔库塞在对西方理性主义文化的形成与批判的同时，从未否定

---

① H. Marcuse, *One-dimensional Man*, Boston：Beacon Press, 1964, p.178.

过理性的积极作用①，然而，当资产阶级文化和政治意识形态相互纠缠时，意识形态的单维性抹杀了文化的多维性，理性就会演变成为非理性。因此，马尔库塞最后给出了一条政治美学的解蔽之路，那就是用感性学—美学来恢复原初意义理性中的感性之维，激活受压抑个体的否定性思维，采取新型的非暴力革命的形式——美学革命来重建感性和理性互相统一的乌托邦社会以及否定性的文化，激发美学的政治功能。

笔者现以《文化的肯定性质》一文为例，阐释马尔库塞为何从理性统治为特征的肯定性文化引入到对政治美学的关切。我们发现了他在20 世纪 60 年代的新左派运动中所提出的"新感性"思想的影子，即试图复活理性中的原初意义上的否定性和感性维度，并认为只有在美学、艺术领域，真正的无拘无束的政治自由才能实现，而美学的艺术形式本身就富有一种激进的政治潜能。因此，利用美学之中的感性之维来代替发达工业社会的资产阶级理性主义文化，使新感性成为一种政治因素②，恢复文化的否定性，利用美学中深刻的政治批判功能，这也是贯穿于马尔库塞一生的政治美学思想的理论初衷。由此我们不难发现，马尔库塞从未否定过理性的积极作用，只是坚决反对理性走到启蒙的反面成为单维的、丧失了感性维度的理性主义，因为如此一来，理性就会演变成非理性。

### （二）肯定性文化的精神底层是西方理性主义文化

马尔库塞始终关注的是现实境遇中的个体的生存状态。因此，他对发达资本主义和现代极权主义的批判并不是以社会经济和社会结构分析为起点，而是从文化和意识形态的角度入手。他的政治实践初衷是实现理性的解放，建立一种新的理性取代政治统治的操作理性。在阅读马尔

---

① H. Marcuse, *Counterrevolution and Revolt*, Boston：Beacon Press, 1972, p.10.

② H. Marcuse, *An Essay on Liberation*, Boston：Beacon Press, 1969, p.125.

库塞的著作时，不难发现理性概念贯穿于其思想发展进程始终。他时而针对理性强调感性，时而高度肯定理性的力量，这不免成为理解其思想的难点。因此，笔者认为不妨从他对西方理性主义文化的批判中明确马尔库塞所批判的理性的含义，这需要细致地梳理西方理性主义文化和资本主义文化的根源和关系。

**1. 理性主义文化的根基与感性、理性世界分离的可能性**

马尔库塞认为资本主义文化与西方理性主义文化两者之间存在密切的关联，通过对西方理性文化传统的考察，他得出了"观念论的历史也就是成为它逐渐与既存秩序握手言和的历史"① 的结论。马尔库塞认为西方理性主义文化的根基是古希腊的观念论。观念论中蕴含着理性世界和感性世界分裂的可能性。

马尔库塞开篇则提出知识是获得真理的必要途径，在变动的情境中要依据正确的知识去实践，才能实现伦理中的良善和正义。马尔库塞提到了古希腊文化中的重知传统，这也是西方文化的显著特征之一。古希腊哲学中的知识，不仅代表事实中确定的感性真理，孕育了近代知识论和科学主义的胚胎，更体现价值与理想的理性层面。苏格拉底的"知识即美德"，将美好德行与恰切的知识这两者的重要性相提并论。所以，原初的理性精神是事实与价值、知识与伦理、实然与应然的统一。但希腊的理性主义仍隐含着理想世界与现实世界相互分离的征兆。接下来，马尔库塞重点分析了亚里士多德的知识分类，按照价值的等级高低将知识分为哲学的知识、实践的知识和创制的知识。其中，哲学的知识是"诸科学中占最主导地位的，和从属的科学相比，它起着更大的指导作用。总而言之，在整个自然中它最高贵"②。他引用亚氏在《政治

---

① 〔美〕赫伯特·马尔库塞：《审美之维》，李小兵译，桂林：广西师范大学出版社 2001 年版，第 5 页。

② 〔法〕安若澜：《亚里士多德的〈形而上学〉》，曾怡译，上海：华东师范大学出版社 2015 年版，第 25 页。

学》中按照美的目的和有用的目的将人的行为分为事功和闲暇、战争与和平，处于这两种活动之上的独立领域就是理论沉思活动。沉思和实践均是目的在内的活动，本身就是目的，是由比较富裕的自由民从事的。而创制是目的在外的活动，由奴隶从事，目的是向自由民提供必要的物质生活产品和技艺。亚里士多德强调理论沉思、实践和创制三者的统一，但是将奴隶排除在实践与美德之外，只能沉迷于低级的劳作和物质产品制造，而没有获得最高幸福和至善的权利。马尔库塞敏锐地察觉到古代西方哲学关注的个人的最高的善和幸福不会在现实的物质组织形态中实现，古代人的理想必然超越这个社会秩序的实然性。进而预见了后来资产阶级文化面临的实然与应然相互对立的局面。亚里士多德对理论沉思、实践和创制的区分开启了道德实践论和技术实践论两种传统的分化①，这意味着文明与文化、实存世界与理想世界的分裂。技术生产是依据同类物种的先在理式而模仿，创制活动本身并不是一个从无到有的创造过程，是目的在外的、只适合于奴隶的模仿活动②。亚里士多德对生活的分类，也受到了柏拉图"观念论"的影响，将实践的目的先验地设定为对至高善的接近。

马尔库塞在分析了亚里士多德的哲学思想后，又提到了柏拉图的观念论。这种观念论和资产阶级文化有一脉相承的联系，西方文化中的精英主义倾向的根源可以在观念论中找到，观念论则为理性主义脱离群众倾向提供了合法性。同时，观念论也预示了宗教和资产阶级文化的欺骗和麻痹作用。在柏拉图的理念论（观念论）中，不同种类的事物之上有不同的理念，一类事物有一个理念，造物主根据理念创造具体的事物，理念是永恒不变的、自足的，是万物追求的目的。因此，理念是本原的、第一性的，而具体事物是派生的。由理念组成的世界是可知世

---

① 丁立群等：《实践哲学：传统与超越》，北京：北京师范大学出版社 2012 年版，第 48 页。

② 苗力田：《古希腊哲学》，北京：中国人民大学出版社 1995 年版，第 490 页。

界，由具体事物组成的世界是可感世界。可知世界是高级的世界，可感世界因其变动不居、形态各异，是殊相的世界，因此是虚假的、低级的世界。可知世界和可感世界在柏拉图思想中是分离的。① 而亚里士多德用他的"四因说"弥补了这个不足，实现了由低级世界向高级世界的攀升，从潜能到现实的运动。但是，亚里士多德仍然将最顶端的形式看作"高级"世界，物质世界的质料只是潜能，只有形式才能赋予它价值，才能让它真正实现。而只有高级的世界才有终极的真、善、美，人类的终极幸福就是追求到最高的善，这种善实际上是类神的善。因此，马尔库塞说："只有借助理念由上而下的恩赐，真、善、美的东西才能与质料和素材发生联系。所有与生活的物质必需品相联系的活动，在根本上是不真实的、低级的、丑陋的。奴隶劳动的苦痛，人和物在商品世界的失落，生存的物质条件整体不断再生自己的那种毫无快感和卑下乏味的感受，都没有引起哲学的兴趣。"没有成为哲学的对象。这样"感性王国与理性王国、必然王国与审美王国"就分离了。

### 2. 肯定性的文化与理性主义文化的同质性

资本主义文化与西方理性主义的关系要从观念论的历史中去探求。那么何为肯定性的文化？在西方哲学史上，观念论发展演变到最后具有了神学和本体论意义。在古代的观念论中，哲学家职业的光环只有那些从世俗苦闷的劳作中解脱出来的精神贵族才配享有，而绝大多数人只能将有限的精力投入到为生计的操持中。但是，古代那些追寻神赐的幸福的精神贵族们，也要以奴隶的劳作延续自己的身体机能，也有其不想承认的忧虑：担忧着所有生活条件的不稳定，担忧着失落、依赖和财产的偶然性。不论观念论多想把现实的苦难世界排除在完美的天国之外，无论哲人们多不愿意承认这个竞争与劳苦的现实，他们都不得不为此而担

---

① 〔古希腊〕柏拉图：《理想国》，郭斌和、张竹明译，北京：商务印书馆 2017 年版，第 271—273 页。

忧。人先要获得肉身才能从事各种活动，显然古希腊自由民中的哲人也不否认这一点，用虚构出来的漠视苦难的观念论，来为自身凌驾于大多数奴隶之上的地位做了合法性论证。这种与生俱来的"天职"分工观，也欺骗了为他们提供生活必需的奴隶。这造成了观念中的文化与物质生产领域的文明相对立，相敌视。

新兴的资产阶级颠覆神了学体系庇护下的等级社会，以商品的形式打破了高贵的"天职"观念，取消了一切先验的门第、血统、出身带来的权利差异。为了获得群众的支持，他们许下了人生而自由平等的诺言，每个人都拥有追求美、善、幸福的权利。然而囿于阶级统治的私利，只能将曾许诺的幸福的普遍性包装成人的抽象平等。因为掌握政权的资产阶级不希望改变实际生活中的不平等，他们要做掌握"为保证幸福的维系所需的产品数量的购买力"① 的少数人，假如具体的平等和抽象的平等完全等同，那他们的优越性将无法保持。因此，"普遍平等的要求就成为一种设定，而它的对象纯属是一个理念。"② 新兴资产阶级只不过是把人曾经对神和宗教的信仰拉回到对人类理性的普遍性的忠诚上来，对与大多数人利益对立的现实只能给出"肯定性的文化"来解释。肯定性的文化就是新兴资产阶级所宣扬的具有欺骗性制度的愚民文化，与西方理性主义文化在本质上是一致的。它让被统治阶级将希望与幸福寄托在无人身的理性中，宣告肉体和欲望皆为罪恶与卑污。因此，即使肯定性的文化在革命初期具有革命性的一面，但在统治稳固之后，便开始成为压抑群众的快乐的工具。

### 3. 理性如何演变成非理性

肯定性的文化，实则自由竞争资本主义时期资产阶级构造出来的文化。与观念论本质一致的同时，也存在着细微差距。观念论的最高本体

① H. Marcuse, *Negations*, London：Penguin Books, 1972, p.8.

② H. Marcuse, *Negations*, London：Penguin Books, 1972, p.9.

是神的理念，而肯定性文化的最高本体是理性、普遍的人性、最美的灵魂。这其中唯独缺少的是灵魂中位于最低等级的人的本能欲望、肉体的快乐、直接的快感。但是，在古希腊哲学中，灵魂不仅包括理性也包括欲望。而且，马尔库塞也说过，肯定文化在根本上是灵魂的文化。① 那么，理性从何时开始与灵魂分离？理性怎么演变成为技术理性？现代的资产阶级为何不再一味追求"天界"中的满足而更注重实存中的幸福呢？这些都要从理性与灵魂的疏远化过程说起。

灵魂作为实体特性，追求着完美人性内涵。我们知道柏拉图将灵魂的能力分为低级的"信念"和"想象"，以及高级的"理智"和"理性"，这是理性精神在柏拉图认识论领域的体现。理性运用在人本学领域，则是控制情欲的能力。柏拉图将灵魂分为低级的欲望部分、中间的激情部分、最高的理性部分。② 其中，理性部分作为灵魂中有逻各斯的部分要压抑控制灵魂中无逻各斯的欲望部分。欲望部分会通向感性的快乐，"促使人们垂涎于聚敛和占有、买进和卖出"，是"爱货币"部分。柏拉图对灵魂中理性的强调，造成了与肉体的对立，肉体的快感满足要让位于控制欲望的理性，奠定了西方理性主义文化的框架。由此可以看出，在古希腊的理性主义文化中，灵魂里只有理智部分才是真正高尚的部分，欲望部分的存在则会造成人类的贪婪与灾难。虽然欲望在灵魂中地位低下，但古希腊的人性仍然是理性、感性、欲望的统一。只不过受观念论的影响，理性的人性才作为人的真正本性被古希腊先哲承认。

随着工业革命的胜利和近代知识论的兴起，灵魂在笛卡尔的实体哲学中开始分化为两个独立的区域：一方面，作为思维主体的自我；另一方面，把自我解释为灵魂（它是先验的），解释为"情欲"（爱与恨、喜与忧、羞愧、嫉妒、悔恨、感激等）的主体。笛卡尔的自我——我

① H. Marcuse, *Negations*, London: Penguin Books, 1972, p.35.
② 汪子嵩、范正明：《希腊哲学史（第二卷）》，北京：人民出版社1993年版，第780页。

思故我在，显然是以纯粹思维为主体，这种主体是排除掉来源于肉体性的我思，是真正的自我。可见在理性主义的原初体系中没有构成灵魂的东西（即个体的情感、欲望、欲求以及本能）存在的地方。康德则认为灵魂中非理性的部分实则为经验心理学研究的对象，应该与形而上学层面的理性划清界限。它属于人类理性中的认知理性的一个阶段，但尚不足以达到实践理性。此外，康德还是以科学必须把确定的可以被准确认知的东西作为研究对象，以对灵魂的整个知识的不确定性为由将经验心理学从科学领域中驱逐出去。① 到了黑格尔那里，灵魂中的"任一属性"都是绝对精神虚幻的投影和精神展开的起点，"精神才是灵魂的真实内容"②。最终，当自我意识成为精神的顶点时，灵魂的使命就已经完成。即使在最完备的理性主义体系中，也没有灵魂的独立位置。情感、本能和意志这些心理学的真正对象，仅仅被当作精神之实存的形式。至此，西方理性主义文化彻底摒弃了低等灵魂的任何属性，只保留世界的纯粹理性。

然而，理性如果完全挤压掉人的个体幸福的感性因素的话，理性就会成为非理性。马尔库塞引用了拉美特利的话，说明在启蒙时期人们不再从先验的观念论寻求个体的满足动力，而是将注意力转移到现实的历史运动中。而肯定性的文化，也由于吸收了观念论的核心，运用理性、理念与现实世界的距离性和超越性，发出了"求生存、求好的生存、求更好的生存"的诉求。这同时也是肯定性的文化在纯粹人性的观念中具有革命性、否定性一面的表现。人在这种文化的感召下以"成为一个自由人和理性人的联合体"为最终目标。此时，理性还拥有丰富的革命潜能，其中的感性部分正在被解放出来。在文艺复兴时期，"具有肯定文化特征的灵魂概念"也被要求重新重视，个性不再被漠视，灵魂中感性的愉悦被当作有待"开垦的处女地"。然而，

---

① H. Marcuse, *Negations*, London: Penguin Books, 1972, p.16.

② H. Marcuse, *Negations*, London: Penguin Books, 1972, p.17.

感性的压抑虽然被体验，经济生活中的不平等也为人所意识到，但是，人们仍将理性当作控制世界、创造新社会的唯一手段。令人失望的是，灵魂中的感性始终无法参与到具体劳动形式中去，以抽象劳动去延续商品经济，"我思"认知理性和机器大工业下的劳动分工相结合，技术理性虽然可以使更多的人摆脱贫困，但是把对自然的征服应用到对他人的征服上，变成直接物质生产者的对立物，人的关系表现为物的关系，经济的竞争使人性异化，个体的发展需求似乎只能在市场中实现，启蒙走向了反面。灵魂中的感性从纯粹理性的压制之下转移出来，又被物化的世界重新压抑。肯定文化中的灵魂指的是高贵的、完美的、超越于感性的灵魂，天然具有抗拒物化的性质。但是，它的普遍性、抽象性无法改变物质世界的社会结构和物质生存的组织，"在为更加美好的人类未来而进行的斗争中，深沉而纤细的灵魂，或许会袖手旁观，或站在错误的一边"①。这一点与阿多诺在《否定的辩证法》中对理性如何走向非理性的解释不谋而合。"在逻辑的抽象形式中幸存下来的思想要消除而无法消除的东西，或根本不是思想的东西。理性只要忘记了这一点，只要使它的产物即抽象物实体化而违反思想的涵义，就会变成非理性的。"② 马尔库塞对发达工业社会的科学技术的批判并非是全盘否定的态度，他在《论解放》中不止一次地提到新感性可以在科技进步、物质水平发展的情况下产生。所以，马尔库塞批判的技术理性是针对它的单向度、片面性，以及对感性的绝对压抑而谈的，并非是批判技术理性本身。

---

① 〔美〕赫伯特·马尔库塞：《审美之维》，李小兵译，桂林：广西师范大学出版社2001年版，第23页。

② 〔德〕西奥多·阿多诺：《否定的辩证法》，张峰译，重庆：重庆出版社1993年版，第201页。

### （三）政治美学策略对肯定性文化的解构

我们在《文化的肯定性质》中可以领略到马尔库塞对辩证理性的深刻理解与纯熟的运用。上文重点分析资产阶级文化受到西方理性主义文化传统的影响，以其虚幻的超然性和来自纯粹逻辑的抽象形式，残害和安慰着在资本主义社会中被压抑的苦闷的灵魂，它与现实的物化的世界的距离感，又使其具有革命性、否定性的一面。无论是资产阶级文化的肯定性还是否定性，都可以借助艺术和美的形式发挥出来。

在资本主义早期，艺术尚且具有革命性和否定性，代表了个体的个性、自由与幸福的憧憬。随着资产阶级对权力的集中，他们采用肯定的文化许诺给人民一个虚幻的、完满的想象空间，不断扩大理想与现实的距离。然而，艺术能够以其独特的想象力，在人的精神领域弥合两者之间的差距。因此，必然王国和审美王国之间无需中介，艺术可以直接实现二者在想象空间的同一。马尔库塞谈到莎士比亚的文学，认为"每个个体对自身是直接的：没有尘世和天界作中介。……个体与个体在戏剧中是如此接近"①。艺术中的文学作品、诗歌、散文等体裁都可以将幻想中的美从不可能变为可能，人改变世界的潜能在艺术中转化成现实，尘世被束缚的自由最终可以在艺术中得到释放。这正表现了美学在政治中释放出的非物质力量和对个体的潜意识的激发力量。②

然而，艺术始终是文化的表现形式之一，也难以逃脱肯定的文化对它的消解。因为，文化的王国在根本上是灵魂的王国，人们对幸福生活的美好愿望"既内化为个体灵魂的义务，又表现为艺术的对象"③。灵魂在与理性主义握手言和的历史过程中，其自身的性质也从最初的否定

---

① 〔美〕赫伯特·马尔库塞：《审美之维》，李小兵译，桂林：广西师范大学出版社 2001 年版，第 13 页。

② H. Marcuse, *The Aesthetic Dimension*, Boston：Beacon Press, 1978, p.6.

③ H. Marcuse, *Negations*, London：Penguin Books, 1972, p.24.

性变成了妥协性。因为灵魂对物化的敌视和清高，它还可以在商品交换领域保持自己的独立地位，不具有交换价值。灵魂也毫不介意肉体的等级，在什么样的肉体中都可能寄宿着高贵的灵魂。但资产阶级利用了灵魂这个特点，让灵魂有尊严地成为了苦难生活的唯一避难所。灵魂的这种妥协性最终使自己成为资产阶级的意识形态，向资本主义经济投降。资产阶级出于阶级利益的考虑要不断限制人们对自由的渴望，表现在肯定文化中就是用灵魂和精神将感性、快乐进行整合，限制快乐的满足，通过精神化使快乐内在化，延迟快乐在现实的外部世界中的实现，让感性受制于灵魂，便是文化教育的一个决定性的任务。资产阶级阻断民众获得快乐的途径，借助于剩余价值的生产，利用灵魂对肉体和现实的鄙视，以及观念论为基础的肯定文化的根深蒂固的地位，使工人坚定地认为在工厂里为工作出卖自己是一种道德义务。显然，马尔库塞不赞成将美与快乐割裂开，更反对用灵魂去把感性肉体的快乐改造成禁欲主义的罪恶。马尔库塞强烈呼吁的是恢复理性中感性的独立地位，用艺术唤起灵魂对美与快乐的渴望，因为快乐与美在艺术中结合会释放出无限的革命力量，击碎这个虚假的肯定文化，使受压抑的人们得到精神上的解脱。

艺术恰恰以美的形式，充分调动起形式和质料的潜能①，使感性的快乐和理想中的幸福冲破现实世界的阻隔，在一个想象的空间中得到完美的统一。因此，实现个体的感性解放和新理性的建构必须使艺术焕发出强大的革命性。美是艺术最主要的形式和特点，可以在艺术的境界中与理性融合发展成一种暴力和否定现存制度的力量，因为人借助于美的直接感性性质，才使自己置身于幸福之中。然而，美的感性力量在康德的哲学中被排除在理性之外，幸福就此与美相互分离。美只能在理性的统摄之下而存在，失去了灵魂的栖息地。这说明美绝对不能仅仅存在于

---

① H. Marcuse, *An Essay on Liberation*, Boston：Beacon Press, 1969. p.130.

感官的刺激与放纵中，一定要在精神与理性的领域中发挥出主导力量，艺术的革命性才能成为一种持续的力量。① 因此，我们可以看出，马尔库塞所强调的艺术之美，是一种形上之美，感性、快感、欲望、肉体这些非理性因素一定要和理性因素相结合，但地位必须高于理性，审美乌托邦才能成为积极的革命力量。

马尔库塞对肯定的文化所持的态度大体上是以批判为主，但也承认资本主义文化中的"观念论""灵魂""人格"由于对现实的超越和距离，也尚未窒息理性体系内潜在的否定因素以及感性的维度。然而，当资本主义从自由竞争时期走进了国家垄断资本主义时期，肯定的文化中一切精神层面的"灵魂"、伦理层面的"人格"都将被有意扼杀，文化的肯定性质获得了文化领域的绝对领导权。因此，垄断滋生的极权主义文化，一定是一种实证性的文化，不再为民众保留一丝乌托邦式的幻想空间，直接等同于现实世界。当通往理性的阶梯——感性被摧毁时，理性就演变成理性主义，这代表着理性的毁灭，知性和理性将会形成一种僵死的对立，形式逻辑取代辩证逻辑，"非理性主义正是从哲学的惊慌失措中产生的"② 。资产阶级早期宣扬的一切个性都被淹没在国家与民族利益之中，也就是英雄论者对国家的崇拜。"从前文化旨在满足在实在的幻想中对幸福的要求，而今天的文化却教诲个人根本就不应有这样的非分之想。"③ 由此可见，肯定的文化发展到极致，美的维度被技术理性和国家理性吞没，纳粹和极权主义就会产生。现实主义的文化与艺术将会取代古典的、超现实主义的文化和艺术。这在马尔库塞的《苏联的马克思主义》和《单向度的人》中都有表述。

---

① H. Marcuse, *An Essay on Liberation*, Boston: Beacon Press, 1969, p.130.

② 〔匈〕卢卡奇：《理性的毁灭》，程志民译，南京：江苏教育出版社 2005 年版，第 72 页。

③ 〔美〕赫伯特·马尔库塞：《审美之维》，李小兵译，桂林：广西师范大学出版社 2001 年版，第 37 页。

　　总而言之，马尔库塞清晰地呈现了理性文化本身走向片面的、不合理的理性主义这一演绎逻辑。在一定程度上说明了西方理性主义文化自身发展的逻辑，既是逻各斯和努斯从统一到分离的过程，也是灵魂中理智与欲望相背离的过程，还是人格、情感从理性的感性之维中剥离的过程。这些都造成了西方文化的传统基础濒临崩溃的文化危机。① 以马尔库塞为代表的法兰克福学派批判家们面对马克思主义的危机、西欧政治革命失败的危机以及阶级结构固化的危机，试图从传统文化的变异中找到切入社会历史研究的理论基点，认为在发达资本主义社会中，主观理性对客观理性的统摄根源蕴藏于人的意识和人性的变化之中。

　　正是这种西方理性主义文化自身发展逻辑，将理性的东西与它的有用性直接挂钩，把理性的人变成了决定什么对他有用的人，让理性的行动演绎成对知识的分类与推论，把思维变成机器，摒弃一切特殊性内容，追求抽象的同一，那么"纯有"就变成了"纯无"，存在与虚无的界限模糊不清，这就是霍克海默所说的主观理性。启蒙时代对诸神的反叛，使遵循事物自身价值的、独立于意志的、代表自然和社会发展自身规律的客观理性，束缚在主观理性的框架和形式内，使启蒙精神在祛魅中走到了自身的反面，成为新的神话。马尔库塞针对理性自身发展的困境，提出了以美学和艺术这种感性学来填补纯形式和纯质料之间的真空，激发美学形式本身的现实革命性和否定性，以此引发个体心灵和文化界的共振。因此，马尔库塞把美学与感性联系起来，从政治学的意义上，形成了他的新感性本体观。他在《历史唯物主义的新基础》中重新将历史唯物主义的基础建立在海德格尔的存在论上，在《爱欲与文明》中把快乐原则和爱欲相结合对现实原则进行反抗，在《论解放》中提出了用新感性重建当代社会中的理性与感性，在《反革命与造反》

---

① H. Marcuse, *Counterrevolution and Revolt*, Boston: Beacon Press, 1972, p.59.

中强调"人的本能和感官是人的理性和经验的基础"①，在《审美之维》中完成新理性与新感性的统一，都展现了他的政治美学的致思轨迹。马尔库塞的政治美学的目的就是使分裂的感性和理性在超越事实与现实的基础上完成更高层次的协同统一。因此，马尔库塞的美学与艺术思想，既不是一句逃避现实的空洞口号与想象的"清白灵魂"②，也不是让艺术完全介入现实的工具艺术观，而是强调以艺术的自律性和异在性，激发出美学形式本身与现实之间的张力。虽然马尔库塞没有开创西方马克思主义的美学批判转向，但是他的政治美学是一种解放政治的审美话语，比阿多诺和本雅明的美学理论更乐观、更有直接的现实针对性。

马尔库塞深刻认识到理性主义的胜利并不等于革命的成功与自由的解放，他企图以微观的个体生命、欲望和意志这些非理性的因素，融入宏观的社会和国家的精神结构中，去瓦解绝对化、片面化、缺乏动力的理性主义文化和工具理性思维。马尔库塞寄希望于复归理性主义文化传统中的怀疑与求善的批判力，弥合私人领域与公共领域之间的空白，恢复民主协商的理性根基，因此他的政治美学恰如其分地传达了他解放人类的使命感。故马尔库塞并没有完全抛弃理性，而是要恢复原初辩证理性中的怀疑态度和批判精神，但是他的介入现实与政治的实践哲学并没有将他引向虚无主义。这点与罗素在《西方哲学史》中所说的一样，马尔库塞与马克思都企图以浪漫主义革命重建理性主义，这也是马尔库塞创作《理性与革命》的初衷。本书认为马尔库塞的政治美学，可以

---

① 〔美〕赫伯特·马尔库塞：《工业革命与新左派》，任立译，北京：商务印书馆出版社 1982 年版，第 127 页。

② 范晓丽：《马尔库塞批判的理性与新感性思想研究》，北京：人民出版社 2007 年版，第 130 页。

说是将浪漫主义和理性主义两种反讽类型中和的一次伟大尝试①，他的政治美学的独特性在于用哲学与美学式的浪漫主义反讽为手段回归到对现实个体的政治解放中去，实现新的伦理价值的生成。矫枉则必会过正，马尔库塞的政治美学批判也不例外。在强调"新感性"与非理性因素的"功效"时，也会面临着"泛情感主义"的危险②，最终陷入为了批判而批判的怪圈，这也是许多西方马克思主义者共同的宿命，在反对一切体系与同一性中走向了先验形式与经验历史的二律背反。因此，一个时代的文化症结要在该时代的政治经济现实中寻找，坚定历史唯物主义立场也是马克思主义者不可偏废的信仰。马尔库塞的政治美学在西方理性主义文化中的产生理路，也印证了"哲学总是归根于社会生活和个人体验中。哲学也许和艺术一样，既需要理智的沉思和阐发，也需要心灵的领悟和洞见"③。

## 第二节　政治美学批判的目标：爱欲解放

20 世纪 40 年代，马尔库塞在内的大部分法兰克福学派成员为了躲避纳粹分子的迫害，纷纷迁居到了美国。他敏锐地发现了一个问题：即使是远离了纳粹统治的、奉行新自由主义的美国，也难以逃出发达工业社会对人的潜能和自由甚至是生物本能需要的全方位压抑的怪圈。"民

---

① 李金辉：《浪漫主义的反讽概念：实质、类型和限度》，载《思想战线》，2018年第 3 期，第 143 页。

② 李金辉：《浪漫主义的反讽概念：实质、类型和限度》，载《思想战线》，2018年第 3 期，第 144 页。

③ 张志伟：《西方哲学史（第 2 版）》，北京：中国人民大学出版社 2010 年版，第 495 页。

主""自由""公平"只是当局为了更稳固地控制公民的思想而编织的迷梦，它们代表的仅仅是特权阶级的政治权力。他在此时期写的《文化的肯定性质》和《现代技术的一些社会含义》都在向外界传达着这样的讯息：在工业社会的发展过程中，人类理性被扭曲成了技术理性，人类的一切文化政治生活与运行在其生活之中的经济秩序都在成为技术理性的附属产物，"技术力量的组织影响了其所服务的整个理性"①。更令马尔库塞感到困惑与震惊的是，人们对于技术理性的操控逻辑毫无对抗意识，甚至发自内心地顺从与肯定当权者对他们的控制，要想使他们理解马克思主义中的社会革命精神恐怕也是痴人说梦了。

二战后，人们原本信奉的价值观和幸福观已然崩塌。他们没办法忘记伤痛进入和平年代，反而出于对战争的余悸不断地进行军备竞赛，这使得现代文明得到迅速发展，然而也加剧了不自由的产生。马尔库塞继续反思这种压抑与奴役产生的根源。他从弗洛伊德的精神分析中发现了"心力内投"这一概念，这是极权政治得以成为操控性的施行原则的关键。现代工业社会以技术理性的思维方式表现出对人的意识领域的攻击性，即以现实原则对快乐原则的压制操控人的潜意识层面，使人在身体本能与心理基础上彻底丧失对现存秩序的反抗需要，以达到对现存政治的"同意"。因此，对于马尔库塞来说，反抗"心力内投"的根基还应该进入个体的潜意识心理结构中去寻找。生欲与死欲的对抗、自我与力比多的冲突，是人类集体的生理心理本能根基。只要人的血肉之躯不朽，必然会在自然本能中反映出对快乐原则的追求，这种对快乐的需求在马尔库塞看来是生命本能冲动——爱欲——驱动下的求美本能。因此，恢复人的审美本质的根本要从爱欲的解放开始，爱欲的解放即审美的解放，也是个体的身体与心理基础的解放。在他看来，心理学范畴超越了个体的生物属性，已经成为了挽救社会整体失调的政治范畴。而解

---

① H. Marcuse, *Technology*, *War and Fascism*, Douglas Kellner( ed.), London and New York: Routledge, 1998, p.42.

放了的爱欲可与游戏冲动相关联，使人的基本活动从苦役性的劳作转变为闲暇性的审美活动。而审美活动能否成为持续性的爱欲活动的关键在于能否恢复人的感受力与想象力。这需要将感性的话语权从理性主义文化的压制中解救出来，而美学可为感性争取合法地位。故马尔库塞常在美学中挖掘激发人类心理生理本能力量。这种力量凝结在审美形式中，以艺术幻象的形式与现存政治秩序拉开距离，形成理想与现实的对立，使人在理想的境界中反观现存而滋生出一种否定性的力量。这种否定性可将人的心理本能需要——爱欲——所积淀下来的感性的历史内容对象化在审美形式中，成为超越一切特定历史、社会具体形态的人类抗争精神的载体。故美学与艺术在马尔库塞那里是最有"力"的政治武器。为爱欲而战便是为生命而战，这就是马尔库塞在 20 世纪 50 年代写《爱欲与文明》的意义所在。马尔库塞也是在此时期明晰了政治美学批判所要达到的最终目标：爱欲的解放。而对弗洛伊德的精神分析理论在现代社会中的政治批判功能的探讨则在他的《当代工业社会的攻击性》和《单向度的人》中得以延续。可见，马尔库塞此时已经不再满足于仅仅从海德格尔—黑格尔—马克思构成的哲学地平线去寻找发达工业社会对审美人性的扭曲的原因，而是在弗洛伊德的精神分析中发现了隐藏于人类社会物质基础之下的人的本能结构的人类学基础，因此他将注意力从对社会经济革命的观察中转移到情感革命和感性审美解放的路线考察上来。直到他在写《论解放》时，明确地提出了"社会主义的生物学基础"的密码要从弗洛伊德的理论中去探寻的主张。马尔库塞在此时期写的这一系列文章，共同确立了其以恢复人的爱欲本能为目标的政治美学批判理论的感性生物学基础。

## 一、心理学范畴成为政治范畴

马尔库塞深入考察了以美国为代表的发达工业社会内部成员的生存状况，发现他们自愿自觉地成为了维护极权统治运转机制的一个又一个孤立的原子。究竟是什么有如此大的魅力，能够使他们完全放弃自身的个性，而无意识地屈从于一个巨大的政治操控体系？马尔库塞认为是发达资本主义社会的统治者利用人们对高标准的生活的追求，"提供大量的物品"去消耗"臣民的性欲能量和攻击能量"①。以消费社会的陷阱去对人民的灵魂加以改造，对"'人类关系技术'便会提供必要的力比多情感贯注"②。因此，统治阶级为人们剩余的力比多提供消耗的场所和对象，也就是把人们一切的生命本能和向往以商品消费的形式加以满足，这在马尔库塞看来是并非出于人类生存的本真需要，而是一种"虚假需要"。于是，人们必须购买的商品变成了力比多的对象，"大众民主为这种现实原则的心力内投提供了政治装饰"③。

马尔库塞反复强调了力比多与"内投于心的他律"④ 之间的关系。"内投于心"显然是人们主动地顺应本能力比多的流动趋向，将自身的行动引向对本能欲望的满足上，虽然"他律"是与"内投于心"的自律本质上完全相反的一种外力，但是"他律"与"自律"却能够达到统一，这是因为统治者们利用对生产和技术的操控，给予"合作者"（被统治者）更多的好处，让受控于发达社会而不自知的"消费者"们"付出人力（和物力）代价"⑤，压抑本能力比多中的破坏性因子，这

① 〔美〕赫伯特·马尔库塞：《爱欲与文明》，黄勇、薛民译，上海：上海译文出版社 2012 年版，第 2 页。

② 〔美〕赫伯特·马尔库塞：《爱欲与文明》，黄勇、薛民译，上海：上海译文出版社 2012 年版，第 2 页。

③ 〔美〕赫伯特·马尔库塞：《爱欲与文明》，黄勇、薛民译，上海：上海译文出版社 2012 年版，第 2 页。

④ 〔美〕赫伯特·马尔库塞：《爱欲与文明》，黄勇、薛民译，上海：上海译文出版社 2012 年版，第 2 页。

⑤ 〔美〕赫伯特·马尔库塞：《爱欲与文明》，黄勇、薛民译，上海：上海译文出版社 2012 年版，第 2 页。

样"最初的暴力征服很快就变成通力合作"①。在这样的工业社会中，自由与奴役是相伴而生的，"主奴关系"能够一并被消除，人们只是获得表面上的行为自由，但是都是趋向于特权阶级提供的有利于自身统治的晋升渠道，这种行为"自由"是以精神自由的牺牲为代价的，其本质是不自由。

既然，当代发达资本主义社会的政治统治的触手已经伸向了人的无意识深层心理结构中去，那么人类解放的密码就还需在人的本能无意识的心理结构中去寻找，这时心理学范畴超出了自身领域，而成为了政治范畴。而此时的西方马克思主义者，包括马尔库塞在内，都发现了弗洛伊德的精神分析是批判现代西方社会的精神危机的思想武器。② 法兰克福学派成员受到了卢卡奇主观革命的影响，将政治实践的外延扩大到了文化批判领域，尤其是马尔库塞，他将革命的希望寄托在可以唤醒男男女女精神冲动的审美心理上。而弗洛伊德的理论不只是在心理学上，还在哲学上、社会学上以及美学上都给后世学者在各个领域的研究留下了一座巨大的思想宝库。马尔库塞就是在批判资本主义和建构新社会的审美构想过程中发现了弗洛伊德的元心理学的重要作用，在批判性地吸收其中的合理成分的同时，奠定了批判理论的人类学基础。

弗洛伊德认为人的无意识结构中存在着爱欲与死欲两种本能欲望，其中死欲具有破坏性，而爱欲具有创造性和建设性。爱欲和死欲都处在人类本能心理结构的最底层，也就是本我的部分，遵循于"快乐原则"，人的审美本能冲动所遵循的原则就是"快乐原则"，它直接反映了人的最本真的欲望属性，其快感需要通过想象和生物本能性欲的满足去延续。而处于爱欲与死欲这两个无意识的本我之上的则是人的"自

---

① 〔美〕赫伯特·马尔库塞：《爱欲与文明》，黄勇、薛民译，上海：上海译文出版社 2012 年版，第 2 页。

② 陈学明：《二十世纪的思想库——马尔库塞的六本书》，昆明：云南人民出版社 1989 年版，第 74 页。

我"，它超出了无意识结构，而进入到意识领域，受到组成社会关系的成员所共同制定的社会规则的影响，因此不能真实地反映本真之"我"的本能欲望，而是要受制于"现实原则"的控制。高于"自我"的"超我"阶段，是无意识结构的基底"本我"中的爱欲受到现实原则的压抑以后升华为艺术活动与艺术品的结晶。自我被辖制在本我和超我之间，"一方面受伊底的鞭策，另一方面受超我的包围"①。它的常规状态是协调与对抗本我与超我之间的矛盾，目的是将本我中对快乐的渴求划入被超我控制的轨道，也就是要使本我的原始欲望无意识的满足受到自我层面的现实原则的压抑，才能与超我达到和解。

可见，压抑是一个重要概念。在弗洛伊德看来，对快乐原则的压抑是人类文明的必经之路。马尔库塞改造了弗洛伊德的压抑概念，将压抑区分为"基本压抑"和"额外压抑"两种形式。其中，"基本压抑"就是指自人类诞生以来，以自然界提供的资源为依托维系自身的生命活动，这里包含着对于人与自然关系的被动接受性，在生产条件尚不发达的情况下，人们不得不压抑自己的爱欲和感性欲望的满足程度，而投身于与自然的斗争活动，即苦役的劳动中去。马尔库塞肯定"基本压抑"存在的必要性，但是劳动生产率经过机械化的改造后会大幅度提高，此时人们就无需压抑本能，而是要释放人性中的爱欲，走向自由的审美王国。因此，马尔库塞批判的不是"基本压抑"，而是"额外压抑"。"额外压抑"是人类文明发展进程中出现的一场悖论。由于科学技术的发展，在物质条件已经相当富足的情况下，人类就不再需要被迫屈服于苦役和劳作，进而压抑自身的本能需求。然而，即使在发达的工业社会，人们丝毫没有任何自由，仍然自愿地压抑自己的本能需求，使爱欲仍然无法充分释放，屈服于现实原则。这种压抑还是要继续对快乐原则进行

---

① 〔奥〕西格蒙德·弗洛伊德：《精神分析引论新编》，高觉敷译，北京：商务印书馆 2007 年版，第 60—61 页。高先生在翻译时，用"伊底"来表达一种先于自我产生的状态，也就是潜意识中的最深层境地，也可以将其理解为"本我"。

清除，不是因为快乐原则的满足"妨碍文明的进步"①，而是不利于统治阶级的利益的巩固与维系，爱欲本能的释放与满足"所反抗的恰恰是一种其进步将使统治和苦役持久存在的文明。"② 因此，"在现实原则支配下，统治利益要求对本能组织施加额外压抑"③。"额外压抑"相对于"基本压抑"来说，隐蔽性更强，影响范围也更大，其效力也更强大，因为它作为一个心理学范畴同时可以释放出政治效能，也就是将社会成员的独立的个性化心理特征抹杀，压抑其爱欲，以国家和政府的利益标准同化他们的人格，形成统治阶级所希求的心理结构，与社会其他力量相互扭结成一股巨大的力量——极权主义。"在这样的期望中，不能发现任何爱欲的期望、不能发现爱欲对压抑性环境和压抑性生存的任何改造。"在这样的描述中，不难发现爱欲与政治的某种隐秘的关联，爱欲的解放力量被马尔库塞重新开显出来，它释放的力比多也就能够成为一种与统治集团的操控原则相互抗衡的本能力量，因此"它们的解放，是一个政治问题"。④

## 二、为爱欲而战的解放路线

马尔库塞在分析了发达工业社会中，人的精神世界空虚以及统治者对人的本能审美冲动的阉割的生存状况之后，借鉴了弗洛伊德对本能心理结构的分析，将弗洛伊德的精神分析理论中的保守倾向加以改造后，

---

① 〔美〕赫伯特·马尔库塞：《爱欲与文明》，黄勇、薛民译，上海：上海译文出版社 2012 年版，第 29 页。

② 〔美〕赫伯特·马尔库塞：《爱欲与文明》，黄勇、薛民译，上海：上海译文出版社 2012 年版，第 29 页。

③ 〔美〕赫伯特·马尔库塞：《爱欲与文明》，黄勇、薛民译，上海：上海译文出版社 2012 年版，第 29 页。

④ 〔美〕赫伯特·马尔库塞：《爱欲与文明》，黄勇、薛民译，上海：上海译文出版社 2012 年版，第 5 页。

把爱欲解放与马克思的劳动解放思想融合在一起，提出了不同于弗洛伊德的文明辩证法。"把弗洛伊德连接于马克思，这就是使'心理'的核心与'制造工具的人'的核心相结合。……其中一个分泌梦想，另一个生产工具。"① 马尔库塞进行这样的理论拼接的目的在于开创这样一种塑造灵魂的可能性，使灵魂里面的生命情感本性和人的心理本性相沟通，根据外界条件的变动不断生成为富有无限能量的复合体。

马尔库塞与弗洛伊德针对爱欲在人类文明发展进程中的性质和作用不同，分别提出了不同的解放路线。马尔库塞在弗洛伊德后期理论中发现了"爱欲"概念，虽然弗洛伊德没有将性欲与爱欲加以严格区分，但是马尔库塞认为事情没有这么简单。他超越了弗洛伊德，创造性地为"爱欲"赋予了新的内涵。爱欲是包含性本能在内的生命本能，但它超越了性本能表现为力比多的"非压抑性升华"。因为生命需求的满足需要以人的自然本能为基础，在力比多的驱动下具有了成为丰富的生命冲动的可能。但爱欲不是范围扩大了的性欲，而在本质上与性欲有所不同，它是使生命个体进入整个生物谱系中成为一种更大的统一体的努力，而这种生物本能可以使有机体的生命得到延续，从而进入更高的发展阶段，这样一来爱欲的感受区不仅局限于生殖器官，而是延展到了人的整个身体。如果说性欲处于"我能"的低级阶段，爱欲则是要经历与现实原则对抗的"我思"阶段，渗透进人类生存理性而上升到"我愿意"阶段，才意味着爱欲的真正实现。② 马尔库塞还借助于《会饮篇》中美从肉体发展到超越形体的原则的完整上升路线，解释了在对美的知识的追求中，性欲转化为爱欲的内在逻辑。他反对弗洛伊德将性欲与爱欲都当作延缓人类文明的本能需求的观点。弗洛伊德认为在外部

---

① 〔法〕埃德加·莫兰：《人本政治导言》，陈一壮译，北京：商务印书馆 2010 年版，第 20 页。

② "我能""我思""我愿意"三个阶段，见李金辉、谢静：《马克思的政治浪漫主义：无产阶级的反讽和"力的隐喻"》，载《理论探讨》，2018 年第 3 期，第80 页。

条件的作用下，蕴藏在人的无意识中的爱欲具有破坏性，因此要延迟爱欲的满足，使爱欲在现实原则和操控原则的压制下，同现实的劳动制度结合，形成压抑反升华的趋势，这样人们只能在高雅的艺术作品和创作中以及人的想象中为爱欲的存续争得一席之地。这些冲突被升华的派生物（艺术、文化、文明）并非总是"善的"，现代文明中的人把他们本身的一部分激情抑制到想象中，实际上是神经症和精神病的一种表现，包含着内在的缺陷，利用神经症和精神病的阻断机制维持"正常"生活所遵循的原则本质上是"恶的"原则。

　　马尔库塞反其道而行之，为冲破"额外压抑"所铸造的牢笼指出了一条明路，那就是解放爱欲。爱欲在实现其自身的过程中，不排斥性欲的目标，但在达到这一目标的满足后，会追求更高级与更充分的目标的满足，维持快乐的能力。而这种能力需要不断地反抗并超越现实原则才能实现向快乐原则的复归，要借助于不断的爱欲化了的劳动方可实现。但现代资本主义出于维持统治利益的需要而整合社会劳动，使劳动成为苦役，以"额外压抑"扼杀趋向美的爱欲本能。因此，"要解放追求和平与安宁的本能需要，要解放'非社会性的'、自主的爱欲"①。一种新的现实原则与新的劳动关系将会在爱欲的解放中产生，爱欲的解放便有了实现人类解放、重建新秩序的政治属性。马尔库塞认为爱欲并非如同弗洛伊德所说的以破坏性为固有属性，而是随着本能形成这种性质的外部条件的改变，爱欲本能的性质也会发生改变，就不再与文明相冲突；而是以内在的凝聚力重新整合社会中的革命力量突破操控原则，反过来促进文明的新一轮发展。他认为摆脱战争福利国家命运的唯一途径是取消"内心禁欲"，因为这种内心禁欲为统治和剥削提供了心理基

---

　　① 〔美〕赫伯特·马尔库塞：《爱欲与文明》，黄勇、薛民译，上海：上海译文出版社 2012 年版，第 3 页。

础。① 生物学的人不必再去适应其爱欲被压制的社会命运。因此，为爱欲而战就是为政治而战。

爱欲作为一个重要概念在马尔库塞的政治美学批判理论中起到继续奠定感性生物学基础的作用。马尔库塞坚信剥削、压榨、统治、占有和牺牲均是从人的本性最深处滋生出来的，"而且对于人类进行族类改造的具体可能性在二十世纪的前景中显现出来。……对人的基因改造变革也不是不可能的"②。他将改变个人—族类—社会的关系的希望寄托在建立一种爱的政治模型上，使人类彻底从旧式的社会联系中解放出来，超越自我成为一种新的生物，这需要将爱欲从逻各斯中心主义的本体论史中解救出来。因为爱欲本身就具有一种不可思议的性质：超越私人生活和个人体验的范围，扩展到人类和平事业中去使之放大成为普遍化的问题。因此，弗洛伊德在《文明及其不满》中充分肯定了爱欲的政治力量，他如是说道："现在有理由期待永恒的爱欲做出努力，以便在它进行的反对它的同样不死的敌手的斗争中显示出自己的力量。"③ 虽然马尔库塞和弗洛伊德都承认了爱欲所蕴藏的批判社会现实的巨大政治力量，但弗洛伊德没有将爱欲与性欲进行明确区分，认为它们都代表着人的生命本能，因此在《自我与本我》中弗洛伊德谈到"表现在本能需要中的爱欲和性本能的要求造成了新的张力。"④ 弗洛伊德将爱欲与性欲等同化处理的结果是强调它们在人类文明中的倒退性特征，强调

---

① 〔美〕赫伯特·马尔库塞：《爱欲与文明》，黄勇、薛民译，上海：上海译文出版社 2012 年版，第 3 页。

② 〔法〕埃德加·莫兰：《人本政治导言》，陈一壮译，北京：商务印书馆 2010 年版，第 30 页。

③ 〔法〕埃德加·莫兰：《人本政治导言》，陈一壮译，北京：商务印书馆 2010 年版，第 32 页。

④ 〔美〕赫伯特·马尔库塞：《爱欲与文明》，黄勇、薛民译，上海：上海译文出版社 2012 年版，第 17 页。

"它们比其他本能具有'更高度'的保守性"①。可见，弗洛伊德在爱欲对政治的冲击作用的理解上承袭了"柏拉图对爱欲的奇怪假设"②。

马尔库塞在 1937 年的《文化的肯定性质》中指出：整部西方哲学史是一部"逻各斯—理性主义"与资产阶级统治"握手言和"的历史，也可以说是一部"爱欲被逻各斯吸收"③ 的历史。他在深刻分析西方理性主义文化的形成史的哲学渊源时，也揭示并批判了柏拉图观念论对感性快乐的排斥性。柏拉图把灵魂分为理性、激情和欲望三个等级，而爱欲作为"灵魂的'可欲的'部分，即灵魂中导向感性快乐的部分，又被柏拉图称为'爱货币'的部分，'因为货币是满足这种欲望的主要手段'"④。柏拉图对爱欲是持贬低的态度的，它只能栖息于低级灵魂中。这"促使人垂涎于聚敛和占有、买进和卖出"⑤。如此一来，爱欲就有了与物欲勾结在一起的天然基因。柏拉图主张把诗人从理想国中驱逐出去也有两方面原因，一方面是因为诗人以记录情绪的自然流泻为本职使命，激情带来的快乐是不持久的、非永恒的，因而也是虚假的，是无法脱离物欲的控制的，他们存在方式是不真实的，所占有的知识也是可疑的；另一方面也暗示了诗（文学）作为爱欲的释放和满足的结晶在政治上所具有的魅力是无法抵挡的，它之所以可以成为遮挡"洞喻"之光的面纱（美的历程）也是因为它能以更隐性和更易于接

① 〔美〕赫伯特·马尔库塞：《爱欲与文明》，黄勇、薛民译，上海：上海译文出版社 2012 年版，第 17 页。

② 〔美〕赫伯特·马尔库塞：《爱欲与文明》，黄勇、薛民译，上海：上海译文出版社 2012 年版，第 17 页。

③ 〔美〕赫伯特·马尔库塞：《爱欲与文明》，黄勇、薛民译，上海：上海译文出版社 2012 年版，第 79 页。

④ 〔美〕赫伯特·马尔库塞：《爱欲与文明》，黄勇、薛民译，上海：上海译文出版社 2012 年版，第 3 页。

⑤ 〔美〕赫伯特·马尔库塞：《爱欲与文明》，黄勇、薛民译，上海：上海译文出版社 2012 年版，第 3 页。

受的感性方式引领人去不断地切近真理，却不至于被真理的锋芒灼伤。爱欲作为美的形象化身，游弋于感性王国和理性王国之间，它像古希腊神话中半人半兽的人马族一样，双脚踏进了"纯粹肉欲"的溪流中，而双手向代表"绝对的善"的天空无限延伸。因而"爱"在古希腊就成为不断追求"智慧"的象征。爱欲的美学形象在柏拉图的《会饮篇》也得到了充分阐释。在这篇文章中，苏格拉底对爱欲之神（厄洛斯）的身世给出了说明，原始神厄洛斯母亲是贫瘠之神，父亲是丰饶之神，贫瘠之神渴慕丰饶之神，趁着丰饶之神酒醉后怀上了原始神厄洛斯（《会饮》），于是爱欲受到其父亲的影响，对至善的美有着天然的渴望，但又因为其身体里流淌着母亲的血液，无法拒绝肉体之美和感官的愉悦，因而它所爱的东西"从一个美的形体到两个美的形体，从两个美的形体到所有美的形体，从形体之美到体制之美，从体制之美到知识之美，最后再从知识之美进到仅以美本身为对象的那种学问"①。柏拉图将爱欲定义为一种占有美的激情，思慕的是崇高的灵魂与现实的幸福的结合，爱欲实际上表达了人类对美的向往，寄予着丰富的审美内涵。

由此可见，弗洛伊德关于爱欲具有破坏性的观点深受古希腊传统的影响，爱欲虽然处在不断向美的理念攀升过程中，但难以逃脱感官接受性的束缚，这恰恰是阻断人类进步的精神机制，因此弗洛伊德削弱了精神分析的社会批判性，指出疗愈个体的精神病的方法是与现实妥协，这样爱欲的本能满足只能在梦中或幻想中或艺术作品中实现。然而，马尔库塞的爱欲与弗洛伊德和柏拉图的不同在于，他没有将爱欲的内涵局限在代表"原罪"的性欲中，而是挖掘出了爱欲在古希腊传统中蕴藏着的美学内涵。性欲并不只是为生殖与繁衍而服务，而是"他们本能天

---

① 〔古希腊〕柏拉图：《柏拉图全集（第二卷）》，王晓朝译，北京：人民出版社2003年版，第254页。

赋的一部分"①，它与情感和爱联合起来而获得了尊严，使重新获得性欲的肉体"不再被用作纯粹的劳动工具"②，而是"成了力比多贯注的对象，成了可以享受的东西，成了快乐的工具。这种超越了生殖意义的力比多释放，能够引起社会关系的变革，譬如父权制的瓦解"③。这样，"多形态性欲"④ 就苏醒过来，"性欲向爱情升华"⑤。当性欲转化为多形态性欲也就是爱欲的时候，它就不仅仅是"为死亡本能服务"⑥ 的了，性欲无论在质上还是在量上都得到了扩展，它不再代表"原罪"的恶，而是向美而生的，打破了时空的限制，使人的整个身心都沉浸在持续不断的快乐中，他们的基本活动劳动就会成为具有审美功能的爱欲活动，从而形成新的"非压抑性现实原则"⑦，消除额外压抑的社会制度，推倒统治利益，实现新的社会革命。故多形态性欲是"一些新的、性质完全不同的需要和机能"⑧，它的满足是非压抑的爱欲社会建成的体现，也是人类解放的前提，因此马尔库塞在《爱欲与文明》的政治序言中说道："我的'多形态性欲'一词的意思是指，进步的这个新方

---

① 〔奥〕西格蒙德·弗洛伊德：《一个幻觉的未来》，杨韶刚译，北京：华夏出版社 1998 年版，第 37 页。

② 〔美〕赫伯特·马尔库塞：《爱欲与文明》，黄勇、薛民译，上海：上海译文出版社 2012 年版，第 183 页。

③ 〔美〕赫伯特·马尔库塞：《爱欲与文明》，黄勇、薛民译，上海：上海译文出版社 2012 年版，第 183 页。

④ 〔美〕赫伯特·马尔库塞：《爱欲与文明》，黄勇、薛民译，上海：上海译文出版社 2012 年版，第 183 页。

⑤ 〔美〕赫伯特·马尔库塞：《爱欲与文明》，黄勇、薛民译，上海：上海译文出版社 2012 年版，第 182 页。

⑥ 〔美〕赫伯特·马尔库塞：《爱欲与文明》，黄勇、薛民译，上海：上海译文出版社 2012 年版，第 17 页。

⑦ 〔美〕赫伯特·马尔库塞：《爱欲与文明》，黄勇、薛民译，上海：上海译文出版社 2012 年版，第 182 页。

⑧ 〔美〕赫伯特·马尔库塞：《爱欲与文明》，黄勇、薛民译，上海：上海译文出版社 2012 年版，第 5 页。

向将完全取决于是否有机会使受压抑、被束缚的有机体的生物需求发挥积极的作用，也就是使人的躯体成为享乐的工具，而不是劳动的工具。"①

### 三、美学形象成为政治形象

为什么马尔库塞把人类解放的图景建立在爱欲的满足基础之上？为什么爱欲能够实现"从生物内驱力"到"文化内驱力"的转变②？为什么马尔库塞以爱欲的苏醒作为重塑社会主体的新感性和审美能力③的出路？要回答这些问题，有必要去探究与爱欲相关的美学形象。

在《爱欲与文明》的第八章中，马尔库塞用希腊神话中的俄耳浦斯与那喀索斯去隐喻爱欲的美学灵魂，并提议在幻想与艺术中去维系这些美学形象的生命力，利用压抑性反升华的结晶化产物（文学与艺术）去激活社会中的男女的审美情感，以恢复人的审美冲动为出路去解决社会问题，"使人们重新获得进行合理性批判的能力"④，这样美学形象就会融入人们的文化革命中去，进而化身为解放的形象，发挥出蕴藏在审美理想中的政治功能，"决定人类命运的行为和态度的想象"⑤。这里，"文化革命必须被理解为一场以享乐原则的名义对现实原则的反抗，被理解为由想象力——或者由一种性爱、幻想、非侵略性欲望为基础的新

---

① 〔美〕赫伯特·马尔库塞：《爱欲与文明》，黄勇、薛民译，上海：上海译文出版社 2012 年版，第 5 页。

② 王凤才：《追寻马克思——走进西方马克思主义》，济南：山东大学出版社 2003 年版，第 164 页。

③ 刘兴云，石小娇：《意义世界的构造——马尔库塞新人本主义伦理思想研究》，北京：中国政法大学出版社 2016 年版，第 53 页。

④ 李小兵：《当代西方政治哲学主流》，北京：中共中央党校出版社 2001 年版，第 282 页。

⑤ 〔美〕赫伯特·马尔库塞：《爱欲与文明》，黄勇、薛民译，上海：上海译文出版社 2012 年版，第 144 页。

理性对压制性的征服"①。俄耳浦斯和那喀索斯是与酒神狄俄尼索斯同为一个属系的文化形象，他们站在理性文化的"文化英雄"——普罗米修斯的反面，对抗着西方世界的现实原则。如果说普罗米修斯的形象代表着西方文化的主流，寓意着"苦役、生产和由压抑而进步的文化英雄"②，抵制的是"女性原则、性欲和快乐"③带来的祸害，那么俄耳浦斯和那喀索斯则代表着对生产性主流文化的颠覆，它们的存在是为了证实女性原则中的激情、爱与美的因素所提供的幸福在文明的建构中的重要性。

那么俄耳浦斯和那喀索斯究竟在古希腊传统中意味着什么呢？马尔库塞对这两个形象的解读是否超越了古典传统呢？相传俄耳浦斯是希腊神话中的色雷斯歌手和诗人，是河神奥阿格罗斯之子，据传说他是同性恋的形象。而那喀索斯是希腊神话中的美少年，他只爱自己，不爱别人。爱神阿芙洛狄特惩罚他，使他爱恋自己在水中的倒影，最后憔悴而死。后人把他视作自恋的形象。而同性恋和自恋这两种倾向被现代心理学判定为两种不健全的性心理，被当作精神病的一种，是与多数社会成员的主流心理和文化格格不入的，用马尔库塞的话来说就是，他们代表着抗拒现实既成的"压抑性秩序"④的形象，他们也在这个意义上超越了美学形象成为了具有一种"真实地存在的潜能"⑤的政治形象。他们

---

① 〔美〕赫伯特·马尔库塞：《现代美学析疑》，绿原译，北京：文化艺术出版社1987年版，第72页。

② 〔美〕赫伯特·马尔库塞：《爱欲与文明》，黄勇、薛民译，上海：上海译文出版社2012年版，第145页。

③ 〔美〕赫伯特·马尔库塞：《爱欲与文明》，黄勇、薛民译，上海：上海译文出版社2012年版，第144页。

④ 〔美〕赫伯特·马尔库塞：《爱欲与文明》，黄勇、薛民译，上海：上海译文出版社2012年版，第155页。

⑤ 〔美〕赫伯特·马尔库塞：《爱欲与文明》，黄勇、薛民译，上海：上海译文出版社2012年版，第149页。

的"爱欲唤醒并解放了真实地存在于有生命体与无生命体、有机界与无机界中的潜能"①，他们的爱欲形象导向的是一种新的现象学还原的原则，即无限趋近于美的"存在"、"此在"的"本真"生存，这种原则被马尔库塞称为"新的现实原则"②，或者"生命的涅槃原则"③。在这里，"秩序一词失去了其压抑性的含义。因为这是自由的爱欲所创造的满足的秩序"④。显然，马尔库塞认为现代社会对性欲的理解是被压抑性的政治制度所整合过的，已经失去了对肉体之美与感性爱欲的纯粹欣赏的维度，而仅仅保留了与工具理性、技术理性相勾结的存在于两性间的生殖功能。俄耳浦斯和那喀索斯的形象中对美的渴望之内涵被阉割掉，性欲逐渐地远离爱欲，爱欲原本的范围被缩小，在这样的元心理学基础上建立了更为坚固的操控体系。然而，马尔库塞重新发掘了俄耳浦斯和那喀索斯这两个美学形象中的肉欲与精神之爱欲相互结合的意义，超越西方理性主义文化传统，赋予性欲新的含义，也就是说，性欲不再作为沉溺于低级的感官享乐的"原罪"被理性驱逐，也不再仅局限于生殖器官与肉体的快乐，而是使一直被压抑在性本恶文化中的爱与美的因子重新浮出水面，使人的整个身体都被改造为能够享受平静、优美的作乐工具，而不再是再生产劳动力的工具。在这个意义上，爱欲的美学形象具有了对抗物质领域生产、生殖压抑的政治意味。因此，马尔库塞认为虽然俄耳浦斯与那喀索斯拒绝了两性之间的仅为生殖而服务的性欲，但他们是为了追求"某种更完整的爱欲。……他们的目的是要否

---

① 〔美〕赫伯特·马尔库塞：《爱欲与文明》，黄勇、薛民译，上海：上海译文出版社 2012 年版，第 149 页。

② 〔美〕赫伯特·马尔库塞：《爱欲与文明》，黄勇、薛民译，上海：上海译文出版社 2012 年版，第 6 页。

③ 〔美〕赫伯特·马尔库塞：《爱欲与文明》，黄勇、薛民勇译，上海：上海译文出版社 2012 年版，第 148 页。

④ 〔美〕赫伯特·马尔库塞：《爱欲与文明》，黄勇、薛民译，上海：上海译文出版社 2012 年版，第 148 页。

定这种秩序，即要实行伟大的拒绝"①。俄耳浦斯象征着爱欲的形象，那喀索斯象征着生命之美，这两个形象都关涉美学层面，体现着对现实原则的拒绝，对外在奴役与剥削的反抗。如此，这样两个美学形象便有了政治意味。

上文谈到俄耳浦斯与那喀索斯这两个美学形象在重新构建非压抑性的文化以及恢复人的感性爱欲方面的文化作用，且马尔库塞也向大众指明了若要建立以这两个形象为核心的新的现实原则和政治社会制度要在审美方面去寻找和证实。即使审美和"心理机能想象一样"，"在本质上是'非现实的'"②，因为它们都以逃避现实的姿态去保持自身的独立性，正好吻合了现实操控原则的设想，成为了压抑反升华的牺牲品，甚至艺术和文学等压抑性反升华的形式和操控原则中的货币与生产结合起来，丧失了其中的真正表达人的爱欲的成分，被复刻成了大众文化，这样就在无形之中使"额外压抑"得到巩固。马尔库塞架起美学与政治之间的桥梁恢复艺术中的爱欲革命精神的方式要"恢复审美一词的原初意义和功能"③，因为"对艺术的爱欲根源的研究在精神分析中占有着重要地位"④。纵观漫长的美学史，我们不难看出它其实是一部感性爱欲不断受到理性压抑最终与理性调和而丧失自身独立存在的合理性的历史。直到18世纪才由鲍姆加通提出了"存在着一门感性的科学即

①　〔美〕赫伯特·马尔库塞：《爱欲与文明》，黄勇、薛民译，上海：上海译文出版社2012年版，第155页。

②　〔美〕赫伯特·马尔库塞：《爱欲与文明》，黄勇、薛民译，上海：上海译文出版社2012年版，第156页。

③　〔美〕赫伯特·马尔库塞：《爱欲与文明》，黄勇、薛民译，上海：上海译文出版社2012年版，第156页。

④　〔美〕赫伯特·马尔库塞：《爱欲与文明》，黄勇、薛民译，上海：上海译文出版社2012年版，第167页。

美学"① 的观点，使美学作为感性学与理性秩序对抗。然而，感性概念也难以逃脱与"认识的混乱性和欲求的低级性和被动性"画上等号的命运，这是受传统西方文明和现代操控原则的左右的结果。那么只有重新考察"从肉欲到感性（感性认识）再到艺术（美学）"② 这段历史，才能够拯救与感性爱欲直接相连的快乐原则，重建关系着人的解放的美学。

马尔库塞指出除了鲍姆加通以外还有康德和席勒这两位浪漫主义美学的代表人物，对于恢复感性爱欲在艺术史中的地位做出了巨大的贡献。康德曾在他的人类学讲演录中指出："人们能够建立普遍的理解规律，也能建立普遍的感性规律。"③ 建立在这种规律上的艺术具有"无目的的合理性"和"无规律的合规律性"两个特征。康德的"无目的的合理性"和"无规律的合规律性"启发了席勒，他在这个基础上建立了自己的政治美学。席勒认为现代文明的弊病在于人类失去了审美这个初始功能，于是现实中的人处在情感形式与理性形式对立的紧张中④，这样就导致现存文明也由于理性的暴戾与感性的凋敝而一直处于对抗的关系中。马尔库塞认为席勒提出了一种不仅仅局限于感性冲动和理性冲动的对立或调和模式的第三种冲动，那就是美的冲动。美可以通过宁静的形式和活的形象去溶解感性冲动与理性冲动之间的矛盾，承认二者结合的可能性，使"感性的人通过美被引向形式与思维，精神的

---

① 〔美〕赫伯特·马尔库塞：《爱欲与文明》，黄勇、薛民译，上海：上海译文出版社 2012 年版，第 166 页。

② 〔美〕赫伯特·马尔库塞：《爱欲与文明》，黄勇、薛民译，上海：上海译文出版社 2012 年版，第 166 页。

③ 〔美〕赫伯特·马尔库塞：《爱欲与文明》，黄勇、薛民译，上海：上海译文出版社 2012 年版，第 166 页。

④ 〔德〕弗里德里希·席勒：《审美教育书简》，张玉能译，南京：译林出版社 2009 年版，第 130 页。

人通过美被带回物质，又被交给感性世界"①。这种具有调节作用的美的冲动其实是一种"消遣冲动"②，因为它的"目标是美，目的是自由"③，这就是另一种关于"无目的的合理性"和"无规律的合规律性"的席勒式表达。消遣和游戏能够使深藏在人的无意识结构中遵循快乐原则的本我释放出来，这样人类的爱欲活动就能够突破现实原则的限制重新成为人的基本活动，劳动不再是苦役，而是关乎于美与自由的创造性活动，游戏与消遣要在真正的艺术中得到最终的实现。马尔库塞就这样为艺术的爱欲找到了精神分析的根基。他把"康德的想象力观念和席勒的艺术作为'游戏'的观点同弗洛伊德的享乐原则、性爱与'被抑制者的复归'连在一起了"④。

马尔库塞认为从鲍姆加通到康德和席勒对美与艺术的探索的目的都是要解决一个"政治"问题，即把人从非人的生存状态中解放出来。为了解决政治问题，美学是必经之路，因为正是美导向自由。马尔库塞恢复感性在哲学中的地位，也就是恢复感性在现代发达工业社会的意识形态中的地位。爱欲感性的美学灵魂是艺术，它表达着生命本身的消遣，超越了欲望和外部强制，是无忧无虑的生存表现，因而是自由本身的表现。所以说，马尔库塞的美学是政治性的，他一直想要证明的是感性的合法性，这一点在 20 世纪 60 年代的《论解放》中的"新感性"得到了充分的证实。至此，马尔库塞的政治美学批判理论的感性生物学基础就在爱欲与美的辩证法中得到了确立。

---

① 〔德〕弗里德里希·席勒：《审美教育书简》，张玉能译，南京：译林出版社 2009 年版，第 141 页。

② 〔美〕赫伯特·马尔库塞：《爱欲与文明》，黄勇、薛民译，上海：上海译文出版社 2012 年版，第 169 页。

③ 〔美〕赫伯特·马尔库塞：《爱欲与文明》，黄勇、薛民译，上海：上海译文出版社 2012 年版，第 169 页。

④ 李小兵：《当代西方政治哲学主流》，北京：中共中央党校出版社 2001 年版，第 282 页。

# 第三节　美学问题的政治意蕴

随着 1968 年"五月风暴"的结束，新左派学生运动因受到当局政府的镇压逐渐走向了平静，马尔库塞曾经饱受拥戴的"新感性"激进革命策略也没有在这场政治运动中成为一种现实的、大规模的可操作实践力量。马尔库塞曾寄予厚望的具备新感性的主体——学生也从这场"弑父"的迷梦中醒来，逐步走进了由资本控制生产方式的社会大"课堂"中。而同样被马尔库塞认定为更平静、温和、更感性的女性也由于家庭与资本主义产业链条的双重压迫，性别本身所赋予她们的感性革命性也没有任何实施释放的契机。声势浩大的"新左派"运动的热潮便这样转瞬即逝。马尔库塞不得不退回书斋，将自己完全封闭在艺术美学理论的空间内，冷静地反思革命与艺术的真正关系，这也是他以积极的态度去实行理论上的迂回的表现。

马尔库塞认为将革命希望诉诸审美之维中的乌托邦理想，可成为不同于物质革命的另一种可能性。理想付诸现实的进路要在审美形式中去探寻。审美形式是赋予美学与艺术以政治功能的精神载体，它推翻了形式的专制，以艺术与实践的疏离保持了一种异在的解放价值。它内蕴着穿越一切特定的历史社会形态的人类对命运的反抗精神，以美的感性力量呼唤着主体性的回归，保持着对原初完整人性的追忆。审美形式是非暴虐的新感性凝结在艺术中的集中体现，能够以改变人的内在自然的形式激起个体的激情与冲动，突破技术理性与工业社会所精心培育的"幸福的压迫"，从而改变内在自然与外在自然。因此，审美形式赋予了艺术以解放主体性的政治功能。这种政治革命属性超越了暴力的物质革命与阶级斗争，重新在人类的生理心理基底上建立起具有解放性质的爱欲本能，颠覆着知觉与知性方式，将对现实的控诉融入人的血肉之躯与情感体验中，解放感性、理想与审美想象，展示着新的自由图景。最终，他回到了研究的起点处，重新投入美学理论的研究，确立了艺术的形式与内容的统一性以及艺术的自律性所具有的政治属性的独特地位，并在《审美之维》一文中完成了感性与理性协同统一的理论轮回。这也是对马尔库塞美学起点《德国艺术家小说》的呼应。

## 一、艺术"乌托邦"的现实性

马尔库塞在学生运动失败之后，提出了"艺术走向现实"这一实现乌托邦的呼吁。从此观点与新感性的比较中，可以看出马尔库塞的政治美学革命理论的激进程度也在发生变化。与其说在减弱，不如说转移到了更为深广的对主体意识的改造层面，也就是说马尔库塞此时的目标仍然是政治的、革命的，但他没有纠结于现实革命策略的研究，而是更加冷静地反思"新感性"在何种领域才能发挥出最能恢复人的"爱欲"本能的潜能。于是，马尔库塞得出了这样一个结论：新感性是艺术革命的发源地，艺术世界是新感性革命的最后的栖息地，因此在新左派运动走向低潮时，他选择了从艺术空间中挖掘乌托邦成为具体现实的可能性，这类观点多集中于他的《阻碍革命与反抗》和《艺术和永恒性》之中。虽然，此时他对美学的革命热情相较于"新感性"时期有所下降，但他一直强调"艺术要突破虚幻的、给人以安慰性的自我陶醉走向现实生活"的号召从未改变。这与他最开始写的美学作品《德国艺术家小说》所传达出来的主题遥相呼应。

在 1964 年的《单向度的人》中，马尔库塞曾经对"乌托邦"这个概念做出了较为明确的界定，认为它有两种内涵，一是将工具理性控制下的看似构架完美的现代社会称为"乌托邦"，并判定"这样的乌托邦并不能成为一个长久的幸福状态"①。二是指被发达工业社会所虚构出来的艺术世界是非现实的、具有欺骗性质的严整系统。这显然与"艺术的真实"背道而驰。真正的艺术虽然"作为虚构的世界,作为显像,它包含着比日常现实更多的真实,因为日常现实在它的制度和关系方面已经神秘化了"②。可以看出,马尔库塞当时是从负面角度评判"乌托邦"的,这里的乌托邦可以说是被资本主义制度完全吞没的、失去艺术的"异在性"的现存世界,它是虚假的,完全丧失掉革命性的。而到了1967年,马尔库塞在柏林自由大学作题为"乌托邦的终结"的演讲时③,改变了以往"乌托邦"的消极含义,而是从全新的角度挖掘出一直被人们所嘲讽、误解的作为"空想"代名词的"乌托邦"的现实可能性和激进的革命性。那么,"乌托邦的终结"不再代表取消存在于高雅艺术或纯哲学中的意义世界,投入完全实证式的经验总结和对客观规律的探索中去搞革命实践,而是要肯定乌托邦内蕴着的否定性和对压抑现实的超越性,利用艺术幻想重塑人性,利用科技以及日渐提高的生产力去实现曾经蕴含在抽象的乌托邦概念中的潜力,在现实的生产实践中创造符合"美的规律"的"具体的乌托邦"。

然而,从新左派运动的高潮阶段到1973年期间,一种反传统"艺术终结"论对马尔库塞提出的"乌托邦"的积极因素造成了冲击,在民间文化和艺术领域均兴起了取消审美形式的潮流,"艺术传统的颠倒运用,一开始就指向文化系统的反升华审美的形式的取消"④。虽然马

---

① 〔美〕赫伯特·马尔库塞:《审美之维》,李小兵译,桂林:广西师范大学出版社2001年版,第94页。

② 〔美〕赫伯特·马尔库塞:《审美之维》,李小兵译,桂林:广西师范大学出版社2001年版,第226页。

③ 陆俊:《马尔库塞》,长沙:湖南教育出版社1999年版,第212页。

④ 〔美〕赫伯特·马尔库塞:《审美之维》,李小兵译,桂林:广西师范大学出版社2001年版,第141页。

尔库塞曾在《单向度的人》和《论解放》中都提到过以民间传统和底层文化为代表的亚文化可以冲破极权统治的牢笼，作为被工具理性完全吞没的虚假的资产阶级文化的对立面而存在着，因亚文化群体是没有享受到任何发达社会"福利"的边缘人士，他们身上有更加强烈的感性革命力量。但是在 1973 年的《阻碍反革命和反抗》一文中，马尔库塞又推翻了曾经对于亚文化的预期，因为轰轰烈烈的新左派运动的失败也让他发觉艺术由于其独特于其他任何文化意识形态的审美形式，具有改变现实中支配一切的秩序的革命功能，而这种革命功能就凝结在艺术的审美形式中。此时马尔库塞对审美形式的概念与在《审美之维》中的定义有所不同，将它当作艺术作品得以成为一个自足整体的结构与秩序比例，艺术作品也因审美形式才能形成独特的风格①，它能通过"幻想"去"表现那些不同于占支配地位的言论世界的意义和功能内涵"②。由此可见，此时马尔库塞的政治美学理论的切入点是艺术的审美形式，且他肯定了审美形式与现实的距离是改造工具理性统摄话语秩序的内在动力。这个观点早在 1937 年《文化的肯定性质》一文对艺术与文化的否定性的论述中有所体现。马尔库塞认识到黑人语言、黑话、俚语等民间文化的政治潜能正渐渐隐退，它只是通过把生殖快感与压抑人的现存体制的最高代表——资产阶级相联结，使对抗极权统治的意识革命局限为语言或口令式的对"性的贬低"③ 上来，久之会损害激进分子在政治上的身份认同，进而亚文化本身对现实的冲击力会丧失殆尽。因此，马尔库塞坚决反对取消审美形式的"反艺术"潮流，但是从他

---

① 〔美〕赫伯特·马尔库塞：《审美之维》，李小兵译，桂林：广西师范大学出版社 2001 年版，第 141 页。

② 〔美〕赫伯特·马尔库塞：《审美之维》，李小兵译，桂林：广西师范大学出版社 2001 年版，第 141 页。

③ 〔美〕赫伯特·马尔库塞：《审美之维》，李小兵译，桂林：广西师范大学出版社 2001 年版，第 140 页。

的《作为现实形式的艺术》可以看出，马尔库塞希望保持艺术的审美形式，并非要将文化艺术中的否定性封闭在由内在自由和灵魂之美的"安慰式的满足"① 中，而是要激发出内含在审美形式本身的实践本性，通过对审美形式的不断创新和改革的"活形式"的重塑运动，支持艺术向非对象艺术、抽象艺术等在现实生活中构建"具体的乌托邦"的方向发展，实现传统资产阶级那种肯定性质的艺术形式向"活生生的形式"转化，通过这种活的通往现实的艺术形式"把语词、形象和声音赋予未曾蹭到的东西，赋予谎言及其揭示，赋予恐怖及其由它进行的解放，赋予肉体及其感受性，并以此作为生命'美学'的源泉和根基"②。

## 二、艺术与革命

当现实的政治运动转入低潮时，马尔库塞比以往更加冷静地审视艺术与现实革命的辩证关系，此时的他仍然坚定不移地为艺术与艺术形式的革命性与否定性辩护，但艺术具有革命性并不代表要取消现实与艺术理想之间的差异，更不是以艺术完全介入现实革命、宣传革命内容为实现人类解放的方式，而是始终强调艺术的审美形式不能够被取消。换言之，他一直强调的是以艺术形式所发挥出来的对现存秩序的否定去凸显艺术与现实的距离，这种距离激发了艺术家按照审美形式将美的理念在人类的感性层面表象出来，并不断地以这种被艺术形式重新规划过的新感性在现实世界中构建新的、自由的天地，这就是马尔库塞在学生运动退潮后的政治美学理论中常用的"作为现实之形式的艺术"所包含的深意。

---

① 〔美〕赫伯特·马尔库塞：《审美之维》，李小兵译，桂林：广西师范大学出版社 2001 年版，第 9 页。

② 〔美〕赫伯特·马尔库塞：《审美之维》，李小兵译，桂林：广西师范大学出版社 2001 年版，第 184 页。

　　马尔库塞在正式论证艺术与革命的辩证关系之前，重新分析了资产阶级文化。这次他对资产阶级文化性质的界定与 1937 年《肯定性的文化》一文有了明显的差别。他在《肯定性的文化》中分析了资产阶级文化的双重属性，一是否定性，二是肯定性。资产阶级文化也被马尔库塞称为高级文化，是理性主义文化的代表。在资产阶级与封建制度对抗时，高级文化营造出来的美的意境，与封建统治下的现实形成对比，理想与现实之间的矛盾不可回避、一触即发，为资产阶级革命的胜利提供了助力，此时的资产阶级文化性质以否定性为主。但资产阶级掌握政权后，随着经济与科学技术的发展，技术理性对感性的压抑造成与审美理性的对立，高级文化通过与现存的对立为被统治者营造了一个虚幻的、安慰性质的避风港，下层民众的革命与反抗动力在这个由"幻象"构造的艺术空间内逐渐丧失，理想与现实的矛盾也在其中走向平息，文化由革命初期的否定性变成了单向度的肯定性，稳固了统治秩序。由此可见，马尔库塞曾对资产阶级文化主要持批判态度。

　　但是在《阻碍革命与反抗》中，马尔库塞面对着政治运动失败后已经进入国家垄断资本主义的发达工业社会中出现的"反艺术形式"的潮流，又重新反思了资产阶级文化的性质。他认为此时资产阶级文化受到"凯恩斯主义""消费者社会""亚文化"的冲击而分崩离析，不再占据主导地位。但这并不意味着内蕴于资产阶级高级文化中的审美形式应该被取消，正因为审美形式的存在，原本的资产阶级文化获得了审美形式上的"高级"感。虽然描述的是资产阶级统治下的人的具体现实生存境况，但借助于审美形式与美学"幻象"，可以穿越时空界限获得普遍的"超越"意义，正如阿多诺所说的那样，"艺术反映着与整体异化相伴随的压抑和控制的整体特征"①。为了说明这点，马尔库塞提出了这样的问题：为什么我们在今天仍旧能在希腊悲剧、中世纪史诗中

----

　　① 〔美〕赫伯特·马尔库塞：《审美之维》，李小兵译，桂林：广西师范大学出版社 2001 年版，第 171 页。

体验到栩栩如生的美感？难道资产阶级文化中艺术与美的"真理"在其他阶级社会文化中就注定消失吗？这是由审美形式本身的"客观性"决定的，它表现在"审美形式反映了人类理智、感性和想象的某些永恒的性质"①。无论艺术作品所记录的是哪种特定阶级作者与艺术家的生活与感悟，都能够借助审美形式来表达人类对现实的对抗与超越，因此，真正的艺术是超越阶级的，能够在人类整个历史阶段（马克思所说的人类前史）发挥出普遍的否定性与革命性功能，因此审美形式本身就具有对日常现实生活经验"陌生化"的革命与政治意蕴。在这个意义上，马尔库塞就完成了对资产阶级文化的"平反"，虽然资产阶级的高级文化与艺术形式的主导权掌握在少数特权阶级手中，使文化打上了资产阶级意识形态的烙印，成了资产阶级意识形态的价值体系的政治传声筒，但由于资产阶级文化内蕴的普遍的审美形式本身传递的是人类理想的新社会与被异化的现实之间的矛盾，因此资产阶级文化也能够超越其阶级属性，成为一种批判的、超越的、斗争的文化，也就是说"只有在审美形式中，才有资产阶级的反资产阶级性质"②。不能因为文化的阶级性就否认审美形式的革命性质，甚至把取消审美形式的、取消艺术与现实之间差异的作品当作唯一有权利参与现实政治运动的"艺术形式"。可以说，马尔库塞对艺术审美形式的反思，是对之前"肯定性的文化"的理论修正，这也解释了在其晚年美学理论中为何不再以亚文化或现实主义文化或"无形式"的文艺作品作为他向资本主义世界发起挑战的武器。

　　在分析艺术形式本身具有的革命性与对现实的拒斥性的基础上，马尔库塞辩证地总结了革命与艺术的真正关系。他认为艺术与革命之间的

---

　　① 〔美〕赫伯特·马尔库塞：《审美之维》，李小兵译，桂林：广西师范大学出版社 2001 年版，第 147 页。

　　② 〔美〕赫伯特·马尔库塞：《审美之维》，李小兵译，桂林：广西师范大学出版社 2001 年版，第 152 页。

对立性相较于统一性而言是第一性的，也就是说如果不承认二者之间的
对立性，艺术将无法实现其中的政治功能，无法达到艺术与革命的统
一。艺术在本质上不能以直接介入政治运动的方式将艺术转化为现实，
文艺作品也不应过度强调现实的政治性，艺术形式要以"诗"性的语
言与语词的意义为构造方式不断超越日常语言与客观经验，以达到与现
实"陌生化"的效果，这样才能实现艺术形式到现实形式的转化，因
此"艺术作为现实形式"的正确意思是"揭示出解放的基本方面，即
按照人的解放了的感性（和理性），对技术和自然的世界，进行革命的
改造"。① 而解放了的感性和理性实则是"新感性"的理论延续。那
么既然艺术与现实的政治革命之间是对立的，如何使艺术在现实革命
运动中发挥出激进的政治力量，这是马尔库塞重点说明的问题，即重
申"梦幻现实化的战略"② 与直接抛弃艺术形式使艺术成为宣传政治
思想的传声筒这种"现实化"的根本差异，这种差异就在于是否发现
审美形式，使艺术保持与实践之间的距离，使不同于日常生活经验的
艺术意象进入到人的想象领域，从而渗透进人的本能心理，唤起新感
性，克服工具理性的奴役，在完成思想领域内的解放之后激发人们的
革命意识和冲动，推翻现存统治秩序，建立新社会。马尔库塞在这里
没有将资本主义统治作为特定的革命对象，因为在他的意识里只要是
人的现实生存仍处于"异化"阶段，只要人最本真的感性生命冲动仍
受技术理性压抑，那所有的社会形态不论是资本主义的还是"社会主
义"统治秩序都应该被艺术革命所推翻。他的"艺术形式现实化"
的解放策略实际上存在明确的批判对象，那就是取消审美形式的艺术
纲领，比如在两次世界大战期间安东宁·阿尔托德的"艺术必须成为

---

① 〔美〕赫伯特·马尔库塞：《审美之维》，李小兵译，桂林：广西师范大学出版
社 2001 年版，第 167 页。

② 〔美〕赫伯特·马尔库塞：《审美之维》，李小兵译，桂林：广西师范大学出版
社 2001 年版，第 169 页。

大众的艺术，成为大街上的事情，成为有机物、肉体、自然的东西"① 的艺术纲领，马尔库塞认为这种推崇将人对现实的抗议直接转化为行动的纲领取消了审美形式所营造的精神内涵，取消了艺术与现实的距离，把人们在大众媒介、公路和娱乐场所等日常设施中习以为常的噪音当作领导革命的号角，显然违反了艺术的"陌生化"要求，那这种政治需求实际上是虚假严肃的政治，真正严肃的政治只存在于否定现实的审美形式中。

马尔库塞在承认艺术与革命实践之间存在无法克服的矛盾的基础上，提出了艺术与革命的联结点存在于审美之维上，存在于艺术本身之中。即使明知艺术不否定自身就无法实现现实的革命目标，但马尔库塞也坚持维护艺术审美形式在革命中的独立地位。他以布莱希特的诗歌为例，说明在诗性的语言中即使用直接感知中的事物作为意象，这个意象本身也能在审美形式的作用下，转为超越所有直接感知和形象，进入美和自由的领域。因此，艺术与现实的冲突不是不可调和的，艺术形式虽然与现实保持距离，但它能激发被压抑的爱欲，否定激发意象产生的现实环境，如商品世界，最后使人通过审美想象抵达自由的美学境界，执着于在现实的政治实践中建立一个更美好的社会，对于革命的希望应建立在不断更新与发展审美形式上，因此他说审美形式"否定着幻象，也执着它的现实和实现"②。于是马尔库塞把反对取消艺术形式的运动当作使审美形式的生命不断延续的政治运动。只有人类陷入无法分辨美丑、真假、善恶的蒙昧主义中，艺术才能真正否定自身，走向消亡。艺术为了保护自身的审美形式而必须与蒙昧主义决一死战的时候，也是艺术面临着存在的紧迫性的时候，那也就是艺术家必须走上街头的时候。

---

① 〔美〕赫伯特·马尔库塞：《审美之维》，李小兵译，桂林：广西师范大学出版社 2001 年版，第 169 页。

② 〔美〕赫伯特·马尔库塞：《审美之维》，李小兵译，桂林：广西师范大学出版社 2001 年版，第 175 页。

在这个意义上，"艺术的命运，与革命的命运总是联系在一起的"①。当然，马尔库塞对于艺术的审美形式本身的革命性的坚持，否定了以人民群众为中心的艺术革命宗旨，使他不可避免地陷入了"为艺术而艺术"的精英主义倾向中，这也为他在最后一本著作《审美之维》中激进地批判马克思主义美学，否定现实主义的文学而推崇形式主义的艺术，革命的主体只能是少数艺术家的种种观点，埋下了日后令人诟病的种子。但从这种追求高级文化的审美形式是否能够走入生活条件不断提高，人们的思想不断解放的普通百姓家中的角度来看，马尔库塞没有剥夺普通民众追求与享受"高雅"艺术的权利。

## 三、审美形式的自律性与异在性

在 20 世纪 70 年代中期，马尔库塞仍在找寻革命的历史主体，但新左派运动的失败使他备受打击，于是他把革命的希望寄托在充满浪漫主义色彩的审美世界中，他的最后一部著作《审美之维》可以说是他的整个革命生涯的总结。

很多学者认为马尔库塞创作《审美之维》的初衷是批判"正统"马克思主义美学，这一点在《审美之维》的副标题中已经得到证明，但马尔库塞更深层的创作意图是在重新阐明艺术的审美形式的政治潜能的基础上，揭示它本身所具有的感性冲击力，他认为这是在被技术理性统治秩序所整合的社会中唯一的突破性力量，而《审美之维》寄予了自马尔库塞少年时期以来的文本中所蕴藉的东西，那就是他对前技术时代——古希腊时期的深厚人性的推崇，尤其是对古希腊人与命运抗争精神的崇敬，而现代技术社会中的人与命运抗争的意识已经丧失，因此他要用"追忆""回忆"去唤醒这种意识，这就是在他一生的著作中，

---

① 〔美〕赫伯特·马尔库塞：《审美之维》，李小兵译，桂林：广西师范大学出版社 2001 年版，第 176 页。

"追忆""回忆"这类词俯拾即是的原因。回忆的不仅是古希腊时代中蕴藏着的感性的深厚人性，还是人类童年时期的潜意识本能冲动，而他认为这才是人真正的类本质。这就是为什么他从浪漫主义美学开始，途径存在主义美学后，经历了黑格尔的历史总体性以及理性的超越精神后，带着弗洛伊德性本能回到了最初在从事书商工作中所接触到的席勒政治美学中去，而他此时的思想已超越了席勒，更为接近费尔巴哈。

马尔库塞认为蕴藏着感性的深厚人性如今只能在纯粹的审美世界中去寻找，而在当时，纯粹的高雅美学被扣上了资本主义的帽子，尤其是被"正统"的马克思主义美学家当作脱离人民大众的意识形态去批评，完全将真正艺术的审美形式中所包含的"自律性"与"异在性"抛之脑后，忽视了艺术作品要与社会通行的意识形态保持一定距离的要求，这才是艺术保持自身超越性和否定性力量的源泉。他通过直击东欧"正统"马克思主义美学要害的方式，揭示审美形式的自律性与异在性。本书将它们概括为三个方面，分别是：

第一，"正统"马克思主义美学只承认上升阶级，即无产阶级的艺术是"唯一真诚的、真实的、进步的艺术"①。马尔库塞却认为真正有艺术价值的美学作品，不应只是反映上升阶级意志的内容，也不应该以其内容是否包含无产阶级意志为评判该作品是否具有革命性的标准。而美学中审美形式本身的自律性要求艺术摆脱日常经验与现存秩序的操控，因而具有了否定性与超越性，但审美形式具有革命性的更重要的原因是艺术作品能够借助其审美形式，展示出个体反抗不自由的社会现实的普遍命运，并以此打开解放的广阔视野。在纯粹的审美世界中所展示出的斗争命运超越了一切特定的社会历史结构，是人的类本质的凝练，表现为快乐与忧伤、成功与绝望、爱欲与私欲。马尔库塞在《审美之

---

① 〔美〕赫伯特·马尔库塞：《审美之维》，李小兵译，桂林：广西师范大学出版社 2001 年版，第 193 页。

维》中将人的类本质概括为"变革个体的冲动和欲求"①，即人的心理——肉体本能，这是人类凝聚成一个自由的联合体的前提条件，而艺术之所以具有自身的真理，也恰恰是构成其审美形式的条件，即寄予在普遍人性中的一种反抗的维度。因此，艺术作品呈现出的个体反抗命运不仅在描述工人阶级文学中存在，甚至在所谓的资产阶级文学中也存在。能称得上为真正艺术的作品，其根源不在于其再现的是哪个阶级的真实生活和利益观，而在于是否揭示了普遍人性中的原初属性，即在前技术时代的古希腊社会中没有受到任何现实原则所压抑的本能结构，这才是构成真正审美形式的"质料"，而这些绝不能够被归纳为简单的阶级斗争。从这个意义上来看，马尔库塞认为艺术的形式是由源自于人的心理与肉体欲望的质料构成的，因而审美形式本身就是内容，二者并非是割裂的，内容与形式在审美的世界中是统一的，所以马尔库塞把审美形式定义为"把一种给定的内容（即现实的或历史的、个体的或社会的事实）变形为一个自足整体（如诗歌、戏剧、小说等）所得到的结果"②。既然艺术的使命在于解放人性在与命运斗争中所激发出来的爱欲、感性、想象与理性，说明审美形式的存在本身也代表着感性与理性的统一。由此可见，审美形式也是马尔库塞自新左派学生运动发起以来一直强调的"新感性"的理论来源，这说明他的美学思想和哲学思想实际上也是政治思想，是为现实的政治运动而服务的。因为只有在艺术这个异在的世界中，才能建立起崭新的、不受压抑与控制的、与快乐原则同一的现实原则。

第二，"正统"马克思主义美学认为艺术作为上层建筑的一部分，和其他意识形态一样，随着生产关系的变化而变化，美学要遵循经济基

---

① 〔美〕赫伯特·马尔库塞：《审美之维》，李小兵译，桂林：广西师范大学出版社 2001 年版，第 202 页。

② 〔美〕赫伯特·马尔库塞：《审美之维》，李小兵译，桂林：广西师范大学出版社 2001 年版，第 196 页。

础决定上层建筑这个绝对律令，艺术也要真实地再现作为物质基础的现实社会，而无产阶级恰恰是与现实的物质生产直接发生关系的群体，因此文学创作的手段——"模仿"的对象必须是无产阶级的现实生活，所表达的诉求也必须是无产阶级的价值观，其内容也应该是无产阶级的革命实践，其艺术形象塑造的要求是通过主人公这个"典型"人物的塑造，反映出具体的社会历史，即"作为整体的人性的'客观趋势'"①。马尔库塞则认为这种观点完全否认了审美世界中主体性的本体论地位，低估了个体潜意识，即感性力比多的政治力量，取消了审美形式的自律性，看不到艺术真正的伟大之处在于与物质世界的分离，致力于最大限度地唤起人类情感中的爱欲与死欲对现存的超越性与破坏性，从而使现存秩序的神秘性与垄断性彻底失效，揭示蕴藏在审美世界中超越特定具体社会条件的普遍人性，这才是艺术世界的真理。因此，艺术因其审美形式的自律性，并不是传达统治阶级世界观的"虚假"的意识形态，而是通过保留人与自然之间最隐秘的两种自然（外在自然与内在自然）本能——生理与心理之间的能量转换，具有了超越特定的社会存在的先导性，从而建立起新的社会秩序与现实原则，反对与改变既存的社会。在自律的艺术世界中，艺术的使命在于对爱欲的永恒追求与对生命本能的深切肯定，使人类冲破社会关系与交换价值交织而成的牢笼，回归本真的生存与本能的爱恨，"从而把个人实现自身的场所从行为原则与利益动机的领域转移到人的内在源泉（如热情、想象、良心等）的领域，这种经验就可能变成一股强大的力量，形成新感性"② 去攻击与颠覆资本主义社会的集权统治与价值原则。而主体性作为人类爱欲的内在源泉，目的是改变"共同体中的男男女女"的"个

---

① 〔美〕赫伯特·马尔库塞：《审美之维》，李小兵译，桂林：广西师范大学出版社 2001 年版，第 199 页。

② 胡健：《爱欲解放与审美之维——论马尔库塞的美学思想》，载《西北师大学报（社会科学版）》，2009 年第 3 期，第 34 页。

人倾向和需要"①，这恰恰是社会主义革命实践所不可却少的主观基础，由此可见，主体性已成为一种政治力量。而艺术与主体性的关联使社会总体的历史性概念被纳入了感性的方法，并形成风格，以构成主体自身的个体情感去再现社会历史结构。因此，主体性作为打破物化现实的反抗力量，还原了前技术时代，尤其是史诗时代人类对必然性命运的反抗斗争，这种反抗命运恰恰是普遍人性的集中体现。它不是无产阶级的专属，而是一切历史情境下的能感觉到自己的受动的感性的存在物的内在历史。它是一切受到自然与时代的非人性折磨的个体的普遍命运，是造成社会的进步与政权的更迭的元社会因素，是促进生命潜能的人类意识。这种意识的主体在马尔库塞看来，不是无产阶级，因无产阶级已然被垄断资本主义社会所整合，而是能够按照艺术自律性法则行事的、不屈从于现实秩序的、具有新感性的受压迫的阶级，是"部分的人民"，并不是主体意识未苏醒的"人民本身"②，然而这种力量仍是潜在的。因此，作家无论在其主观上怎样摒弃审美形式，在客观上还是获得了无产阶级身份，只要从事艺术创作，由于艺术本身的内在性与超越性，就会使他们不得不站在"人民"的对立面，这样才能让被垄断资本主义操纵的男人和女人回归他们的内在性，重拾他们的主体性。

第三，主体性与内在性在"正统"马克思主义美学那里被打上了"资产阶级"的烙印，浪漫主义因过多描述感性体验而不以阶级意识形态为内容，被"正统"马克思主义美学当作腐朽的艺术形式，而现实主义因其内容直接与革命实践同一而受到推崇。马尔库塞则认为不管哪种文学形式，只有遵循审美形式的自律性，以及与现实保持距离的陌生化原则，才能最大限度地保留对前技术时代美好图景与人的整个

---

① 〔美〕马尔库塞：《现代美学析疑》，绿原译，北京：文化艺术出版社 1987 年版，第 14 页。

② 〔美〕赫伯特·马尔库塞：《审美之维》，李小兵译，桂林：广西师范大学出版社 2001 年版，第 213 页。

生命冲动的追忆，以及隐含在主体性中的反抗力量，这样的美学形式才具有真正意义的政治功能，而过分强调与现实的直接同一的艺术作品反而会削弱其解放的冲击力。艺术以其审美形式重新组织感性材料，将发生在特定的社会现实中具体生动的、感性的爱欲质料凝聚在艺术形式成分中（语词、色彩、音色），通过"审美模仿"① 将"造型的模仿结果"② ——瞬间的恐惧或快乐——升华为永恒的"异在者"，这样才使日常经验中真实存在的、却未加反思的神秘力量③经过"文字的模仿"④ 呈现为有限的可感物，达到"批判的模仿"⑤ 这样的无限境界，最终建构起艺术的自律王国。马尔库塞认为艺术以审美形式的自律性将有限可感物呈现为美与善的理念，那么美则是普遍与特殊的统一，体现在特殊中，美是一种个体的、有限的和暂时的东西，它要依赖于"存在"这种无法通过反思表达的情况，但美始终要进入艺术的世界，走向完善，这与早期浪漫主义反讽的追求不谋而合，即借用有限的"存在"与无限的"非存在"⑥ 之间的张力，不断趋近完善，即存在

---

① 审美模仿是构成审美形式的一道必经程序，即将情感（如恐惧、悲欢）即造型的模仿结果以零散的形式加以艺术性的升华与呈现，进而获得独特的审美形式。原文见《审美之维》第 223 页。

② 马尔库塞以法西斯主义为例，说明被写进剧本、诗歌、小说中的日常具体性经验（如恐惧的瞬间）被审美模仿凝结为永恒。这种恐惧的瞬间被马尔库塞称之为认识邪恶，是造型的模仿结果。原文见《审美之维》第 232 页。

③ 这里指未被人意识到的操控逻辑。

④ 文字的模仿，多出现于语言媒介中，通过集中、夸张、强调等艺术处理方式，以语素、语词、句子、句法等共同形成的统一体为语言载体重构现实感性材料，可将平常未曾言说的东西被言说，属于艺术中的重构活动。原文见《审美之维》第 220 页。

⑤ 批判的模仿主要体现为两种方式，一是直接表述对现实变革的渴望，二是以感性的、情感的语言蕴藉地表达对现实变革的渴望。经过这种艺术重构活动，达到对现实的起诉，从而展示一幅权力消亡、自由显现的美好图景。原文见《审美之维》第 220 页。

⑥ 经过反思后的本质。

与非存在之间的同一。但正如马尔库塞所说，即使在由一种崭新的现实原则组成的不受异化劳动压抑的社会中，主体与客体、个体与个体也永远无法达到同一，因为人只要根植于自然，就要听从原始的自然的肉体与心理需要，但本能需求由于爱欲的力量会不断升华，朝着美的理念世界进发，审美人性是人类的"类意识"，因此，艺术不会消亡，酒神与日神的冲突也无法得到最终的调和，有限与无之间的分裂状态限也无法弥合，"铁血式的进步观念"与"最终建立起来的人性"①仍是艺术所反对的。索尔格将艺术的真正所在定义为无限与有限之间不断进行过渡的反讽②，那么马尔库塞一贯坚持的则是一种艺术上的讽刺，即强调艺术以感性方式表现比日常现实更多的真实，通过审美形式将现实的世界与虚构的世界颠倒过来，符合浪漫主义反讽的宗旨。因此，马尔库塞关于艺术的政治潜能的设定，即以艺术审美形式加工过的有限表象去消灭并改造日常现实中的有限，揭露并消灭隐藏于垄断资本主义社会中的神秘操控逻辑（机械化的施行原则）这种无限的方式，属于浪漫主义反讽③，它不同于普通的讽刺④和修辞上的讽刺⑤，在艺术中建立起一个超越物质性生产的自律王国。这种自律性，在"正统"马克思主义美学中是不被承认的，因为现实主义文学

---

①　〔美〕赫伯特·马尔库塞：《审美之维》，李小兵译，桂林：广西师范大学出版社 2001 年版，第 221 页。

②　〔德〕曼弗雷德·弗兰克：《德国早期浪漫主义美学导论（下）》，聂军等译，长春：吉林人民出版社 2011 年版，第 315、323 页。

③　在浪漫主义反讽中，不仅有限的表象会由于一种有限毁灭另一种有限而消亡，而且无限——只要它是有限的相关物——也受到反讽的破坏。原文参见曼弗雷德·弗兰克：《德国早期浪漫主义美学导论（下）》，第 349 页。

④　路德维希·蒂克将"一种简单的讽刺，即事物被颠倒了：坏的说成好的，好的说成坏的。"转引自曼弗雷德·弗兰克：《德国早期浪漫主义美学导论（下）》，第 343 页。

⑤　停留于修辞学层面的，建立在讽刺手法基础上的精彩的语言技巧。参见于弗里德里希·施莱格尔的《学堂片断》第 42 段（KA Ⅱ，第 152 页）。

直接以阶级革命为内容具有了政治性，而他们却忽视了即使是现实主义也难以逃脱审美"形式的专制"①，现实主义文学也致力于揭示并消灭压抑人类爱欲的未经反思的无限力量，最终为个人的潜能得到全面解放的共产主义而效力。在这个意义上，取消艺术的自律，"摒弃审美形式就是放弃责任"②。

《审美之维》围绕着艺术的审美形式以及它的自律性与异在性特点，全面地反击了"正统"马克思主义美学。然而，这不是马尔库塞第一次集中谈论艺术的审美形式，在《反革命与反抗》（1971年）与《作为现实形式的艺术》（1972年）中也分别定义过审美形式。他在《反革命与反抗》中只是在本体论意义上把各类艺术作品中自身的不变的内在规定性称之为审美形式。③ 可见，马尔库塞对审美形式的界定中隐含着对形式的能动性的说明，它主动地对杂乱无序的质料加以组织，使之获得和谐的秩序，这里受到了亚里士多德的"四因"说与"模仿"说的启发。亚里士多德将生活领域分为"必然有用的"和"以'美'的东西为目的"的两种行为，而四因中的"动力因"与"目的因"可归为"形式因"，它将现实的和过去生活中的"必然有用的"质料因以"'美'的东西为目的"的形式加以统筹，重新整合为描述"应当有的事"，这就是亚里士多德所说的"诗的模仿"。④ 那么马尔库塞提出的审美形式也是通过"诗的模仿"将人类活动中引起美感的物质组织起

---

① 〔美〕赫伯特·马尔库塞：《审美之维》，李小兵译，桂林：广西师范大学出版社2001年版，第218页。

② 〔美〕赫伯特·马尔库塞：《审美之维》，李小兵译，桂林：广西师范大学出版社2001年版，第224页。

③ 〔美〕赫伯特·马尔库塞：《审美之维》，李小兵译，桂林：广西师范大学出版社2001年版，第141页。

④ 〔古希腊〕亚里士多德、〔古罗马〕贺拉斯：《诗学·诗艺》，罗念生、杨周翰译，北京：人民出版社1962年版，第92页。

来，并以此安抚暴力，它要求"服务于感性和快乐"① 的真理获得自律性并显现出来，实现存在于审美秩序中的应然的价值目标，这便是"诗的正义"②。

关于艺术世界中的价值目标是什么，马尔库塞进一步在《作为现实形式的艺术》中说明：那些在诗文、故事与点、线、面构成的关联中，未曾被人反思过的尚未出场的东西恰恰是亟待说明的真理。③ 但这种真理不是自明的，而是要通过审美判断被揭示出来，并获得普遍的有效性，因此审美判断是美学获得政治性的关键，也隐含了审美形式自律的特点。卢克斯认为马尔库塞的审美形式是对康德的判断力批判的拓展。④ 康德认为主客体之间的心理对抗体现在感性与知性、理论理性与实践理性之间，而它们之间存在着一个自律的领域，它通过快乐与痛苦起到调节与联结上述两者的作用，康德称之为审美判断力，是人类心灵的第三机能。马尔库塞却认为审美判断应是心灵的核心机能，他延续了康德的观点继续论证道："审美方面的基本经验是感性的；审美知觉本质上是直觉。"⑤ 接着又根据康德的《人类学讲演录》指出"存在一门感性的科学，即美学，建立起的是普遍的感性的规律"，美与感性直接相关，它通过审美想象获得形式，为快乐的感性建立起普遍有效性，即

----

① C.Reitz. *Art*, *Alienation*, *and the Humanities*: *A Critical Engagement With Herbert Marcuse* (*SUNY Series in Philosophy of Education*), Dulles, VA: State University of New York Press, 2000, p.107.

② 〔美〕赫伯特·马尔库塞：《审美之维》，李小兵译，桂林：广西师范大学出版社 2001 年版，第 166 页。

③ 〔美〕赫伯特·马尔库塞：《审美之维》，李小兵译，桂林：广西师范大学出版社 2001 年版，第 180 页。

④ John Bokina, "The Flight into Inwardness: An Exposition and Critique of Herbert Marcuse's Theory of Liberative Aesthetics", *Telos*: *Critical Theory of the Contemporary*, No.68, 1986, p.83.

⑤ 〔美〕赫伯特·马尔库塞：《爱欲与文明》，黄勇、薛民译，上海：上海译文出版社 2012 年版，第 129 页。

康德所说的"无规律的合规律性"和"无目的的合目的性",但马尔库塞对康德把判断力批判中关于美表现为道德的象征的观点加以改造,强调审美与感性的直接关系,这是由人的自然性决定的,因此形式不必拒绝感性,经由审美想象把杂多的感性统一为纯形式,而且形式包含着感性。这为他在《审美之维》中以形式和内容的关系为重点再次定义审美形式做了铺陈,而且在审美形式中形成了一个自律的天地,在新的天地中感性、快乐、安宁和美成为了生存的根本形式,能够冲破技术理性的统治,唤醒感性的力量使人的自由潜能得到实现。

在自由的艺术天地中,所有感性的审美形象凭借审美形式与日常经验世界保持距离,在形式王国中语词的意义也被改变,因此,"艺术也是异在"①。现实主义作品中的主人公即使言谈举止和日常生活中的毫无二致,但也经过审美形式的反讽发生变形。这就是马尔库塞在《审美之维》中对审美形式异在性的解释,其理论来源于俄国形式主义的"形式即是内容"的主张,马尔库塞也曾在《论新感性》中重申了这一观点,他"坚信形式就是内容,艺术正是借助形式,才超越了现存现实,才成为在现存现实中,与其作对的作品"②。俄国形式主义代表人物什克洛夫斯基关于艺术"奇异化"手法的论述给了马尔库塞很大启发。他认为"奇异化"的手法是把"形式艰深化,从而增加感受的难度和时间的手法"③。马尔库塞所说的审美形式的异在性实际上就是这种"奇异化"带来的效果,强调对现存日常生活的陌生感,这样艺术就能打破虚假的、未经反思的习以为常,建立起独立的真实世界,远离

---

① 刘闻名:《马尔库塞的政治美学研究——基于马克思主义视角》,吉林大学博士论文,2016年,第99页。

② 〔美〕赫伯特·马尔库塞:《审美之维》,李小兵译,桂林:广西师范大学出版社2001年版,第112页。

③ 〔俄〕维克多·什克洛夫斯基:《散文理论》,刘宗次译,南昌:百花洲文艺出版社1997年版,第3页。

现行政治、现实原则以及宗教道德等意识形态，最终新的理性与新的感性在这个审美世界中走向协同统一，这样人的潜能才可在这片天地中得到解放，才能摒弃一切由异化劳动的奴役，感性才能从理性的压制中解放出来产生自由联合中全面发展的自由个性，回归前技术时代——古希腊时期感性与理性统一的、富有斗争性的最美人性。

# 本章小结

在美学介入政治的道路上，马尔库塞的研究重点经历了"文学、美学—哲学—社会学—心理学—美学"的转变过程，这样的轮回不仅是他从政治失意到美学逃遁，再到为理论指南建立哲学地基，再到引导现实政治运动，最后回归美学中实现政治抱负这样的政治与美学不断交错的见证，还是他的政治美学理想从单薄的文艺之思到深厚的人类解放之思这一质的飞跃的否定之否定过程显现。虽然他以爱欲与新感性为武器的政治运动在当时的资本主义意识形态统摄的西方世界失败了，但贯穿其一生的关于艺术理想与政治现实之间的张力问题的思考在资本与艺术博弈的今天仍有其存在的意义。马尔库塞用其一生将政治的美学化与美学的政治化的工作做到了极致，他用艺术与现实的对立与统一影射现代社会的人类越来越缺少审美想象的能力、空间与社会环境。人在心理根源上，甚至在自然本能上越来越失去了反抗的自由与超越的可能，于是他在全面整合的政治局势中向全世界的人民传达了这样的理念：拯救人类的审美与想象本性的审美理想也是政治理想。马尔库塞对于人类解放的共产主义理想的解释也是建立在美学伦理意义上的，因此，他的美学思想是一种广义的政治学。艺术与现实之间的张力问题，是人类古已有之的谜题，它象征着理想与现实的距离，正是人们能感应到、体悟到这种距离，才有了向美而生的超越冲动。马尔库塞的政治美学批判理论恰恰是为了拯救人类对这种距离的感知能力——新感性，而不断地应用艺术幻象、文化的否定性、陌生化、自律与异在的审美形式去提醒人们：他们当下所生活的世界以及他们在其中所追求的东西都不是真实的，唯有艺术与想象才能让人们重新识别何为本真需求，何为目的在于自身的实践，如果人类没有真正的艺术与审美力，即使富足社会能够提供先进的科学技术与充裕的物质生活资料，不能按照爱欲本能的自然牵引而行动的人也依然是思想贫瘠的、饱受奴役的可怜人。因此，马尔库塞坚信唯有好的艺术才能把人的感性从理性的压抑中解放出来，去表现人们的丰富感知、去彰显人们的"爱和建设的力量"① ——爱欲，唯有在艺术的自由天地中才能迎接新感性的诞生，唯有新感性成为新的意识，感性与理性的协同统一才能实现，真正的共产主义才能到来。

---

① 李进书：《西方马克思主义的审美现代性与续写现代性》，北京：人民出版社2011 年版，第 103 页。

# 第四章　马尔库塞政治美学批判的思想特质

　　马尔库塞终其一生，试图构建一种独特的以情感为本体的社会批判理论，可以说他的尝试是激进的。他赋予浪漫主义以新的开放构境，给了由技术理性与额外压抑的施行原则相互勾结而成的政治危机以重创。其思想深受浪漫主义的影响，取道于浪漫主义与唯美主义的精髓实现总体人性的重建。他发现了技术理性与资本主义对审美人性的压制与戕害，而美学最本质的特征——审美形式在他看来则是人之为人的本能欲望——爱欲所凝结而成的人的类本质。这种类本质是原初人性在自然界中的本真形态，它代表着人与自然之间、人与自己的生命、肉体、心灵、感性之间最隐秘也是最基础的能量交换纽带。随着马尔库塞的批判指向——资本主义制度下的技术理性——逐渐明晰，他找到了弗洛伊德的元心理学——本能理论，为自己从青年时期就产生好奇的人性中的审美本质奠定了其中的生物学基础。爱欲与死欲的对抗，是人的本真与原始冲动，也是一切肉体与生命的源泉。这种对抗理应贯穿于生命个体一生的奋斗之中，是人类血肉、神经、思维、意识、生活、行动的力量之源。可以说在此意义上，马尔库塞独具慧眼地发现了弗洛伊德精神分析的快乐原则、现实原则、生欲、死欲、力比多、本能等概念，已经远远超越了单纯的心理学范畴，而应该是一个哲学范畴。他认为人类的爱欲本能不同于吃、喝、繁衍的动物性本能，是一个快感政治学的概念，是一个哲学概念。它标志着人类向模糊的未来不断憧憬之原动力，也是人类不断地对残酷现实发起攻击与斗争的力量之源，还是对阉割人的感性审美幻想冲动的极权主义的反讽。爱欲不同于性欲，爱欲寄托着人性中最深沉的审美理想。爱欲化了的性欲，不是单纯为了繁衍，也就是说，马尔库塞认为性行为本身应是目的在内的，此冲动是出自于闲暇、出自于享受、出自于人性最本真的需要，这些都可以上升与概括为审美的需要，而不是出于繁衍的需要，即为了向资本主义世界再生产原子化的"零件"个体的需要。因此，马尔库塞将人的类活动都划归为享受快乐、忠实于快乐的审美活动，这其中不只包括性，他在追溯了古希腊的"知觉"与"美"同源的原初语境后，便将其扩大为一切身体器官所接收到的快感与愉悦的审美感受。

## 第一节　作为政治美学的批判理论

马尔库塞的政治美学批判是一种以爱欲本能与新感性美感本体为反叛力量的批判理论，批判的是与极权主义相一致的施行原则与意识形态。这种施行原则充斥于现代工业社会中，造成人性的异化与分裂。但马尔库塞认为无限向往快乐原则的无意识心理力量并没有泯灭，它集中于爱欲领域，忠诚于生命本真之美，化作直接表达人类恐惧与希望的美学与艺术。马尔库塞的政治美学改变了传统意义上非功利的美学，赋予美学以实现人类爱欲解放与审美人性复归的革命潜能，将美学改造为广义的、使人走出全面异化困境的政治学，也改变了传统意义上暴力政治，以造就完整的人性与实现审美的人的解放为政治解放的目标。因此，马尔库塞的美学思想是一种的广义的政治学，体现的是寻求人的现实解放的价值追求与政治理想，同时强调将感性、肉体、情绪、欲望等美学范畴应用于政治实践中去，并在现实的政制中寻求美的存在的普遍方法。因古希腊哲学中对政治的阐释也包含着美的伦理与文化释义，政治与美学可以作为一个自洽性的整体，这其中包括政治的美学化与美学的政治化的双向互动过程。马尔库塞以政治美学为社会批判的方法论，这是可以从他的理论建构过程中发现的。他深究身体、感性等美学范畴的生物学基础，并加以哲学化创立了爱欲理论，以能否激发或满足爱欲为判断艺术性的标准，靠幻象拉开理想与现实的差距，使人意识到现存秩序的不合理进而改变它，从而以内蕴着爱欲的新感性为武器建立新理性，这些都说明他是沿着政治美学化和美学政治化的双重路径进行理论建构的。

## 一、政治美学的提出及内涵

近年来，随着情感关怀与审美观照在追求美好幸福生活过程中的地位日益突出，越来越多的研究者将目光聚焦到政治与美学的深层关联上来。虽然政治美学的含义在国内外尚未统一，但是政治与美学的关系作为一个研究领域早已出现，最早可以在柏拉图的《理想国》和孔子的著述中找到踪迹。比如，柏拉图将美学当成政治治理的一部分，文学、音乐、绘画要表达有利于社会安定的观念；孔子则将仁政思想当作美与善统一的最高审美理想。在这个意义上，可以将政治美学看作一门专门研究政治与美学关系的学科。

国外对政治美学的研究可以追溯到 18 世纪，艺术家为了使自己的奋斗被社会接受，选择在一种更崇高的意义上专注于纯形式的问题。如夏夫兹博里认为普通美感和趣味具有维系社会情感的政治效用，这也是评判艺术是否具有鉴赏性的标准[①]；席勒以审美游戏来突破以自然规则

---

① 文苑仲：《国外政治美学研究的五种范式》，载《理论月刊》，2015 年第 5 期，第 53 页。

和道德规则为代表的政治秩序。在 19 世纪，马克思和恩格斯把"普遍的人的解放"与"自由人的联合体"当作最美政治形式，扬弃使人发生自我异化的、作为必然性规律的私有财产，实现联合起来的个人对生产力总和的占有①；20 世纪的西方马克思主义者们在心理学、历史或社会学范围内继续挖掘政治美学的批判功能。②

上文从研究内容的角度简要地梳理了国外关于美学与政治之间关系的研究史，但政治美学的概念并没有被明确提出。实际上，政治美学作为一个学术概念最早出现在荷兰学者安柯斯密特在 1997 年出版的《美学政治学——超越事实与价值的政治哲学》论著中。③ 而国内最早使用政治美学概念的是台湾学者林锡铨，他以《政治美学》作为其学术论著的题目。在政治美学成为学术概念以后，我国学者对于政治美学的研究成果主要集中在以下七个方面：一是以吉林大学张盾为代表探索马克思"最美政制"的古希腊源头的先验政治美学。二是以南京师范大学骆冬青为代表的席勒政治美学研究。三是以南京信息工程大学的文苑仲和青岛大学的孙盛涛为代表的西方马克思主义政治美学研究。四是以黑龙江大学王静为代表的赫勒政治美学研究。五是以北京外国语大学马海良为代表的詹姆逊文化批判政治美学研究。六是以浙江大学应奇为代表的阿伦特政治美学研究。七是以中南大学刘临达为代表的中国国家治理的政治美学研究。可见，国内学者大多是以政治与美学之间的关系作为政治美学的研究对象的。

马尔库塞的政治美学不同于以上政治美学范式，他不是为了证明政

---

① 马克思、恩格斯：《德意志意识形态（节选本）》，北京：人民出版社 2003 年版，第 74 页。

② 〔美〕拉尔夫·科恩：《文学理论的未来》，程锡麟译，北京：中国社会科学出版社 1993 年版，第 122 页。

③ F. R. Ankersmit, *Aesthetic Politics*: *Political Philosophy Beyond Fact and Value*, Stanford, CA: Stanford University Press, 1997.

治与美学的关系，而是致力于使美学成为开展政治斗争的主要途径。为达到此目的，他选择性地吸收不同哲学思想丰富自己的政治美学。柏拉图是马尔库塞政治美学所无法绕开的重要人物，也正是他为马尔库塞的政治美学确定了基本框架。马尔库塞主张回到美的原初语境——古希腊哲学中，寻找感性与美的关联。他认为只有让美学回到柏拉图《会饮篇》这一起点上来，才能充分理解直接关涉感官肉体的性欲是怎样演变成超越动物性的、具有美的意蕴的爱欲的，以及美学是如何奠定与现实原则和理性秩序分庭抗礼的感性秩序的。这也是《会饮篇》中的生命之神——爱欲与弗洛伊德的爱欲生命本能的理论综合点所在。马尔库塞认为柏拉图展示了从肉体之爱到美的作品之爱，再到超越一切形体的美的知识之爱的全过程，这实际上体现了从性欲发展到爱欲的内在逻辑。他在对感性学—美学的哲学考察基础上，重新挖掘了弗洛伊德的爱欲本能中的本体论意义，将人的存在本质规定为追求快乐的爱欲生命本能。因此他扩大了弗洛伊德爱欲的范围与量，改变了性欲的质，使处于生本能与死本能对抗中的爱欲得到了存在论意义上的升华，这是一种向美而生的存在。马尔库塞的政治美学独特之处在于他创造性地运用弗洛伊德的精神分析，深入发掘"额外压抑"与"施行原则"这两个概念中的政治因素，在它们的操控下源于感性的爱欲活动成为了异化劳动，人也逐渐变成了丧失审美感性的劳作工具。可见，马尔库塞为审美理念原则加入了感性经验与身心感知等关键支撑，可以说这是填充审美理想形式的质料。他将古典美学与近代经验主义知识论融合成为一种对抗工具主义与技术理性的"观"与"体验"世界的方式，即一种不同于启蒙现代性的审美现代性的思考角度。马尔库塞还在康德哲学中发现了感性审美的"无目的的合目的性"，并超越了康德无功利的审美想象的背景，融入席勒对形式冲动压制感性冲动的批判，提出恢复感性的地位。马尔库塞的思想之所以是政治美学，是因为他始终在为感性正名，而作为感性学的美学在他这里具有了反抗理性压制的政治性。20 世纪 70 年代以后，马尔库塞主张回到美的天地中，将革命性的新感性以审美形式凝结在艺术作品与美学中，以哲学式的沉思或"静观"的方式将现实中的政治斗争与物质生产中的具体矛盾呈现出来，并以非强制性和非外在化的精神力量塑造主体意识，使人在快乐、痛苦、悲伤等情绪释放与情感体验中达到直接的爱欲升华，使身心回归到自由的审美状态，实现审美人性的解放，进入一个超越俗世与现实功利的美的理念世界，实现与现实政治秩序的"陌生化"从而对抗现实，使政治问题以审美方式得到解决，或将政治观念升华为审美理想。

马尔库塞的政治美学既属于哲学的分支，也属于美学的分支。政治美学为具体政治实践提供思想原则，它来源于经验世界，其目的是以审美理想为原则，指导或重构现实政治实践，故政治美学可被看作是广义的政治学。总之，本书所提到的政治美学是一种美学化了的政治理想，但其中也包括感性、情感、审美趣味、意志的参与所引发的情感变化与体验，并以辩证理性为动力，使感性因素不断积淀为理性渗透的文化心理结构，成为超感性的情感本体——新感性，探讨的是"什么样的政治美学是值得追求的"①，它具有本体论的意义。

马尔库塞的政治美学作为美学的分支，强调感性身体与心理欲望的释放与满足，这是贯穿审美主体的审美活动与政治实践始终的线索。因肉体与美学在原初语义上的联系，激情的权威一定要在政治运作中得以恢复，这在伊格尔顿为美学争取话语权时就已经强调过。马尔库塞致力于重新树立感性学—美学的地位，以对抗长期以来的理性专制，解决专制主义统治内在的意识形态困境。升华了的感性欲望——爱欲被他当作美学的唯物主义基础。而在康德的审美形式中感性最终被当作不纯粹的质料而逃逸。黑格尔则将感性当作为显现理念服务的工具，使它失去了独立地位。即使席勒的政治美学承认了感性欲望的重要性，最终也要与

---

① 李松：《走向政治美学研究》，载《粤海风》，2013 年第 5 期，第 53 页。

人的审美冲动结合成为通往理性的途径。当然，叔本华、克尔凯郭尔、尼采等给予感官身体以极高的肯定，但是"过多的激愤情绪使他们经常把审美与任意的幻想和低下的食欲相联系，落入一种身体的自然主义、生理主义、感觉经验主义或机械唯物主义"①。可见，在马尔库塞的认知中，感性欲望一直处于被理性所压抑的状态而使自身的政治潜能无法实现。因此，政治美学要和美学一样担负起抵抗理性压制与恢复感性权威的使命，只有将感性提升为人之为人的知识，生存于现实的物质生活中的人的形象才有存在的合理性，人类生命本能才不至于沦落到一种次级推理的地步。换言之，在马尔库塞看来只有以真实的人性——感性欲望的满足为出发点和立足点的政制，才算得上美好的、属人的政制。

马尔库塞的政治美学作为哲学的分支，要让研究存在的美学成为可以上升到理论思维的形而上学，也就是说决不能使美学成为哲学的附庸，它应该成为创造美的存在的普遍方法，也应该以强调人的本质力量及其自我决定特性为基本原则，从而为处于分离状态的主体与客体、感性与理性、男性与女性描绘一幅和谐美好的乌托邦蓝图，并在一般意义上表达人类向美而生的理想。因此，马尔库塞的政治美学应该担负起发挥乌托邦的精神力量为理想的生活方式提供可能的责任。

综上，马尔库塞的政治美学不仅可以为文艺美学和哲学研究提供新的视角，更应该作为一种生存方式，使人们切身体认到以感性为接收社会信息与调整社会与自然关系的必要性，并重新将审美想象力提升到形而上学的高度去建构价值原则，让被技术理性淹没的价值理性和实践理性得到重新开显。因此，马尔库塞的政治美学还有一个非常重要的特征，就是批判性。马尔库塞的政治美学作为一种重新审视生活的方式，意味着关注点要向感性的人的现实生存领域转移，对感性产生特殊兴趣的政治美学也是对所有支配思想和工具主义的抵抗。政治美学以艺术为

---

① 李艳丰：《审美文化的治理性与当代美学话语的文化政治转向》，载《文学评论》，2019 年第 3 期，第 12 页。

抵抗工具，艺术的作用就是使存在达到其本质形式，而每种艺术都暗含着一种使其目标变得尽善尽美的目的论。马尔库塞的政治美学最终可以达到的效果正是激发出艺术本身对审美乌托邦的向往，与被技术理性操控的社会拉开距离，实现无声的批判。

马尔库塞的政治美学在探讨审美主体与审美客体关系的深层意义上揭示了人与世界的关系，对人的在世生存问题加以观照，还为文化批判意义上的伦理政治和审美层面的研究提供了更加广阔的空间。它使我们深刻地感受到艺术、美学是实现政治理想的关键手段，它关系到人类的正义和尊严，可以改变人们对社会的认识形式，甚至通过改造我们的感知结构和身体机能，改变整个社会的生活方式。他的政治美学是对泛商品化和科层制的无声抵抗，是以心理结构和情感结构结合而成的意义象征系统，也是对文化范畴内的利益和权力斗争的深层揭示。它可以"重新整合认识、伦理和审美三个领域"①。

## 二、政治美学化与美学政治化

政治是人的存在活动，亚里士多德也早已将人定义为"政治的动物"，这是因为人是在实践活动中处理自身与他人之间关系而建构美好城邦的。在政治活动中，人们的情感、激情、欲望、想象、生命意志也必然会融入其中，政治本身也富有美学性。而人们的审美理想中内蕴着对和谐秩序的希求，这种"美学上的'秩序感'与政治上的'秩序感'出之于相同的人类冲动"②，而且"艺术表达的是人和具体存在的一切

---

① 〔英〕特里·伊格尔顿：《美学的意识形态》，王杰、麦永雄、傅德根译，桂林：广西师范大学出版社 1997 年版，第 365 页。

② 骆冬青：《政治美学的意蕴》，载《南京师范大学文学院学报》，2004 年第 1 期，第 137 页。

关系"①，人的感官、快感以及自娱的能力也必然受到具体存在的观念与国家、阶级矛盾和生产方式的影响②，同时美学也向人们提供了一个共同世界，使感官肉体在其中得到一个休息的机会后反过来对他们的生活世界产生影响，潜移默化地指导政治实践。美学与艺术作为人的感受力的结晶，其中也必然包含着政治因素。因此，不管是用"政治"修饰"美学"，即"政治的美学"，还是用"美学"去修饰"政治"，即"美学的政治"，都表明了政治与美学可以结成自洽的整体，也说明政治美学实则包含着政治的美学化与美学的政治化这样的双向互动过程。

何谓政治的美学化？政治的美学化指的是人在政治活动与政治性的生存中产生了具体的情感变化，将这种感性形态以抽象方式提升到合规律的本质层面，凝结成为具有本体论意义的审美理想。总之，政治的美学化是以一种自下而上的思辨方式，向我们提供透视政治审美现象的分析原理与操作方法的过程。比如张盾先生认为"美实现为对政制之美、人性之美和思想之美的创造与理解。哲学在这一意义上是政治美学"③，于是他将马克思的人类解放思想设定为可追溯到柏拉图那里的"最美政制"与"最美人性"的审美理想。在此意义上，可以将政治的美学化理解为开显政权更迭、政治制度、权力运作方式、政治治理与领导，甚至是一切物质生产实践环节中的美学意蕴的过程。本雅明认为这种"政治的美学化"会出现一个弊端，那就是将现实政治斗争的方式转变为"令人感到惬意的沉思对象"④，人们会在沉思中丧失抉择的行动冲动，容易使人满足于对劳动工具和产品的生产加以美学处理，或仅仅把

---

① 〔英〕特里·伊格尔顿：《美学的意识形态》，王杰等译，桂林：广西师范大学出版社 1997 年版，第 2 页。

② 〔英〕特里·伊格尔顿：《美学的意识形态》，王杰等译，桂林：广西师范大学出版社 1997 年版，第 8 页。

③ 张盾：《超越审美现代性——从文艺学到政治美学》，南京：南京大学出版社 2017 年版，第 1 页。

④ W. Benjamin, *Understanding Brecht*, London：Verso Books, 1998, p.97.

美学缩小为一种感性元素加诸城市空间、商品包装或设计与工业流水线作业，成为"供人消费的货色"①。之所以政治美学会落入如本雅明所说的消费主义的陷阱中去，是因为将政治情感抽象为哲学本体的方式使之具有超越性，如同马尔库塞所说的肯定性文化，为人们提供了一个安慰性质的避风港。

马尔库塞的政治美学批判是为了抵制资本主义社会对人的真实感性的毁灭应运而生的，我们可以把他一生的学术探索和革命经验看作政治美学化的过程。他的哲学是一种回归人性本真情感、想象的美学思想，而这种美学思想又为其对抗技术理性、争取人类解放的政治运动和政治理想而服务。从这个意义上来说，马尔库塞的思想属于政治美学。如果将政治的美学化用一句话概括为"对政治本身所蕴含的美学方面进行研究"②，那么马尔库塞一生中的大部分时间都在为此而努力。青年时期的马尔库塞因为对德国普鲁士政治统治的不满而加入了社会民主党并积极地投身于政治运动之中。但没过多久，出于对党内丑闻的不满，他开始进入书斋试图洞明政治的哲学奥义，他将对未来公平正义的政治制度的希冀转化为美学理想，这种美学理想的宗旨在于重申人性中的感性因素以及它对现存秩序的否定性功能，这也是他研究德国艺术家小说的初衷。但如果他仅对文学或美学产生学术兴趣而远离政治的话，就不会在经历短暂的书商工作后重返弗莱堡投身于黑格尔的历史理论和现象学研究之中。对黑格尔历史本体论的关注，是因为他要为拯救国家找出一条形而上学的出路，对海德格尔生存论和胡塞尔现象学的关注是出于对人的现实政治处境的焦虑。这些年的大学生活没有泯灭他的政治激情，反而让他更加激进了。早期的马尔库塞试图通过在美学与哲学领域重建完满的人性，使人类回复到不受高压政权压制的本真美好生活中去，这

---

① W. Benjamin, *Understanding Brecht*, London: Verso Books, 1998, p.97.

② 骆冬青：《政治美学的意蕴》，载《南京师范大学文学院学报》，2004 年第 1 期，第 137 页。

种理论构想显然是以对现存政治的不满为契机，将自己的审美情感升华为救世的政治理想的过程。而马尔库塞在马克思的《1844 年经济学哲学手稿》中发现了将审美人性的美学理想下降到改造现实政治实践的可能性，由此重构了弗洛伊德的潜意识和本能论，挖掘出人类的爱欲本能这种自然心理——生理机能，将其作为掀起一场广泛的思想解放运动的生物学基础。让"爱欲成为政治"的口号，就是在马尔库塞切身感受到人类正经历着一场更大的政治浩劫——资本主义的极权政治武器（科学技术）已经成为一种操控性的东西侵入并改变了人的自然本性和生理心理机能——的情况下产生的。这也解开了他多年以来的疑惑，为何政治革命运动屡屡受挫？其根本原因在于人类已经从本能上丧失掉原始的反抗冲动与对闲暇的美好幻想，人早已不是前技术时代中的敏感的、情感丰富的感受主体，而成为了只会接收机械指令的、冰冷的认知主体，如果没有美的情怀，也谈不上具有主体意识。可以说，弗洛伊德让马尔库塞看到了人在政治运动中发挥审美想象力与创造力的可能性，马尔库塞也在他的新感性革命中将这一观点贯彻到了极致。新感性革命，既可以说是一场政治革命，也可以说是一场美学革命。它既是马尔库塞对抗压抑性的技术社会与极权主义的美学武器，也是马尔库塞终其一生所追求的政治理想，虽然这种政治理想带有浓厚的美学乌托邦色彩。马尔库塞的思想中内蕴着非常标准的目的论，将新感性应用于改造男男女女的意识的政治运动是他的手段，而使人们重新回到向美而生、敢爱敢恨的审美式的生存中去则是他的目的。这种目的与手段之间单纯地以对美的希求之情为联结纽带，还少了太多的现实性与物质实践基础，这也直接导致马尔库塞的政治美学理想不能在现实的政治运动中实现。但马尔库塞没有放弃将政治理想与政治运动中的现实经验上升到美学形而上学层面的努力。他将新感性重新包装成为一个本体，在艺术的世界中将它凝结成为永恒，这就是在学生运动失败后，马尔库塞在晚年所做的工作，也是他将完满美好的人性本质与自由解放的审美理想进行本体化的过程。

马尔库塞以新感性的本体论作为理论归宿的政治美学化过程，是一次对自由表达爱欲的审美向往的情感升华，它诞生于冰冷的技术社会与残酷的政治权力运作之中。然而，美学的政治化也是马尔库塞思想的重要方面。那么，何谓美学的政治化？美学的政治化是指将在美学、艺术和审美理想中的可应用于现实政治实践的效能挖掘出来，通过改造感性主体的身体与心理基础的方式，把人们凝聚起来重新构建新的理想社会秩序的过程。如果政治的美学化是一种自下而上的抽象思辨过程，那么美学的政治化则是一种自上而下的渗透与应用的过程，也就是使美学的意识形态作用发挥出来的过程。此过程离不开两个重要步骤，一是将美学思想中的政治内容和功能挖掘出来，二是将美学背后的物质生产模式和意识形态的对抗关系揭示出来。[1] 而这两个步骤最终要统一于对感性身体的改造，才能使每个社会成员由衷地、自发地、下意识地按照新确立的审美理想去从事政治实践，按照美的规律去生产。阿尔都塞曾说过，艺术的特性在于使我们本能地体认到暗讽现实的东西[2]，这说明艺术和美学分析的最大政治功用并不是向人们提供一个安慰式的避风港，而是让它成为刺破现实的一根针。通过艺术幻象拉开与现实的距离不是最重要的，而鼓励人们觉察到理想与现实的差距，从而"获取对现实的直接感知"[3]，并戳穿极权统治虚假的面纱才是最重要的。也就是说，美学的政治化要首先承认身体在"思辨的意识之上"[4] 的地位，将美学

① 田延：《从"政治美学化"到"美学政治化"——重读阿尔都塞的文艺评论》，载《外国美学》，2019 年第 30 期，第 222 页。

② 朱立元：《二十世纪西方文论（上卷）》，北京：高等教育出版社 2002 年版，第 665 页。

③ 田延：《从"政治美学化"到"美学政治化"——重读阿尔都塞的文艺评论》，载《外国美学》，2019 年第 30 期，第 223 页。

④ 〔法〕路易·阿尔都塞：《来日方长》，蔡鸿滨译，陈越校，上海：上海人民出版社 2013 年版，第 230 页。

的政治性落实到对人的感性活动这一基础上，实现对身体与感知能力的双重改造。

从美学与艺术中提取政治意蕴是马尔库塞的革命人生中的主要工作。无论是在弗莱堡求学的早期，还是在批判发达工业社会与苏联式的集权政治的中期，抑或是新感性革命与回归审美之维的晚期，马尔库塞始终将从美学与艺术中汲取政治实践养分以及改造社会成员的感性身体机能当作他参与政治斗争的主要途径。首先，青年时期的马尔库塞先是发现了德国艺术家小说这一美学形式中隐藏的实际政治意义，认为现代社会正处于感性与理性分裂的散文时代，而艺术家小说以艺术对生活的超越和浪漫主义情感的抒发为主要特色，号召艺术家们投身于社会政治生活的改造中，重新实现感性与理性的统一。然后又在海德格尔的存在论中发现了个体作为感性生存主体的真实存在是一种向"美"而生的运动，人们要把席勒所说的游戏冲动当作本真生存的生命冲动，并将这种冲动应用于对以异化劳动为基本劳动方式的资本主义生产的反抗中去，实现劳动的审美化。第二，马尔库塞在美国工作时期，发现了艺术幻想与爱欲本能在通往自由的非压抑文明中的共通之处，并以此为民主政治的依据去审视与批判美国与苏联，从美学的伦理角度去理解共产主义的内涵，揭示发达工业社会中的技术理性是摧毁人类的理想、情感、感性、想象的刽子手，将审美自由受阻背后的现实的物质生产领域内的专制机制跃然纸上。第三，晚期的马尔库塞决定在美学与艺术中寻求一条政治突围之路，尤为关注美学的政治功能。此时期的马尔库塞选择在平和宁静的艺术世界中挖掘出能够深入到人的基本欲望——爱欲本能——之中的新感性，并提出发挥新感性中对人类的感性直观加以改造政治效能，使情感、意志、理性与具体的感性实践相结合并得到升华。进而他继续在审美之维中深入拓展了新感性理论的外延，在艺术与革命的辩证关系中讨论了在现实中构建审美乌托邦的可能性，并以审美形式的自律性与异在性作为推翻现存秩序的政治武器。从学术生命的开始直到生理生命的终结，马尔库塞始终没有停下挖掘艺术美学的政治意蕴的脚步，在此意义上马尔库塞是一个将美学政治化贯彻到底的忠诚践行者。

那么，马尔库塞是如何将政治的美学化与美学的政治化统一于他的社会批判理论之中的呢？我们可以从上文中得出结论，马尔库塞的思想满足政治的美学化与美学的政治化之间的双向互动的过程，可以说明马尔库塞的思想是在政治美学范式内的思想，那又如何将马尔库塞的思想理解成为政治美学批判理论呢？换言之，应该怎样理解政治美学的批判功能呢？政治美学本身所具有的对感性肉欲的还原与乌托邦属性这两个特点，就内蕴着对现实政治的批判本性。首先，政治美学作为一种新的对世界的考量与观照的方式，也是审美现代性的表现，"实现人类解放、增强人类的凝聚力以及促进现代性的健康发展"① 是它们的共同宗旨。为了实现这一目标，包括马尔库塞在内的哲学家们以哲学、艺术和美学等形式来批判、反思现代性，美学艺术与哲学在此岸的政治中衍生出来一个彼岸的尽善尽美的乌托邦，它以一种虚幻的真实性反衬着并超越着日常生活，故批判也就顺理成章地成为了政治美学的本性。第二，马尔库塞在反思与批判现代性的过程中，将向感性领域转移的美学对工具理性、技术理性的抵抗作用发挥到极致，他的政治美学可以说是一种以新感性为本体的批判理论。因为在马尔库塞的"情本体"中，离不开作为联结表象世界与意义世界的感性身体与肉体欲望的参与，它们是一切生命的起源，带着原始的冲击力，所以政治美学是以感性的本能为复苏人的审美本质的主要动因，而通过技艺的毁灭而涌现出来的、基于传统价值的现代化技术并不以恢复人的审美本质为目的，故美与机械世界是对立的。第三，在马尔库塞的政治美学中，美是调整人与人的可感关系并扰动治安秩序的唯一力量，这是因为美象征着一个平和的诗意空

① 李进书：《西方马克思主义的审美现代性与续写现代性》，北京：人民出版社2011年版，第2页。

间，它要使人进入席勒所说的那种无功利的"游戏"状态，政治主体的主观意志和欲望就被审美化了，物质生产领域的纠葛也被暂时隐匿在一个超出社会关系的共同体中，建立在康德所说的无涉功利的审美形式基础上的艺术与美学以异在者的身份，用无欲无求的"消极抵抗"方式与现实政治保持距离，以超然性的姿态践行着对极权政治的无声批判。综合上述原因，笔者将马尔库塞的思想理解成为一种政治美学的批判理论。也就是说，政治美学是他的理论特色，对现实政治的批判才是他的理论旨归。这也说明马尔库塞的政治美学批判理论不乏实践性特征，这也是以爱欲和新感性为批判武器的思想能够成为现实的政治运动——学生运动——的指导原则的原因。

### 三、以爱欲与新感性为批判武器

面对现代西方资本主义生产给人类带来的精神危机，马尔库塞敏锐地发现资本主义极权政治的统治方式已经从暴力转向温和。资本主义生产方式对科学技术的裹挟使科技不再是价值中立的手段，成为替代辩证理性的单向度的技术理性，这使人类的感性生存丧失了合法性。原初意义上的富有主动创造性的感性思维被技术理性改造为仅会被动接收机械指令的认知结构，情感与欲望的满足在理性主义文化中成了禁忌。马尔库塞面对这种情势，将感性的生存作为他理论构建的出发点和落脚点。在他看来，人类的自由与解放这一政治任务的完成要建立在人性中的审美情感恢复的基础上，于是马尔库塞将政治问题当作美学问题去解决，建立了以新感性与爱欲解放为核心的政治美学批判理论，激发了以新感性和爱欲满足为心理机制的艺术与美学中的政治潜能。马尔库塞以爱欲和新感性为批判武器的思想，在政治美学范式内具有三个基本特征。

### （一）艺术美学的政治价值与革命潜能

当代发达资本主义社会中的技术理性已经成了一种新的操控形式，总体的人性逐渐被单向度的人性所替代。在马尔库塞看来，人类失去自由的可能是因为人性中的感性之维被技术理性所吞噬，人们以丢弃对未来自由社会的审美幻想为代价而选择在操控性的政治中寻求虚假的快乐。这种快乐并非来源于本能需要的满足，而是一种由消费社会伪造的快感。显然技术理性的触手已经伸向了人类本能领域，正改造着人的生理心理机能。因此马尔库塞发现"人的解放的问题就是把被技术理性控制了的人的潜能解放出来，唤醒被压抑了的生命力量"①。美学与艺术是能够最大限度地保留人类生命潜能的感性审美形式，其中蕴藏着感性革命的巨大政治价值。马尔库塞认为艺术只有如实地反映人的本能欲望和感性欲求，才能够创造出富有革命颠覆性的美学形象。抱着这种初衷，他为自己的政治美学批判引入了新的理论资源——弗洛伊德的个体感性动力学。弗洛伊德认为人的心理和行为表现就像是水中的冰山，而人的本能和潜意识像是水面下的冰山，因过于真实地反映欲求而不符合社会和他人的预期和要求而被压抑，只有通过梦境才得以释放。马尔库塞则认为，人类本能和潜意识是人类童年时期对感性的最本真的呼唤，它只服从于快乐原则，能爆发出对现实原则与操控逻辑的颠覆性的破坏力，本能冲动"属于感性、快乐、冲动领域的东西"，能够"与理性相对抗"②。而这种具有破坏力的感性本能冲动与艺术的审美本性是相通的，于是马尔库塞找到了本能欲望在古希腊的源头形象——爱欲。爱欲被隐藏于人性深处，是对艺术的本能希求，也是对美的本能希求，它象

---

① 李建盛：《审美与人的解放：马尔库塞的美学思想》，载《马克思主义美学研究》，2000 年第 1 期，第 397 页。

② 〔美〕赫伯特·马尔库塞：《爱欲与文明》，黄勇、薛民译，上海：上海译文出版社 2012 年版，第 142 页。

征着人向美而生的欲望，是俄耳浦斯和那喀索斯形象的化身。"俄耳浦斯的语言是歌声，他的工作是消遣。那喀索斯的生命是美，他的存在是沉思。这些形象涉及审美方面。"① 爱欲赋予了美学与艺术以掀翻现实原则与技术理性操控的政治革命性，也为美学与艺术提供了直通人类心理与生理机能的生物学基础。艺术通过释放与满足人的爱欲本能，重新塑造主动追求美与快乐秩序的主体，使人的身体、生理机能审美化，这样艺术与美学中的革命性与政治功能的发挥就具备了现实的可能性。

### （二）现实政治批判中的审美理想

恢复向美而生的爱欲性生存是马尔库塞在现实的政治批判中寄予的审美理想。他一生所做的努力都是为了实现人类爱欲本能的恢复，也以此作为一种伦理指向，重新考量资本主义社会和社会主义社会。他认为真正自由的社会主义社会应该建立起一种以爱欲满足为标准的新秩序。他重新阐释了马克思对自然解放与人类感性受动性的观点，将人的感性潜能的自由全面发展设定为共产主义的伦理观。但是，马尔库塞对"完成了的自然主义"和"完成了的人道主义"的理解融合了许多西方哲学思潮，与经典马克思主义有所不同。他把马克思的感性的工业实践活动的历史当作个人生物性的感性存在的历史，这样就把现实的物质生产问题转化成了解放生命潜能的美学问题。他用这种美学伦理观去考察美国和苏联，发现即使是在新兴的资本主义国家和世界上第一个社会主义国家也存在着爱欲本能被大型工业机器所压抑的情况，便对这两个国家的政治、经济、文化、社会等方面展开了全面的批判。在现实的政治批判同时，马尔库塞也建构了一个通往快乐的、使自身的自然本能力量发挥出来的新社会的审美理想，即建立起全新的、更加持久平和的新感性。而只有使人的感性原初冲动和生理、心理本身的革命力量从压抑性

---

① 〔美〕赫伯特·马尔库塞：《爱欲与文明》，黄勇、薛民译，上海：上海译文出版社 2012 年版，第 155 页。

的文明中解脱出来，完成内在心理自然和外在自然界的双重解放，新感性才有可能得以存在，并形成一种感性与理性、自然与社会、技术与美相统一的新理性，而这种新理性要通过艺术的审美之维，才能将其形式化为一种对感性解放的永恒向往。因此，马尔库塞经由感性走向现实政治运动之后，又再次回到美学之中，在美的世界中继续寻找感性的颠覆力量，将社会政治革命的外延和范围继续拓展到审美领域，这样政治革命就被扩大为文化批判。马尔库塞为了在现实政治领域建立与理性主义截然相反的审美感性秩序，将政治运动中的经验融入到了对美学与艺术的研究之中，将政治理念升华为一种美的伦理。这种审美理想以审美判断力为衔接感性与理性的纽带，使人类进入一个审美共同体中一起通往以游戏冲动为行为准则的自由王国。马尔库塞并不满足于在审美领域寻找对未来社会的承诺，而是赋予他的审美理想以现实的政治意义，那就是构建一个超越于攻击与竞争关系和物化的社会关系的、感性潜能能够得到全面发挥的现实社会。

### （三）审美艺术对现实的否定性超越

艺术与美学在马尔库塞眼里已经不是单纯的无涉功利的自律性学科，正因为艺术是内蕴着爱欲本能与新的感受力的重要形式，它能恢复感性的超越属性。人们可在艺术构建的理想世界中改变自己的感性结构和认知形式，从而实现对现实政治操控的反叛，因此艺术作为审美形式的集中体现具有否定现实的激进政治潜能。艺术与美对现实的超越是通过艺术幻象与审美想象而实现的，它们也是架起感性与理性的桥梁。艺术幻象可以抵御现实原则对快乐原则的入侵，将亟待超脱于现实世界中的各种矛盾的需要加以审美化，人们就能在自由的审美王国中体验快感与爱欲的满足，通往真正的幸福。因此，艺术幻象是新感性在美学与艺术中的理想化精神形式，把在现实的恶劣环境中难以承受的东西转化为给予人们以精神抚慰的美学形象，以此来解决需要和幸福与生存压力之间的矛盾。① 艺术与美学依赖于这个并非真实存在的幻象世界，才得以拉开与现实的距离，俯瞰与审视现存秩序，实现对现实的超越，这也是艺术所要传达的真理。② 艺术幻象的颠覆性是如何实现的呢？马尔库塞给出了我们答案，这就是想象。想象在马尔库塞看来是具有意识形态功能的心理机能。艺术之所以有自律性的审美形式，之所以能够成为反抗现实秩序的异在者并发挥出感性的否定性作用，都是因为想象的缘故。在康德的判断力批判中，想象力是联通与调和感性与理性的心理机制。马尔库塞受此启发，认为想象属于感性机能，同时还肩负着通往建构新的理想世界的使命。因此想象能够解放感性，并对现实质料加以变形，"成为实践的东西"和"'生产性'的东西"③。它"要借助一种快乐的科学"④，对技术理性统治的社会进行政治性的批判与反抗，实现对现实的重构。这说明马尔库塞为想象增添了实践性和政治功能。而想象在马尔库塞看来还具有爱欲因素，因此想象是新感性概念的核心与关键。新感性就成为了内蕴着想象的、以实现人类爱欲的解放为目标的指导性力量。这样一来，幻象与想象的对象化产物——美学与艺术就拥有了对现实政治的超越性与否定性。艺术以幻象与想象的创造性和批判性，对现实存在进行着无声的否定与抵抗，以超越现实的方式维护着拒绝现实的权力。⑤

---

① 〔美〕赫伯特·马尔库塞：《审美之维》，李小兵译，桂林：广西师范大学出版社 2012 年版，第 30 页。

② 〔美〕赫伯特·马尔库塞：《审美之维》，李小兵译，桂林：广西师范大学出版社 2012 年版，第 170 页。

③ 〔美〕赫伯特·马尔库塞：《审美之维》，李小兵译，桂林：广西师范大学出版社 2012 年版，第 104 页。

④ 〔美〕赫伯特·马尔库塞：《审美之维》，李小兵译，桂林：广西师范大学出版社 2012 年版，第 104 页。

⑤ 李建盛：《审美与人的解放：马尔库塞的美学思想》，载《马克思主义美学研究》，2000 年第 1 期，第 405 页。

马尔库塞的思想无论从政治美学的含义上来看，还是从政治美学包含的三个特征（感性欲望、乌托邦属性、批判性）上来看，亦或是从内蕴于政治美学中的政治的美学化与美学的政治化这个双向互动的过程来看，其思想都属于政治美学范式内的社会批判理论。他通过政治美学的处理方法，把审美与艺术当作确立新的理想社会秩序的有效途径，将政治革命的内涵从强制性的国家机器层面扩大到更具渗透性、更温和的文化批判领域，意图将意识形态领导权内化为每个社会成员和个体的自治指令，使社会成员可以自发地创造一个合目的性与合规律性统一的新秩序。因此，马尔库塞的思想在这种意义上是具有政治美学特色的批判理论，或以政治美学为手段的社会批判理论。

## 第二节　新感性对技术理性的反叛

在现代发达工业社会意识形态中，技术理性居于统治地位，一直压抑着感性。马尔库塞在马克思关于人是感性的存在物和按美的规律去生产的观点中发现了人性基础在于感性劳动，并以海德格尔的本真生存改造了马克思的劳动概念，将所有自由自觉的实践活动都称为审美化了的劳动。因对感性反抗理性压制功能的推崇，马尔库塞没有进入政治经济学批判，反而转向了感性革命论的探索中去。弗洛伊德的精神分析让马尔库塞看到了在本能心理领域对抗技术理性对感性压制的可能，进而以美学化的方式改造了弗洛伊德的本能理论，为政治美学批判建立了爱欲本能的审美人性基础。这样一来，心理解放便具有了批判资本主义与单向度危机的政治潜能。因美学与艺术强调对快乐原则的追求，作为感性学的美学，不仅能够为感性争取话语权，而且肩负着解放人的内在自然的使命。因此，马尔库塞认为美学是有政治性的，它传达着对爱欲本能的直接满足。在审美的天地中，产生多形态性欲的感官才能产生反暴虐的新感性。新感性包含着爱欲的所有性质，预示着在生物学上将诞生不受技术理性压制的感性个体，这些个体联合起来，可推动革命走向成功，实现审美本质的复归。在此意义上，新感性已成为政治因素。承载了新感性的审美形式也因其中非暴虐的宁静和谐，而保持着对现实的否定性。这使得美学改变了传统意义上的暴力政治，它不断激发着人的原始潜能，保持一种超越之维，反对竞争性的社会制度，在感性与理性的协同统一之中，重建新的自由社会。

## 一、技术理性与新感性的博弈

近代工业革命以后，资本主义生产方式的逐渐占据主导地位，古代人类与自然之间的禁忌逐渐被打破，人们通过"占有"把自然看成是没有目的和"意图"的纯粹客体，主观理性也在人对自然的控制中拥有了物质外壳，成为了新的神话、新的工具理性——技术理性就产生了，它把对自然界的压抑延伸到社会领域中来，进而渗透进入人类的本能层面实现感性的压制。资本主义统治着全部社会财富的同时，也以其内在的社会规定性限定了人们在感性领域发生变化的可能性。人们在集权主义和技术理性的勾结下，发生了压抑性的反升华，"压抑性的反升华还伴有现时代的某些心力内投趋向，即把集权主义内投进人的日常事务和闲暇活动之中，内投进人的苦役和幸福之中"①，人们的劳动不再遵循内在生命冲动的呼唤而成为异化劳动。人的感性丧失了创造功能，被简化为只会听命于压抑社会的接收器。在马尔库塞看来，人的感性与理性官能被单向度化为知性的接受器，这是技术理性最大的罪恶。即使科学技术本身是人创制活动的产物，应该为人的一切需要的满足而服

---

① 〔美〕赫伯特·马尔库塞：《爱欲与文明》，黄勇、薛民译，上海：上海译文出版社 2012 年版，1961 年标准版序言，第 4 页。

务，但在现代发达工业社会中却成了反过来压抑人、奴役人的与人对立的理性化身，这不只是受在变中求不变的理性主义文化影响，还与在发达工业社会之前的阶段中资源的匮乏有关，人们为了满足生存需要，不得不依靠技术的进步去提升生产力水平，以克服自然力的不确定性，从自然界中解放出来，这难免造成了对科学技术的迷信，并将科学技术奉为新的理性原则，认为世间一切都难逃这种理性原则，只要依靠它就能洞彻世界的本质，征服一切，包括自然，也包括人类自身。于是，这种技术理性作为新的统治原则"崇尚概念思维，贬低感性印象；提倡征服自然，无视人与环境的关系；专注控制社会，虚化个体解放；以理智压抑本能，以存在的实然性取代理性的应然性"①。

马尔库塞指出，一种比技术理性更优越的新理性亟待被建立，这就是以新感性为核心的新理性。建立这种新感性与新理性都需要在人的本能感性领域唤起一场美学政治革命，这是打破异化社会、颠覆传统文化以及建立新的历史起点的必然选择。因为新的感性一旦建立，内在于其中的自由与否定性将随之被唤醒，感官就不再只尊崇资本主义社会既定的约束去"接收"给予它们的东西，也不再仅凭借"知性"的能力去理解这个社会所直接给定的东西，而是在实践中去按照快乐原则的要求去把原本既定的质料加以改造，引导它们向更加高级与自由的形式趋近，达到生命本能（爱欲）的感性解放。因此，马尔库塞的新感性是与理性主义原则背道而驰的艺术理性，它拥有着不断超越并对抗现存秩序与勾连现实感性生存的张力，通过这种张力调节感性与理性的关系，使它们达到和谐的统一。感性与理性统一只有在艺术领域中方可被建立起来，因此瑞兹评价马尔库塞的新感性时，认为他"希望在一个非物化的、真实的和客观化的恰当的形式中重构科技活动：一个新的人道的

---

① 刘少杰：《当代国外社会学理论》，北京：中国人民大学出版社2009年版，第36页。

理性——艺术理性"①。因此，新感性与新理性在艺术中是相通的，它能够改变技术理性的同一化趋势，使其围绕人的审美本性的满足与释放而开展科技活动。

建立以新感性为核心的新理性，成为对抗技术理性的实践力量，需要从艺术中获取解放的动力。这是因为"感性，无论就其内在性还是外在性看，都是艺术的构成要素，也是审美要素"②。也就是说，艺术与美是感性的主要呈现形式。因而在马尔库塞看来，新感性概念的最重要的理论来源除了弗洛伊德的本能论，便是康德关于审美判断力的论证。审美判断力在康德那里是联结与调节纯粹理性，即认知理性与实践理性的中间环节，它属于感性活动，故不在实践理性的讨论范围内。马尔库塞重新将感性与艺术结合起来，认为新感性发挥着审美判断力的作用，还要依靠想象力去联结感性与理性，使二者达到统一。因此，新感性是"一种沟通有限流变的经验现实的感性能力与无限绝对的形式存在的理性能力"③，它是浪漫主义反讽在当代的延续。也就是说，新感性代表着一种对自然本真的感性审美能力的追求态度，马尔库塞主张并提倡人们将这种态度下沉到艺术领域中，形成审美形式，并以审美形式为区别于理性话语的本体论基础，重新恢复感性的话语权，去建构与理性逻辑完全不同的艺术世界，因此新感性是一种将世界浪漫化的美学实践。

笔者发现，马尔库塞的新感性是感性能力与美的理念的统一体，他从未否定过感性的力量，反而自他的学术生涯开始之初就一直明里暗里

---

① C. Reitz, *Art*, *Alienation*, *and the Humanities*：*A Critical Engagement With Herbert Marcuse* (*SUNY Series in Philosophy of Education*), Dulles, VA：State University of New York Press, 2000, p.113.

② H. Marcuse and D. Kellner (ed.), *Art and Liberation*：*Collected Papers of Herbert Marcuse* (*Volume Four*), London：Routledge, 1998, p.116.

③ 张丽：《批判的、审美的、实践的——马尔库塞美学思想研究》，南京：南京大学出版社 2019 年版，第 106 页。

地向外界宣布着感性的重要性。但他对感性的高度肯定，不等于他完全否定理性，将理性的因素排除出自己的理论建构。反之，他也一直强调恢复理性中原有的否定性精神与批判的力量，他只是排斥将理性奉为唯一的把握世界的原则，而忽视了感性的丰富性。他是在感性能动性基础上理解人的本质力量的，人之所以为人，不只是拥有概念思维，更在于他们拥有对有限流变的生活世界的感性体认能力与情感结构，这是人类得以天然地紧密团结在一起的重要保证。《爱欲与文明》和《历史唯物主义的新基础》都有马尔库塞对感性重要性的论证，他吸取了马克思关于"人是感性的存在物"和"人是感性受动性的产物"的观点，将人受必然性的制约与对现实的超越性都归为感性的作用。还将弗洛伊德的性欲本能扩大为以感性为基础的爱欲本能，他用美的形式去修改并扩充了感性的含义，将被理性主义文化阉割后的感性之维中重新融入了与快乐原则和幸福相关的审美想象力。他从美杜莎的希腊神话中寻求一种隐喻，将生命本真的爱欲与死欲当作感性之美的喻体，他认为在原初语境中感性与"美和反升华的快乐属于同一家族"①，因此，他的新感性实际上是对前技术时代的感性、想象力、理性在美中的和谐统一的具有本体性质的人性的留恋。

故马尔库塞在《论新感性》一文中从美学的发展史中寻找理论资源，去论证感性本能与美的直接相关性。他认为美和感性在哲学的源头不是有罪的，将感性当成堕落的、只沉溺于肉体享受的论断是理性文化发展的结果。美在其诞生之初是感性与理性统一的化身，美从未排斥过感性、感官之美，即使在柏拉图那里也不是纯粹的美的理念，还包括着美的形体。在马尔库塞看来只有古希腊的艺术才是真的艺术，因为古希腊艺术和雕刻中都传达着感性与理性的统一，只有在这样的统一之中，人才可能是总体性的、完整的人；也只有这样的人才

---

① 〔美〕赫伯特·马尔库塞：《审美之维》，李小兵译，桂林：广西师范大学出版社 2001 年版，第 101 页。

是真正懂得审美的人，才有可能成为建立新秩序的具有新感性的"新人"；也只有这样的完整的人，才对现存秩序的不公平与不合理抱有反抗的激情和批判反思的能力。因此，新感性成为马尔库塞政治美学中的一大理论基石，也暗含着他要将异化的人性通过审美的救赎重新回归到古希腊的完整人性中的希望。这说明，他的一生始终在不断探索与完善《德国艺术家小说》中的思想主张。而重塑感性与理性统一的审美人性，需要一种关键的幻想能力，这就是新感性最典型的特征。虽然马尔库塞是在康德对想象力的论述中得到的灵感，但他不满于康德哲学认为想象力也属于依赖感官经验材料的东西，它受制于感官获取的经验材料。既然要受制于感官材料，也必然被纳入知性理性的统摄范围。受制于理性的想象力在现实中就失效了。为了挽救想象力的独立性，马尔库塞用代表自律性的审美形式将想象力固化，并物化为艺术作品，因此可以说艺术与美学是新感性的发源地。在感性与理性都屈服于技术理性的单向度社会中，审美想象力就只以压抑反升华的艺术形式来表现自身。因此马尔库塞的政治美学批判理论的终极旨归是要重建感性与理性统一的新感性与新理性，而重塑新的感性，首先要拯救的是蕴含想象力的审美的感性。这种审美感性是建立在以爱欲本能为核心的生物学基础之上的新感性。技术理性恰恰将审美的想象与感性当作偶然因素予以排除，那么属人的幸福与快乐与它无关，它压抑人的本能，阻塞审美共通感的抒发，想象力也失去存在的合法性。然而，对于快乐的向往是人的天性，技术理性统治合理性必然遭到反抗，在马尔库塞看来新感性与爱欲就是最好的反抗武器。因此，面对着技术理性对人类的"内在自然"和"外在自然"的双重侵略，马尔库塞提出唯有在人的想象领域唤醒男人和女人的原初冲动，才能使蕴藏于人的自然本性内的"综合"性的认知功能——回忆得到复归，由此"诗的真理"才会出现，只有在这样的内在观念中，人们才甘愿把自然界当作客观价值的载体和主—客体相统一的整体，事物才能按照其内在潜能自由发展，人才可能作为"按美的规律来塑造物体"① 的存在物，而被新感性改造过的具有审美性质的"人化"自然将反过来推动人们对完满的追求。

## 二、新感性已成为政治因素

新感性在马尔库塞的政治美学批判理论中占据着最为核心的地位，它也是马尔库塞如何将美学原理贯彻到政治性批判运动中，并以本体论的基础性作用贯穿于革命过程始终的理论起点。马尔库塞在透彻分析人的自然本性的基础上发现新感性是艺术发挥出革命关键所在。关于新感性的灵感来源，与马尔库塞在 1968 年所经历的学生运动关系密切，他见证了学生感性诉求以及亟待改变当时的生活方式的迫切需求，因此一种全新的理解与感知方式——新感性就应运而生了。新感性在马尔库塞笔下不仅是人感性本能领域的一场革命，而且是作为新的实践方式去改造人们的理性能力，进而形成构建全新社会基础的行动。它诞生于人的审美本能之中，通过改造人的内在自然形成非暴虐、平和宁静的新理性，并以此成为潜移默化地清洗思想意识中的攻击性的生物本能因子，影响人类自觉地改造外在自然，消除社会中的一切统治和不平等。因此，"新感性已成为一个政治因素"②。

新感性是指能超越抑制性理性的界限，形成和谐的感性和理性的新关系的感性。也就是说，新感性与感性的区别在于，新感性不仅作为一种感性认知和情绪体验能力而存在，还融入了能够从罪恶的和富有攻击性的社会中解脱出来的爱欲本能的审美能力和意识的创造能力。它不再是所有社会成员接受技术指令和行动规范的"感知中介"，也不只是感

---

① 〔美〕赫伯特·马尔库塞:《审美之维》，李小兵译，桂林: 广西师范大学出版社 2001 年版，第 128 页。

② 〔美〕赫伯特·马尔库塞:《审美之维》，李小兵译，桂林: 广西师范大学出版社 2001 年版，第 98 页。

性的逻辑化、内在化与系统化，而是一种以审美的形式拒斥技术理性、改造思维与沟通方式的实践活动。新感性的重建要依托于艺术创作活动，它们公开对抗统治的社会制度中的理性和感性。也就是说，新感性是通过在艺术和审美活动中唤醒人们的爱欲本能，并激发出他们对本真的情感表达与本质力量的自由追寻的渴望，马尔库塞将这种渴望的满足称为"满足的逻各斯"。在本能的直抒胸臆的满足中，想象与理性、诗歌与科学思维之间的对立将会消除。

马尔库塞提出的新感性是区别于传统政治的反抗现代极权主义的方式，新感性的重建需要每一个体的感官突破审美与艺术解放的范畴解放自身，并将其内化于心、外化于行，形成一种新的意识形态和现实的行动原则去颠覆强制性的政治统治逻辑，这样就使得新感性具备了更为激进的政治倾向。在《论解放》中他除了明确地提出了新感性作为政治因素的解放价值，更重要的是通过对新感性所具有的生命本性和审美性两种特征的阐述，将美学的超越性和对内心的净化功能投射到现实的政治运动中，使曾经在他的《德国艺术家小说》中提出过的"艺术家要走进现实生活中去"的主张在该文中得到更为具象化和可操作性的升华，通达了现实与理想、感性与理性的统一。因此可以说，新感性"是向社会主义'新人'提出的道德行为规范，同时也是一个审美范畴"①。

新感性的政治内涵需要靠两个要素去支撑，第一个要素就是新感性顺应的规律，即人的生命本能。它"表现着生命本能对攻击性和罪恶的超升，它将在社会范围内，孕育出充满生命的需求，以消除不公正和苦难"②。生命本能的职责是将人们对快乐和幸福的追求这种爱欲本能

---

① 傅永军：《新感性、新理性与解放之途——马尔库塞"政治诗学"思想解析》，载《当代世界社会主义问题》，2005 年第 3 期，第 24 页。

② 〔美〕赫伯特·马尔库塞：《审美之维》，李小兵译，桂林：广西师范大学出版社 2001 年版，第 98 页。

摆在"优先地位"①，使自己对美的合理追求得到升华，"也就是说，不仅在于要生产什么，而且在于生产的'形式'"②。而这个生产的"形式"实际上就是艺术与美的形式。只有以艺术的标准去改造感官，"主观感性才能转化为客观形式"③，一种代表"善好"的真理才能从潜能变成现实。换言之，只有在"美的尺度"的造物中，新感性才能与"反升华"的科学理智结合在一起，才能保护生命的审美冲动，新的现实原则才能诞生。所以，新感性的第二个要素就是审美特性。因为"美是与爱欲和死欲相关的领域"④，创造与毁灭、感性与理性、高尚与欲望的邪恶的矛盾都能在美的世界中得到消融。因此，马尔库塞的新感性也间接印证了伊格尔顿对审美本身所具有的解放意识的阐述。

新感性释放出政治革命功能并成为人类解放的桥梁的关键点在于怎么样使"审美的道德"融入到个体的感性创造中去，这就需要说明新感性的政治实践性。使内在于个体本能的新感性成为一种重新组织社会秩序的现实力量，首先需要科学技术的支持才能激发出"审美还原性"。马尔库塞在对待科学技术的态度上，始终坚持的是还原古希腊时代的技艺，它表达了感性和理性的完整统一。对于这个问题，他在《单向度的人》中曾明确提出过"像技术一样，艺术创造了即同现存思想和实践领域相抵触、又在其范围之内的另一思想和实践领域"⑤。那

① 〔美〕赫伯特·马尔库塞：《审美之维》，李小兵译，桂林：广西师范大学出版社 2001 年版，第 98 页。
② 〔美〕赫伯特·马尔库塞：《审美之维》，李小兵译，桂林：广西师范大学出版社 2001 年版，第 98 页。
③ 〔美〕赫伯特·马尔库塞：《审美之维》，李小兵译，桂林：广西师范大学出版社 2001 年版，第 99 页。
④ 〔美〕赫伯特·马尔库塞：《审美之维》，李小兵译，桂林：广西师范大学出版社 2001 年版，第 100 页。
⑤ 〔美〕赫伯特·马尔库塞：《单向度的人》，刘继译，上海：上海译文出版社 2006 年版，第 217 页。

么，极权社会所暴露出的不合理性越明显，艺术领域的合理性就越大。这样自然的科学领域需要变革，需要以"美的客观（本体的性质）作为人和自然在其中安身立命的形式"①，为了达到这个目标形式和质料的潜能才能被充分调动起来，技术才有可能成为艺术，艺术才有可能塑造现实，技术才会使审美完成"生产—创造"的过程得以完成，颠覆受外界物质经济影响的原罪心理和权威文化，从而在生物学和心理学意义上营造解放的心理氛围，中断压迫的历史循环。"正是在这种意味上，新感性已成为实践"②，在反暴虐的斗争中使美学的政治性得到激发。

马尔库塞在 1973 年的《阻碍革命与反抗》中明确提出"激进的感性"，继续丰富了新感性的政治实践功能内涵，新感性一改仅为被动接受的能力，在审美的理念驱动下发挥着"构造理性"③ 的作用。然而，新感性成为一种推动现实运动的激进力量，必须要成为"具体的普遍性"，这就意味着"个体的感官的解放也许是普遍解放的起点"。④ 马尔库塞在寻找感性成为普遍原则的理论渊源中逐渐地明晰了与审美相互交融的新感性所具备的政治效应。首先，康德的理论是马尔库塞使用频次最多的力证，知性的普遍范畴是由作为直观的纯形式的普遍感性所确立的，也正是有了感性的统一构架，感觉材料才能被先验的知性范畴所综合，进而过渡到理性法庭面前，形成个体的道德律。然而只有在第三批判中，借以产生感觉的材料所具备的"自然的他性"才能在审美的

---

① 〔美〕赫伯特·马尔库塞：《审美之维》，李小兵译，桂林：广西师范大学出版社 2001 年版，第 101 页。

② 〔美〕赫伯特·马尔库塞：《审美之维》，李小兵译，桂林：广西师范大学出版社 2001 年版，第 100 页。

③ 〔美〕赫伯特·马尔库塞：《审美之维》，李小兵译，桂林：广西师范大学出版社 2001 年版，第 124 页。

④ 〔美〕赫伯特·马尔库塞：《审美之维》，李小兵译，桂林：广西师范大学出版社 2001 年版，第 132 页。

层面上得到消融，人与自然才能和谐统一，技术才得以转化为艺术，感性与理性的天堑才能被消除。而黑格尔称美是感性的理性显现，理性是对感性确定性内容与方式的反省，也可以间接说明感性的地位，即使它只是一个外现的驱壳不是自我意识最后的归宿。马尔库塞认为马克思的"辩证唯物主义"也极大地继承了德国"观念论"的传统，他凭借提出主体自由和客体自由能在物质的和历史的基础上达到和解的观点又超越了"观念论"，但摧毁资本主义的革命实践的前提必须建立在感觉解放所引发的意识解放的基础之上，人们的感性本能才能得到释放，这也是《1844 年经济学哲学手稿》所主要强调的"按美的规律去生产"的理论来源。

因此，作为联系着可欲可感世界和自由理性王国的艺术就成为"美的理念"的结晶体，可以说艺术具有使"新感性"对象化为现实的潜在力量。艺术也因直接连通着感性的现实世界，又对存在于想象中的至善的乌托邦报以无限追求，就同时具备了超越性和现实性。马尔库塞则认为只有先锋派的现代艺术才能做到超越性和现实性的统一，因为他曾在《文化的肯定性质》中批判了高雅艺术所奠定的肯定性的资本主义权威文化，这种古典艺术因更多展现的是文化的压抑性而遭到马尔库塞的质疑，然而在《论解放》中马尔库塞就反之更加提倡边缘化的"黑人文化"和"嘻哈音乐"所直接具有的感性革命性。现代艺术形式的出现让马尔库塞发现了介乎于边缘文化和高雅文化之间的艺术形式，它似乎与新感性的政治内涵更加吻合，开启了让审美理想走向日常生活的大门，并永远保存着对生活的超越性和反抗性。

这样新感性就和现代艺术相融合，艺术成为刺穿现存秩序的意向就具备了无穷的革命潜能，这也预示着马尔库塞在新左派运动走向衰落以后，将革命的重担又重新放到艺术家的身上。但在运动尚处于高潮阶段的 1968 年，马尔库塞还是从新感性本身所寄予的政治实践属性出发，认为此时最佳的革命主体是学生和女性，因为工人阶级已经消融在工业社会资本主义的生产链条里，学生没有进入极权统治下的生产关系中，女人也由于"母性"被捆绑于家庭生活中，即使女性和男性在受资本的压制这个层面上达到"抽象的平等"，但相比与男性来说，与资本的生产模式的距离较远因为家庭生活的牵绊，因此在学生和女人身上，具有更多包容着和平、快乐和结束暴力的感性，他们是更有属人的自然本性的革命主体。

在马尔库塞看来，技术理性的威慑力已经超出发达资本主义社会的范围，成为一种全球性的统摄威力将世界各国都纳入自身的整合范围。技术理性也入侵了人类的精神世界，它用单向度的思维模式取消了文化的丰富性，与西方理性主义文化相互勾结，将效率第一、利益至上的工具理性原则嵌入理性主义文化中实现与技术体系的共谋。人类理性精神的功能也从原本的反思批判变成了现在的算计与精心谋划，从古希腊神话开始就深藏于人性中的对命运的否定性在现代人的精神世界中失效了，人们早已习惯甚至是歌颂这个由技术理性培育的社会，因此肯定性取代了否定性成为了新的现代文化性格。马尔库塞的思想首先作为一种批判理论，所批判的对象是上文提到的四种单向度危机的具体表现，进而发出了以美学的政治力量为理论武器去击败技术理性的呼声，因此，从与技术理性思维模式完全相反的感性思维模式中汲取精华，完成对技术理性统治的反叛成为了马尔库塞此时最大的愿望。他的新感性理论就带着这样的使命应运而生了。驱散技术理性对人性的统摄，最大的意义是完成自《德国艺术家小说》开始就已然埋下的美学使命，那就是回到那种远离了技术喧嚣的审美人性中去，重建感性与理性统一的辩证理性。因此，新感性实际肩负的既是一种政治任务，也是一种美学任务，即恢复感性与理性统一的意识，并以此为建立新的自由社会的心理基础，恢复人类向快乐原则敞开的爱欲本能，这不只需要对理性的改造，也需要对感性的改造。综上，新感性也是新理性，它是包含着爱欲生命力的感性，它也是包含着审美理性、价值理性、实践理性的新理性。

## 三、新感性本体论的政治批判特征

马尔库塞构建新感性本体论的美学思想，绝不仅仅是康德意义上的无涉功利的美学，而是具有深刻社会批判性和政治特性的。这是他追溯了古希腊关于感性与美的原初意涵之后，发现美在原初语境中既与快感知觉同源，又超越了快感知觉本身，这便是在柏拉图《会饮篇》中对爱欲之神的赞誉中所找寻到的。马尔库塞将赋予万物之生命的爱欲之神（厄洛斯）当作超越一切形体的美的原则之化身。这更意味着马尔库塞不仅将爱欲当作纯粹的生物学概念，而且挖掘其中的哲学运思，使其上升为超越包括人类在内的所有生命体的生物性欲望之元欲望（欲望之源）。这种元欲望能够推动人类恢复古希腊艺术作品中所容纳的总体人性，这是他青年时期写下的博士论文《德国艺术家小说》中的主题思想，也是其研究美学与文学的政治初衷，即克服极权社会统治下的单向度感性与单向度理性的关键与根本在于恢复总体的人性。① 总体的人性恢复后，极权社会之中的种种矛盾、纷争，甚至是大规模的杀戮以及人与人之间关系的扭曲与物化、货币化，都能在散文化或呈现出碎片化的特征消失之后随之消失，而重新回到史诗时代的审美化的总体人性。也就是说，总体性的人，是感性和理性的结合体；而总体的人性，则是审美人性与辩证理性的总和。马尔库塞认为现代社会中的极权政治有其深刻的且悠久的文化根源，而逻各斯和努斯的分裂所造成的感性与理性的分裂，是原本统一的总体人性分裂的文化根源。这种分裂的后果是，原初语境中与感性（快感）同源的美被抽空，这意味着人的审美本质被知性理性所代替，这使得理性危机深化。因此，现代工业社会中的政治

---

① J.V.Ocay, "Technology, Technological Domination, and the Great Refusal: Marcuse's Critique of the Advanced Industrial Society", *Kritike: An Online Journal of Philosophy*, Vol.4, No.1, 2010.

危机，实际上根源于现代人性中的审美感性之维的缺失，是一场流行于攻击性社会中的病态心理危机。现代社会的人类，由于知性占据了审美感性与辩证理性的地位，在总体上呈现出心理失调的特征。人类的身体、需要、感性、欲望不再具有超越规训之力量，而是为了自动生成统治集团所精心培育的权威性人格，在极权统治森严堡垒中更多地获取既得利益，在利益的驱使下，人类甚至可以改造身体、压抑欲望，总体性的人成了单向度的人，具有自我意识的人逐渐消失了，演变成只会接收信息的逆来顺受的、失去情感的人。在马尔库塞看来，审美感性不仅仅导源于肉体生理冲动，更重要的是它代表着一种不被固定化和规训化的斗争精神，而这种斗争是超越于一切有形之物的美的本身，即生命之神，它赋予了人类对彼岸世界的向往，这是摆脱一切现实束缚与现行统治秩序的内在生命驱动力。换言之，生命本就是爱欲之神所赋予的，这是美的总原则。这种作为原则之美的美本身，是与外界具体繁杂的事物无关的，它只与人的本心有关，这是人类超越现实向往至美之境的永恒欲望。

可见，美学在马尔库塞的思想深处，不仅是鲍姆加登意义上的感性之学，还融入了美的古典涵义，富有哲学运思，这样美学也超越了康德意义上的功利无涉性，富有了从根本意义上重塑人性的政治性。正如朗西埃的观点所指出的那样，源自于感性的歧感本身是激进的，极权社会的统治已将歧感重新分配，而作为感性学的美学能够扰乱治安，颠覆歧感的分配秩序。在对于感性的激进功能上来看，马尔库塞对感性之维的重建工作与朗西埃是相通的。在他看来，政治性的美学，主要在于重申美学之地位的意义，而美学的独立地位在于重新将感性之维从古希腊时期就已经萌芽的理性主义文化中解救出来。马尔库塞认为理性主义文化肇始于柏拉图，直到黑格尔，加固了理性主义的大厦的地基，代表生命欲望之源的美（感性）被理性主义哲学所抛弃。马尔库塞的确在阐述新感性的内在意蕴时，梳理了从古希腊时期就已经萌生的理性崇拜，强调了鲍姆加登为美学确立了相悖于理性秩序的感性秩序。美学的历史淋漓尽致地展现了对感性或肉体的认识走向，从古希腊的压抑到鲍姆加登的高扬。马尔库塞在文化哲学领域内为高扬感性力量的美学正名，指出一种恢复人的全面需要和自我发展潜能的新感性救赎路线，解放人的爱欲，重建新感性，便具有了价值向度上的人类解放意义。

马尔库塞从未仅将感觉、感性当作使思维活动上升至理性的知性中介，也绝不仅仅将人的感官当作认识工具，而强调它们应该是满足并维护持久与可靠的爱欲的基础，感觉与感性应该与人类的生物本能和情感相互联合而向爱情升华。以此为基础的文明，即非压抑的文明与道德律，不应再因为肉欲的"原罪"而遭到禁忌，相反人类应该认识到自身成为与动物不同的具有主体意识的人类，其生物根源在于在性欲满足的同时向爱欲升华而获得作为人的尊严，从而上升为高级的存在物，产生出高级的、多层次的、多维的、丰富多变的高级价值标准。这种价值标准代表了快乐原则对现实原则的胜利，代表了额外压抑与操作原则的倒台与失效，在社会关系方面则意味着劳动分工不再以交换价值为目标，而是以身体作为消遣闲暇与享乐和创造的感受区的全面复活为内在目的，在力比多关系方面意味着多形态性欲的恢复与前生殖欲望（即审美欲望）的至高无上性。马尔库塞批判了现代工业社会的政治危机根源，即对爱欲和新感性这种人类本能情感的规训与阉割，这是造成人类精神危机的根源，也是社会倒退的根源，因此他要重新赋予美学和感性以破坏现存秩序与社会机构集团组织的野蛮力量，利用感性学美学所凸显的生欲与死欲的对抗力量颠覆压抑性的理性主义文化，创造全新的自由社会。如此一来，感性在理性现实的冲击下，在艺术中找到安身之所。因此，美学的政治性在于艺术的真理性，即使感性突破理性现实原则的包围重返原初发自原始欲望（无涉技术理性功利观的本真欲望），与理性调和完成感性的解放。也只有在艺术的、审美的天地中，元欲望的化身新感性方能在审美形式的帮助下被永恒化与固定下来，成为一切能被称得上是艺术品中所流溢出来的反抗与斗争精神本身，方能打破时间与空间的限制，给观赏者以精神上的震撼。感性被赋予了理性形式，可以升华为精神的普遍性，达到感性与理性的协同统一，这便是"诗的真理性"所表达的根本人性，这其中反映了感性与激情的释放与自由社会的愿望。

# 本章小结

马尔库塞的政治美学是以爱欲和新感性为核心的，换言之，马尔库塞终其一生都在为构建他的新感性本体论而努力着，而更重要的任务是赋予新感性的本体论以制服技术理性与额外压抑相勾结的工业社会的攻击性的政治批判功能。因此，马尔库塞的新感性本体论从青年时期的总体性的人这个遥远的先声开始，直到强调审美形式本身的政治意蕴在于将生欲与死欲的对抗升华为向审美理想进阶的元欲望，使其获得普遍性，冲破功利性社会对审美人性和自由的爱欲本能的禁锢，他用一生的学术致思经历诠释了建构新感性本体论的艰难过程。他的一生可概括为对总体人性中的感性之维不断正名的一生，吸收海德格尔的生存现象学引发淹没于技术社会和理性主义文化中的个体回归本真感性生存之深思，进而在马克思对社会结构与社会变革的理论基础上，将马克思的异化劳动改造为非本真的生存论，重新将历史唯物主义的新基础确立在审美人性的复归基础之上，从而将席勒的感性政治学和浪漫派、唯美主义对美之原则——情感本体的崇拜加以统合，试图以审美的方式解决政治危机。政治的危机在马尔库塞看来是美学所一直强调的感性之维缺失所造成的理性的危机、文化危机和精神危机。他在追溯古希腊美之源泉——爱欲生命之神（厄洛斯）的基础上重新挖掘了弗洛伊德本能论之哲学运思，在《爱欲与文明》结合了俄耳浦斯和那喀索斯两位代表休闲与消遣的快乐之神，重新赋予了爱欲以审美理想。这种审美理想是关涉政治的，要立足于康德意义上的无涉功利的审美，凸显美学形式自身的异在性和自律性，这也是马尔库塞从俄国形式主义所倡导的陌生化中所收获的启示，正所谓无用之用方为大用，取得了理性形式的生欲与死欲的对抗性，正巧妙地体现着美学对繁杂事务性问题的悬搁精神，这种悬搁恰恰是对现实政治秩序无声的抵抗和藐视。这也能使我们理解为什么艺术家在马尔库塞认知中能够取代"逐渐消失"了的无产阶级，而成为最有革命斗争精神的"男男女女"。但马尔库塞的美学思想具有政治性的另一个原因在于强调感性对于理性主义文化观的冲击，从而能够重新确立感性的秩序。在这个意义上，马尔库塞的新感性为中心的政治美学超越了康德意义上美学的无涉功利性。马尔库塞十分清楚的是政治关涉的绝非仅仅是个人而是全部人类，故他并没有以财产的多寡为判断革命群体是否具有革命性的依据，而是以人类最本质的共性审美人性以及原始冲动爱欲为判断人类革命潜能的标准。但残酷的极权政治早已通过理性主义文化大厦的构建蚕食掉爱欲，因此恢复爱欲重建新感性是赋予美学政治功能的当务之急。马尔库塞充分领会到政治上重要的激情在于不同社会成员都感觉相同的那些激情——生欲与死欲的对抗。要建立政治大厦所必须依赖的，也是这种激情所筑起的广泛的本能机制。如果说激情决定人们将要追求的目的，理智则帮助人们寻找实现这些目的的途径。因此，完全凭借生物性的本能激情是不足以取得革命的胜利的，还要有审美形式将爱欲重新固定化为新感性，使性欲上升为具有理智外壳的爱欲新感性本体。

# 第五章 马尔库塞政治美学批判评析

　　马尔库塞的思想作为批判理论，是因为他的思想隶属于法兰克福学派社会批判理论，他和学派成员批判的都是涵盖了从经济到文化等方面的技术理性异化现象，他们的批判方式都以总体性批判为主。但政治美学特色使马尔库塞思想独树一帜。本书认为马尔库塞的思想还是政治美学的，不只是因为他的首部与末部著作均以美学为主题，更重要的是他的全部理论都是为了在现实的政治运动中实现爱欲的解放与新感性的建立。因此，他的政治解放目标具有浓厚的美学意蕴。从美学问题中挖掘政治的革命与批判功能，以美学与艺术的先导性改造现代人的心灵与身体机能，重新回归前技术时代的自由美好生活的审美理想，是他全部的理论旨归。可见，马尔库塞以政治美学为方法论将其社会批判理论贯穿到底。以政治美学作为批判社会的方法论有什么样的独创性与限度？对于这个问题的回答，需要以比较的视域去反思与评析这种批判方式的得失，这样才能在相关理论研究与实践中，更合理地进行甄别性的借鉴。也只有这样，马尔库塞的政治美学批判才会富有生命力。

# 第一节  马尔库塞政治美学批判的贡献与限度

若想了解马尔库塞的政治美学批判理论的独创性价值与理论局限，需要以比较的视域分析其理论的异质性。也就是说，应该将其放入他所属的法兰克福学派内去分析学派的批判传统以及他的理论特色。他的思想首先属于社会批判理论，因为社会批判理论拥有共同的批判对象——技术理性对人的精神压抑，并都把资本主义社会中的一切不合理现象都划归为人的精神异化的结果，所以都从文化的角度将总体性的批判贯彻到底。但马尔库塞开创了一个政治美学批判的新领域，之所以新有两方面原因，一是他将艺术与美学当作人类自我救赎的唯一出口与方法，也将只有美学所能到达的自律王国作为政治变革的终极目标。二是他将心理学领域的本能理论作为他审美救赎的物质基础，并加以形而上层面的美学化升华为爱欲与新感性，将其真正实现作为判断人性自由的标准，这是与其他从美学和弗洛伊德心理学领域获取资源的成员的不同之处。因此，其政治美学批判是一种浪漫主义式的反思。虽然他的政治美学批判理论有其独特贡献，但与马克思的政治经济学批判相比仍暴露出局限性。那就是他对市民社会的理解与马克思不同。他从文化角度去理解市民社会，而排斥其中的经济属性，进而也否定了市民社会的核心，造成市民社会这一历史位阶的缺失。而马克思却将市民社会当作人类解放过程中被扬弃的阶段，这种扬弃是建立在肯定市民社会包括其中的经济函项的基础之上的否定。故马尔库塞的人类解放理想只能以美学这种乌托邦性质的方法去实施，忽视了经济解放，充其量也只能是一种广义的政治解放的理论。

## 一、开启了法兰克福学派社会批判理论的新视角

马尔库塞以政治美学为理论特色和批判手段的社会批判理论，是在一个学术群体中形成的，这个学术共同体就是历经了近 50 年历史的法兰克福学派。该学派的第一代代表人物除了马尔库塞之外，还有霍克海默、阿多诺、本雅明、弗洛姆等。他们共同建立了一种融合了哲学、社会学、心理学等多门学科的"社会批判理论"，严格来讲，马尔库塞的政治美学隶属于这样的社会批判理论。马尔库塞与其他社会批判理论成员共同面临着同样的政治问题——技术理性已经把人类社会变成了压抑性的社会。"经济生产力的提高……让机器和掌握机器的社会集团对其他人群享有绝对的支配权。"① 在法兰克福学派成员看来，发达工业社会带来了物质的丰裕和人类经济生活水平的提高，但与之俱来的副作用是科学技术在经济利益为内驱力的资本主义制度下披上了人类中心论的外衣，成为一种新的操控形式——技术理性，它让社会成为一个被整合的总体。生活于其中的人们在一切社会生活领域均遵循工具主义与实证主义原则，演变成为统治集团机械生产流水线上的一个个原子，原本总体性的人性也走向分裂，个性与想象力被自愿地从人的理性中清除出去，"压抑性的总体"便诞生了。显然，在技术理性的驱动下，经济领域内的危机已经拓展到整个人类生存领域，甚至深入到个体心理与精神领域，技术理性引发了新的政治危机。正如卡津斯基（Kaczynski）所言："工业及其后果已经成为人类的灾难。"②

法兰克福学派成员们在反思技术理性给人类带来的灾难后，一致决定建立一种挽救人类精神生命的广义政治学，对以资本主义为代表的发

---

① 〔德〕霍克海默、阿多诺：《启蒙辩证法》，渠敬东等译，上海：上海译文出版社 2003 年版，第 4 页。

② T. Kaczynski, "Industrial Society and Its Future", *The Washington Post*, September 19, 1995.

达工业社会进行全面彻底的批判，这种社会批判的方法就是总体性的批判，于是法兰克福学派社会批判理论的批判传统就此形成。而总体性作为一种方法早在西方马克思主义创始人卢卡奇的时代就已经产生，它指的是"把社会生活的各个方面在相互作用中所呈现出来的总体联系作为考察对象，从整体上把握社会"①。法兰克福学派在对卢卡奇的总体性加以吸收的前提下，还加入了属于自己的否定性辩证法，形成了一个对资本主义社会的所有方面进行整体性和普遍性否定的总体性原则。包括马尔库塞在内的所有法兰克福成员都是在否定性辩证法的框架内重新审视发达资本主义社会中使人性异化的一切方面的，其中包括技术理性、政治制度、物质经济、文化传统、心理本能等。在技术理性裹挟下的资本主义社会这个亟待否定的统一体被马尔库塞称为"否定的整体"②。

正是在这种不满足于仅在生产力与经济基础层面上寻找病症的总体性批判原则的指导下，法兰克福学派成员们突破了经典马克思主义的政治经济学批判，选择从"更为深广"（这是学派成员自以为的优越于马克思主义的政治经济学批判的方法）的伦理和文化上的意识形态批判入手找寻终结资本主义制度的根源。由于他们都将技术理性当作使人类陷入精神危机的根源，于是致力于从人的主观领域内入手去寻找致技术理性以死命的方法，并恢复人性的完满，于是人本主义框架内的文化批判成为法兰克福学派总体性批判的重要理论特色。然而，美学与艺术也内在地包含于精神与文化领域，因此它们也构成了社会批判理论的重要组成部分。然而，马尔库塞开创了一种政治美学批判，它不满足于仅把美学与艺术当作总体性批判的一个环节，而是把它们当作将人类从麻木

---

① 奚广庆等：《西方马克思主义辞典》，北京：中国经济出版社 1992 年版，第232 页。

② 〔美〕赫伯特·马尔库塞：《理性与革命》，程志民译，上海：上海人民出版社2007 年版，第 116 页。

的精神世界和冰冷的机械社会中拯救出来的唯一道路。可以说马尔库塞是法兰克福学派内第一个高度重视美学与艺术中的感性之维，并把感性当作突破技术理性统治的武器与途径，把感性与审美所能通往的那个以美为真理的艺术世界当作人类解放的归宿的人。如果说，美学与文艺因能释放出人性的创造力量在法兰克福学派内占据重要地位的话，那么美学与艺术也只是法兰克福学派总体性批判所容纳的对发达资本主义各方面批判的一个部分，其地位与政治、经济、精神、心理、哲学、文化等批判方法是等同的。而马尔库塞赋予了美学与艺术中的感性和审美理想以本体论的地位，尤其是对于感性的关注并深入挖掘其中的政治潜能，这在法兰克福学派内是一道独特的风景。因此，马尔库塞开启了法兰克福学派社会批判理论的政治美学批判新视角。美学与艺术是唯一的手段也是走向人类解放的终极旨归，它们是关乎于人性的解放与精神的自由的广义的政治。简言之，马尔库塞与法兰克福学派其他成员在对待美学与艺术的态度上和应用方法上属于一对多的关系。在马尔库塞这里，文化领域内的一切方面的总体批判都终结于或划归于政治美学批判，而在学派总体性批判传统中美学与艺术仅为文化批判领域中的多个方面中的一个环节。从这个意义上说，马尔库塞开启了社会批判理论的政治美学批判的新视角。马尔库塞的政治美学批判理论以爱欲本能得到释放的新感性为解决极权社会操控这个政治问题的最好方式，因为艺术审美在他看来是新感性的对象化成果，人们可以在艺术空间内获得"诗性"真理，所以他说："如果新左派想成为真正的政治力量，那它必须在感性中发展它的认真精神和激进性。"①

　　然而，试图从美学与艺术中寻找击碎操控社会的政治潜能的法兰克福学派成员不止马尔库塞一个，还有阿多诺和本雅明。那么，马尔库塞的政治美学批判与他们的理论相比有什么独特性呢？让我们先来分析一

---

　　① 〔美〕马尔库塞：《工业社会与新左派》，任立编译，北京：商务印书馆 1982年版，第 173 页。

下阿多诺的美学理论。阿多诺在他的否定性辩证法原则下将美学与艺术看作是非同一的世界中的一部分，因此作为"人类情感和意识的表现形式"① 的文化艺术的本质是否定性。他认为世界上的一切都处在变动不居的动态矛盾之中，故世界呈现出非同一性、非体系化的特征。而艺术也遵循着一种动态法则在对自己的前身的不断否定中得到发展。如果对于艺术只能从不断的否定中去把握在此过程中表现出来的张力与关系，那么就无法从形而上学的角度去归纳艺术的原理，对于这一点阿多诺认为"任何想把艺术的历史起源从本体论角度归入某种至高原则的企图，必然会在大量枝节问题上迷失方向。……不存在可以涵养所有艺术种类的一般艺术概念"②。因此，阿多诺从艺术的动态否定性本质中反思了艺术与社会的关系问题，认为艺术与现实也必然保持着"非同一"性的否定关系，因其内部的矛盾性，它"既是又不是自为存在"③，一方面构成艺术的成分有些属于经验世界，"它因而有赖于一定的社会结构"④；另一方面，它通过否定的辩证法不断完善自我走向完美的世界，它超越于现实，通过与现实的对立反衬现实的不合理。因此，艺术以其自律性和否定性不断对现实进行政治介入，政治已经进入了自主的艺术领域。⑤ 可见，阿多诺是在否定的辩证法框架内逻辑地证明了艺术对社会的超越性和自律性。

---

① 郭东：《论文化艺术的社会批判性——马尔库塞和阿多诺的文化艺术观研究》，载《中国中外文艺理论研究》2015 年，278 页。

② 〔德〕西奥多·阿多诺：《美学理论》，王柯坪译，成都：四川人民出版社 1998 年版，第 3 页。

③ T. W. Adorno, *Aesthetic Theory*, C. Lenhardt( trans. ), Reading：Routledge & Kegan Paul Ltd, 1984, p.9.

④ T. W. Adorno, *Aesthetic Theory*, C. Lenhardt( trans. ), Reading：Routledge & Kegan Paul Ltd, 1984, p.320.

⑤ T. W. Adorno, "*Commitment*" *in Aesthetics and Politics*, London：NLB, 1977, p.194.

马尔库塞在阿多诺的否定性辩证法中得到启发，也将艺术世界视为与现实疏隔的自律性空间。但是他为艺术对现实的社会批判性与否定性加入了主观情感即审美感性这一维度，这使他的政治美学批判相对于阿多诺来说显得更为激进。也就是说，马尔从感性心理角度入手更微观地发展了阿多诺的审美批判理论。马尔库塞将建立社会主义社会新秩序的希望放在培育具有"新感性"的"新人"身上。可见，新感性是不同于被动接受的认知能力的感性，它更强调的是主体自为的创造性感性活动，主体需要主动地进入审美的世界中发挥想象力才能获得感受美好的新感性，因此新感性是主体的审美感受力的简称，它的本质是美。"美的东西……诉诸感官；它是令人愉快的，是未经理想化的本能冲动的对象"①。因此，马尔库塞的政治解放理想核心是使新感性重新回归到人性之中，只有社会中的男男女女都能将自身意识中的感性结构转变为自由的新感性心理状态，才能释放出改造资本主义异化现实的巨大政治潜能，而且新感性是在审美想象中才能形成的。于是马尔库塞将新感性的自由特征融入到抵制压抑的美学与艺术中，去审视美学与艺术的自律性的。如果说，阿多诺笔下的艺术与社会现实"处于既相互依赖又彼此冲突的"② 二律背反状态，那么马尔库塞则是通过新感性架起艺术的审美形式与现实政治运动的桥梁的。因此，他在关于艺术的形式与内容的问题上，借鉴了黑格尔的观点，将艺术的审美形式规定为内蕴着脱胎于经验世界的感性内容进而与美的理念融为一体的形式与内容的统一体。这样，马尔库塞的政治美学批判理论中自然蕴含了一种在本体论高度上的审美理想，将人类的自由和解放以一种合规律的目的论的乌托邦图式呈现出来，这就打破了阿多诺从单一的拆解式的非同一性否定框架，构

---

① 〔美〕赫伯特·马尔库塞：《现代美学析疑》，绿源译，北京：文化艺术出版社1987年版，第63页。

② T. W. Adorno, "*Commitment*" *in Aesthetics and Politics*, London：NLB, 1977, p.326.

建了属于自己的新感性革命本体论，将政治运动的各方面都划归到新感性审美心理源头上来。因此，艺术除了具有阿多诺所说的与对象世界保持对立的自律性之外，还有能够时刻准备着以情感"中介"的异在方式融入并指导现实运动的心理冲动。由此可见，马尔库塞没有如完全照搬阿多诺的否定性美学，更不同于本雅明那种仅从艺术文本中的孤立、具体、生动的意向中剖析诗人、艺术家的思想意指的寓言式的政治批判，而是汲取了弗洛伊德的精神分析理论为自己的新感性政治美学扩容，将美学问题扩大到整个人类生存的各个领域去抵抗资本主义制度对人性的改造与对本能的侵袭，实现政治的美学化与美学的政治化这样的双向互动。

从弗洛伊德的精神分析中汲取养分的做法在法兰克福学派不只有马尔库塞自己，还有弗洛姆。那么他的政治美学批判与弗洛姆社会批判理论相比有什么区别呢？马尔库塞与弗洛姆都是在社会领域内在批判方面借用弗洛伊德的精神分析，但弗洛姆更侧重于从社会共同体中的大部分成员的人性方面去揭示压抑的根源，而马尔库塞则从更为微观的本能角度去透视统治阶级的操控逻辑。虽然二人都吸取了弗洛伊德的无意识理论来阐发自己的观点，但是对其中蕴含的政治潜能的挖掘角度各有不同。首先，弗洛姆将弗洛伊德的"个人无意识"与荣格的"集体无意识"相互融合并加以改造为自己的"社会无意识"理论。弗洛伊德认为个人的无意识是隐藏在内心深处最真实也是最有力量的领域，它来源于个人童年被忘却的引起自身快乐或痛苦的生活经历或情感体验，这些都与个人的性欲本能有关，因此要受到压抑。但无意识的强大力量却不被人所知，而"意识在任何一定的时刻只包含少量的内容"①，却反过来受到重视。而荣格认为弗洛伊德的个体无意识理论是只讨论个人生物属性的性欲心理学，这种心理学关涉的仅是私人化的性心理，而人类普

① 〔奥〕西格蒙德·弗洛伊德：《弗洛伊德文集》，王嘉陵、陈基发等编译，上海：东方出版社 1997 年版，第 155 页。

遍所具有的心理结构却被弗洛伊德所忽视，也就是说在人类的人格底层也潜藏着一个无意识的部分，"是包括祖先在内的世世代代的活动方式和经验库存在人脑总的遗传痕迹"①。弗洛姆综合了二者对无意识理论的思考，提出"社会无意识"理论：能够被察觉的、通过理性反思的领域属于"意识"领域，能够得到社会的应允而存在，而尚未被察觉到的心理领域属于"无意识"，它被社会所压抑，但这个领域是社会成员们普遍拥有的心理结构，其本身的能量也遭到统治阶级的扼杀，"每一个社会都能决定何种思想和感性可上升为意识，哪些只能停留于无意识层面"②。总体而言，弗洛姆将弗洛伊德的个体心理结构范围扩大到整个社会领域，这是他社会批判理论的最大特色。如此一来，压抑成了整个社会的心理性格，而挽救社会成员的方式也要从社会心理中寻找。在弗洛姆看来，应该激发每个人性格中共有的创发性心向的能动性，抵制其他具有攻击性的社会性格。这个创发性心向指的是与他人和自己发生关系的创发性活动中的"爱"，只有"爱"的艺术才能将人从孤立、麻木的精神危机中解救出来。

　　然而，马尔库塞也发现了"爱"的创发性心向的先验性，但不满于弗洛姆对弗洛伊德个人无意识的改造，认为还应该从个体心理结构本身出发（而不是社会心理性格）寻找击碎社会与人性异化的关键。因此，马尔库塞以更微观的无意识本能欲望的满足与压抑作为分析发达工业社会表象背后的控制手段的突破口。马尔库塞对弗洛伊德的改造与弗洛姆最大的不同之处在于，他将个体本能性欲的范围和质加以扩大为"爱欲"。这个"爱欲"本能是处于无意识的"本我"结构中的心理冲动，它受到代表现实原则的"自我"的压抑，而"自我"是调节"本

---

① 车文博：《车文博文集（第6卷）：弗洛伊德主义》，北京：首都师范大学出版社2010年版，第302页。

② 〔美〕埃里希·弗洛姆：《在幻想锁链的彼岸》，张燕译，长沙：湖南文艺出版社1986年版，第93页。

我"与"超我"的关节,"超我"是本能爱欲在经历压抑后通过社会允许的升华方式或本能爱欲直接在快乐原则的驱使下实现的境界。马尔库塞继续沿着弗洛伊德的无意识理论,将隐藏在个体心理最底层的本能确定为最有力量的心理结构,这就是爱欲本能。它作为一种审美的需要代表人性中对快乐、和谐、闲暇等美的体验的自然趋向,它产生于心理本能的非压抑性升华。爱欲也是构成能够恢复人的主体性和审美幻想的新感性的核心成分,从马尔库塞文本前后顺序上来看,新感性可以说是其爱欲理论的延伸,爱欲是新感性的前身,它们都同样出自于人对快乐、感性、美丽、真理、艺术和自由的真实需要,都是从人性中的心理机能不受压抑为出发点发挥出改变社会中的个人意识和感性结构的政治潜能,都为建立一个自由的新秩序而努力。因此,马尔库塞的个人与弗洛姆的社会区别开了,马尔库塞的政治美学批判的终点是使人性回到感性与理性相统一的前技术时代的审美人性中去,他的人性是每个个体中固有的、等待被唤醒的爱欲释放,也就是说我们可以从单个人的自然本性中去透视整个人类,而弗洛姆的人性是在社会中大多数成员的心理性格中抽取出来的具有共性的社会心理,他们的处理方式都不可避免地带有先验成分。而马尔库塞的政治美学批判则带有更多的浪漫主义色彩。

马尔库塞以爱欲与新感性为核心的政治美学批判理论,对当今工业社会的建设过程中人的感性需要满足与经济建设之间的张力问题的考察具有一定参考价值。然而,若要更为深刻而全面地评价马尔库塞政治美学批判理论的限度与贡献,那就必须将作为西方马克思主义者之一的马尔库塞置于马克思的政治经济学批判的论域中方可找到答案。

## 二、马克思政治经济学批判视域内的政治美学

马尔库塞为了将个体的感性生存与现实社会关系相结合,吸收了马克思的异化理论,同时也开启了一条将政治经济学予以政治美学改造之路,正是抱着这样的初衷,马尔库塞将马克思主义的经济学概念都转化

为哲学概念，实现了经济的哲学化。当马尔库塞忧虑现代人的生存始终停留在散文式的碎片化时代时，即感性与理性分裂且人的知性替代了具有感性之维的辩证理性的时代，马克思的《1844 年经济学哲学手稿》让马尔库塞发现了可以用异化理论来解释前技术时代的完满人性是怎样沦为单向度的理性化人性的，这也让他投身于将经济学概念予以哲学化表达的工作中。而这一阶段马尔库塞的一切工作都是以异化理论为基本框架的，因此马尔库塞将历史唯物的新基础从《德意志意识形态》中的生产方式转移到《手稿》中的"按照美的规律去生产"的审美实践上来。他和马克思一样，始终关注的是人的感性生命及其活动，发现感性生命被奴役的状态，这表现在他将"异化劳动"当作人类普遍存在的存在。马尔库塞坚信"异化劳动"是非人道的，这是符合马克思的判断的。马尔库塞也和马克思一样认为"异化劳动"是应该被克服的阶段。但是对异化阶段的克服方式方面，马尔库塞采取了伦理式的谴责替代了对处于非人的社会关系中的现实实践活动的具体化分析，这也导致他从席勒的游戏与闲暇冲动中获取理论资源，并对马克思所说的共产主义社会共同体加以美学化的改造。从这个意义上说，马尔库塞以《手稿》代替了马克思的所有文本，对包括政治经济学批判在内的马克思的全部观点加以政治美学化的改造。

但是，马尔库塞的这种以偏概全研究方法与理解方式让他在一个与马克思完全相反的方向上实现被他称为最美人性和最好政制的"自由人的联合体"乌托邦。如果说马克思的理论是一种政治美学的话，那也是为了建立一个强调人的实践对世界加以改造的、一种以人的意志和主动实践为基础的"工业力的"、"生产力"和"劳动力"的"尘世天国"的政治美学①，换言之，马克思的政治美学理想有其深刻的且不可逾越的前提，这一前提就是政治经济学批判，它要建立在对代表市民社

---

① 李金辉、谢静：《马克思的政治浪漫主义：无产阶级的反讽和"力的隐喻"》，载《理论探讨》，2018 年第 3 期，第 78 页。

会的社会生产关系的分析基础之上。相比之下，马尔库塞的以审美人性的复归为基础的感性政治美学批判只能是一种与无限的美的理念和自律王国融为一体的浪漫主义反讽。① 简言之，马尔库塞的政治美学批判与马克思的政治经济学批判相比显示出了市民社会的缺位这一历史局限。马尔库塞找错了造成社会异化和人性中感性之维缺失的现实根源，它应该是发生在市民社会领域内实实在在的生产力与生产关系之间的矛盾运动，而不单纯是科学技术与技术理性。可以说，与马克思的政治经济学批判相比，马尔库塞的政治美学批判只是空有在道义上批判资本主义的姿态和激情，而最终没有过问市民社会中的现实矛盾。于是他所建构的自律性的审美王国是一个掏空了市民社会质料的纯形式，这也使他将人类的自由和解放寄托在美学与艺术背后的意义世界中去。

马克思发现了从政治解放到人类解放的进程中，市民社会的地位不容忽视。"马克思最初是为了反驳黑格尔的理性国家观才对市民社会产生研究兴趣，其中包含着深刻的政治哲学运思。后来马克思发现市民社会存在利己主义缺陷，应该从活跃在市民社会中的现实的、具体的人的感性活动出发予以克服，而突破市民社会的局限性的主力是无产阶级"②，不同于马尔库塞所说的具有"新感性"的"新人"和被压抑性社会边缘化的"零余者"们。"在《论犹太人问题》中，马克思重点分析了政治革命无法取代市民社会中的经济革命的意义。在《政治经济学批判》（第 1 分册）'序言'中，马克思承认不应该从法和国家的形式本身，抑或从人类精神方面去理解市民社会，而应从政治经济学中去寻求，得出了市民社会是物质生活关系的总和的结论。在写《手稿》时，马克思发现了异化劳动与私有制之间的关系，将克服市民社会中经

---

① 李金辉、谢静：《马克思的政治浪漫主义：无产阶级的反讽和"力的隐喻"》，载《理论探讨》，2018 年第 3 期，第 78 页。

② 谢静、杨晓东：《论望月清司对马克思市民社会理论的重构》，载《理论月刊》，2019 年第 10 期，第 47 页。

济上的不平等的希望寄托在对私有制的消灭上。而后马克思没有停下脚步，发现了私有制的秘密在于分工、交换、生产力、生产关系、经济基础、上层建筑等诸多关系的扭结运动中。因此，'市民社会概念是马克思经由黑格尔法哲学批判、政治经济学批判和意识形态批判这三重批判而创立的通往历史唯物主义的思想阶梯'。"① 这不是单纯的政治美学批判所能完全囊括的。因此，有必要追溯马克思的市民社会概念的演变逻辑，比较并分析出马尔库塞的政治美学批判在通往人类解放过程中的理论缺陷。

"马克思对市民社会的批判经历了'感性具体—思维抽象—思维具体'三个阶段，从《莱茵报》时期开始，马克思的世界观发生了激变，'物质利益的难事'与'国家普遍意志'之间的冲突让马克思的青年黑格尔派倾向产生了动摇。在《〈黑格尔法哲学批判〉导言》中，马克思颠倒了国家法权与市民社会的关系，对国家理性主义的祛魅方式仍采取了黑格尔式的思辨逻辑反转。在批判黑格尔的国家和法权关系时，马克思仅仅用了'需要的体系'这一'模糊的团块'来表述市民社会。此时的马克思没有对市民社会内部结构进行精细剖析，与他此时的经济学知识不足有关，因此在批判黑格尔的国家与市民社会关系时，只能把它们当成一对相联系的范畴进行整体性的批判。至此，马克思从市民社会的表象中抽象出来与国家、法等概念紧密相连的市民社会概念的过程就明晰了，这是由感性具体到思维抽象的一种表现。而马克思没有放弃过深入分析市民社会内部结构的念头，他从市民社会的历史嬗变的视角将其进行细致化、具体化、特殊化与时代化的处理，不再限制于与国家、法权捆绑为一体，从而没有停留于从感性具体上升到思维抽象这一阶段，而是继续遵循从抽象上升到具体的思维方法。在《手稿》中，马克思意识到'对市民社会的剖析应该到政治经济学中去寻求'。这时马

① 谢静、杨晓东：《论望月清司对马克思市民社会理论的重构》，载《理论月刊》，2019 年第 10 期，第 47—48 页。

克思已经试图从法哲学进入到政治经济学，在后来的《第一手稿》《穆勒评注》《第三手稿》中马克思已经开始自觉挖掘市民社会的内部结构和基础，对私有制、异化劳动、交往异化、分工、交换、商品、交往体系、需要、生产力等市民社会的基本要素都是马克思所批判的关键范畴，因此市民社会概念暂时隐退。直到《德意志意识形态》市民社会又以'物质关系的总和''分工''普遍交往'以及人们熟知的'生产力''生产关系''经济基础'和'上层建筑'等概念相互交织而成的关系网的形式出现了，这恰恰是马克思遵循从抽象到具体的思维方式的表现。在政治经济学批判之后马克思又继续进入了对资本主义制度的意识形态批判领域，在《资本论》中，市民社会被解释为各种私有制形式，其中资本主义社会就是最集中、高度发达的典型的市民社会形式之一。"①

　　然而，马尔库塞却直接跳过了马克思对私有制形式和阶级斗争的剖析，以意识形态批判的方式掩盖了对代表生产关系领域内的矛盾斗争的市民社会的深入分析，只看到了人类精神危机，却没意识到精神危机的来源还是资本主义生产方式本身的不合理，即生产资料以私人占有形式与不断发展的社会生产力之间的矛盾。他仅以唯意志论的感性和理性统一的美学理想作为实现共产主义的通路，以及从恢复人的生物学本能等心理因素作为政治革命的基础，指望仅靠一条激发意识的先导性作用的文化革命道路去替代对经济上的生产资料占有方式的革命。这样马尔库塞的政治美学批判仅仅成为了一种批判，失去了解决实际经济生活问题的物质力量和指导方向，出现在他的政治美学批判理论中的唯一与经济领域有关的只剩科学技术了。也就是说，马尔库塞把包含着经济学、政治学、社会学、哲学等丰富内涵的市民社会概念范围缩小为单一的科学技术。

────────────────

① 　谢静、杨晓东：《论望月清司对马克思市民社会理论的重构》，载《理论月刊》，2019 年第 10 期，第 48 页。

　　那么，马尔库塞是怎么分析科学技术的呢？他先是指出了科学技术能架起通往新秩序的桥梁的重要意义，但是一定要在审美思维和感性意识的指导下把技术变成技艺才能发挥出这一力量，实现它的使命。但是他忽视了发达工业社会的技术不仅仅是技术本身的问题，更重要的是，它是资本增殖逻辑操控下的傀儡。换句话说，技术在资本主义生产方式的驱使下，成为一种方便统治阶级榨取更多剩余价值的工具，是资本的逻辑才让它成为一种"自律"的东西。故科学技术并不是一种实体，使其套上笛卡尔式的主观原则而上升为一种可以直接渗入人的思想的技术理性，这绝不是人类在思想层面自发产生的，而是在以资本主义生产方式为主导的私有制社会中所特有的产物。显然，马尔库塞对技术理性予以感性政治学的美学批判，是他将经济问题哲学化的一种客观唯心主义的处理方式。他将技术理性实体化了，也是变相反对了马克思曾经所强调过的"决不能把生产力理解成为一种实体。它本质上是生产主体即社会、人对自然的能动关系和过程"① 这一观点。按照马克思的看法，科学技术是生产力发展的标志，是人们改变自己的生产方式和生活方式的象征，在表述它的时候一般与生产力捆绑在一起作为一个整体的语义概念，它脱胎于所处的生产方式，因此不能单纯地攻击它，要将它放入市民社会这个概念系统中去考察。科学技术涉及市民社会中的诸如生产力、生产关系、经济基础、上层建筑等多种因素，它身处于这样一个错综复杂的矛盾关系网中，因此既不能"将历史的进步交由生产力的自发增长"②，也不能以审美幻想的方式去掩盖它背后的生产关系，而是要将科学技术融入市民社会概念所包含的诸多方面，进而以从抽象到具体的思维方式去剖析在形式上发生变化的资本主义生产方式内部的

----

① 庄福龄、孙伯鍨：《马克思主义哲学史（第 2 卷）》，北京：北京出版社 1988年版，第 145 页。

② 胡大平：《解放政治学·生命政治学·无为政治学——现代性批判技术视角的旨趣和逻辑转换》，载《学术月刊》，2018 年第 1 期，第 32 页。

诸多矛盾，以对现行的生产关系的深入为前提完成政治经济学批判，在这之后方可进入人类学意义上的审美理想之中，而不只是停留于人性的谴责与救赎上。

马尔库塞没有对发达资本主义社会进行政治经济学批判，而选择政治美学批判有两方面原因：第一，他忽视了经济解放在实现人类解放中的重要地位。马尔库塞在对于市民社会的概念的理解上体现了西方马克思主义传统。葛兰西根据当时的西方社会中的共产主义运动的失败，重新反思市民社会的概念。认为市民社会不再是马克思所指的经济范畴，而应该侧重于政治与文化涵项。市民社会概念中的经济因素被他当作资本主义经济关系的政治表达，市民社会演变为资产阶级的意识形态，因此是罪恶的。这也间接影响了马尔库塞在探索共产主义道路的过程中，对马克思的市民社会概念予以简单化理解，只看到了社民社会概念中所蕴含的政治内涵，夸大了市民社会的经济因素的消极影响，进而取消了马克思的市民社会所囊括的经济内涵，将其简单理解成为资产阶级服务的罪恶的政治与文化。通读马尔库塞的《文化与市民社会》后，更加能够确定这一判断。既然他全盘否定市民社会中的经济范畴，就不难理解为何他对市民社会所蕴含的经济范畴，如生产力、生产关系、经济基础等概念的态度也是否定的，将解放的希望寄托在意识形态的变革上，以及人的主观精神方面的变革上。可以说，马尔库塞深受西方马克思主义传统影响，他只看到了市民社会在经济领域内的发展的"恶"的一面，才会把社会矛盾运动的规律的揭示当作僵化的"铁律"。他企图从政治解放直接飞跃到人类解放，忽视了人类解放要经历经济解放的量的积累过程，因而没有以马克思的政治经济学批判为武器对资本主义发起攻击，也无法以实践的唯物史观立场实现马克思的法哲学批判、经济学哲学批判与政治经济学批判的有机统一，最终只能将在审美之维中寻觅方向，落入无限的自我矛盾循环中。

第二，他虽然和马克思一样始终关注着人的感性生命及其活动，发现感性生命处于被奴役的"异化"状态，然而他没有理解马克思的"消除异化劳动"不仅包括个体感性生命自身的解放，还包括社会解放。这个社会并不是由单个人组成的，而是由社会中的现实的人在分工、交往、交换、劳动等感性活动中形成的各种关系构成的，社会不是静态的而是不断创生的。马克思早已在《关于费尔巴哈的提纲》中批评了这种"对单个人和市民社会的直观"方法，马尔库塞也因陷入这种"直观的唯物主义"方法之中，而无法"把感性理解为实践活动"。[①] 按照马克思的理解，人性不可能仅仅包括最直接的生物本能，也不是靠与命运抗争的类本质就能概括的，而是随着人的实践活动不断变化的。因此，决不能将生产力、生产关系、经济基础、上层建筑的联系与运动当作离开现实的感性生命活动的外在经济规律看待，应该看到生产力生产关系的运动具有"力"的隐喻性，是权力（power）对人的感性生命的支配，人的活动方式与情感结构也会随之改变。虽然马尔库塞强调了"异化"一定要消除，但他说的"异化"不包括生产力与生产关系方面的异化，而是人的类本质这方面的异化。也就是说，马尔库塞将人性理解为一切不断趋近美学理想的"类"本性，如起源于并超越动物本能的爱欲、新感性、辩证理性等。总而言之，马尔库塞将人性理解为审美人性，容易落入抽象人本主义的窠臼中。因此，马尔库塞的人类解放只能是一种审美理想，没有充分理解马克思社会解放和人类解放中间还经历了经济解放和劳动解放，所以他无法在真正的历史唯物主义的基础之上将人类解放具体化为经济解放、社会解放、劳动解放。可以说，马尔库塞对极权主义政治的批判，对资本主义社会的批判，是缺乏政治经济学批判视域的。它只能是一种政治浪漫主义批判，是政治美学批判。

---

① 《马克思恩格斯选集（第1卷）》，北京：人民出版社2012年版，第136页。

以政治经济学批判为参照，并以市民社会在社会解放中的地位为中心线索，可以发现马尔库塞政治美学批判理论追求的目标与马克思一样，都是实现人类解放。但马克思的社会解放包含着以市民社会为核心的经济解放、政治解放、劳动解放、人类解放，而马尔库塞却恰恰忽视了人类感性活动的历史也是以市民社会为核心的经济发展的历史，这使他的解放理论少了经济解放的维度。因此，他无法将马克思所说的人的现实感性生命放在生产力和生产关系、经济基础和上层建筑的矛盾运动中去思考，而只能从人的主观意识、理性等概念出发，将人的现实感性生命范畴内涵局限在人的生物本能、爱欲冲动以及审美人性上，对资本主义的批判只能以文学、哲学、艺术与美学为武器。舍弃了马克思的政治经济学批判，只能在审美之维中想象着如何实现从政治解放到人类解放的转变，使他的政治美学批判空有批判的姿态与激情，他的政治美学理想也缺乏创生的实践性与现实可能性。

当然，不能否认，马尔库塞的政治美学批判的确敏锐地抓住了当代人面临的全球性问题，即受拜物教影响而产生的道德沦丧、情感疏离与对立等生存危机；也精准地指出了当代资本主义生产方式发生的新变化，即从原来可见可感的资本输出到如今的微观心理层面的整合；也确实为当代文艺学与政治哲学研究提供了一个崭新的视角，即从超越性的古典美学政治到审美现代性的日常生活批判。但这些都不能代替马克思的政治经济学批判的地位。总之，如果将马尔库塞的政治美学批判放置于马克思的政治经学批判视域下，就会发现马尔库塞没有"将资本主义市民社会理解为一个随着人的物质生产活动，随着生产力和生产关系的矛盾运动而不断发展变化的历史过程"①。所以，他的政治美学批判"遵循的是唯心主义的原则，是将经济与政治割裂、政治与哲学割裂，

---

① 李金辉、王旗：《马克思的哲学在何种意义上是一种先验政治美学？——兼与张盾先生商榷》，载《思想战线》，2020 年第 1 期，第 171 页。

构造经济和政治活动之上的超验存在论哲学。这与马克思的历史唯物主义立场是截然对立的"①。

## 第二节 马尔库塞政治美学批判的当代启示

马尔库塞的政治美学批判理论具有深刻的理论意义与现实意义。在学理上，他的政治美学批判为当代美学与政治研究的发展提供了一个参考方向，即将人文情感等虚事与政治创制这类实事相互融通，实现了对政治与美学的双重改造。其思想对政治的改造启示我们在政治研究中要时刻以人民的感性生存为着眼点，以美学的情感、意志、梦想等非理性因素去激发政治实践中的自由与民主基因，使政治成为有温度的、有人情味的人文政治。他对美学的改造启示我们将浪漫主义理想与现实主义态度相结合，担负起知识分子改造世界的使命，恢复"诗缘为事而作"的文风，使艺术以超越的方式保持对现实的关注，在思想领域与精神层面激起欣赏者的共鸣。在现实生活中，他的政治美学批判可以使我们更清楚地理解美好幸福生活的真谛，从而警惕审美与资本的共谋。他的理论局限也警示我们在理论研究中要将政治美学批判与马克思的政治经济学批判相结合，这样方可在强大的经济基础上保障人民的幸福感与获得感。

---

① 李金辉、王旗：《马克思的哲学在何种意义上是一种先验政治美学？——兼与张盾先生商榷》，载《思想战线》，2020 年第 1 期，第 171 页。

## 一、对当代美学与政治研究的影响

马尔库塞以及同时代的西方马克思主义者们，都有着对美学寄予倾情关注的经历。之所以对文艺产生浓厚的学术兴趣，是出于后马克思主义时代资本主义统治方式发生了种种新变化的考虑。新千年以来，资本主义社会内部的统治阶级不再以赤裸裸的显性剥削方式挑起阶级矛盾，而是为工人提供福利待遇和晋升渠道，并利用文化工业的生产消费模式，将统治的触手深入到人的本能、身体和心理等微观层面。这种操控方式的政治变迁，使人们丧失了否定思维，成为恪守统治规则与"道德"的一个个孤立原子。革命主体失去了革命的心理准备和冲动，以往的暴力斗争的方式也失去了现实可能性。为了继续寻求新的可能性与诊断社会矛盾，马尔库塞与其他西方马克思主义者们纷纷将目光转移到触及人类隐秘的心灵空间的美学与艺术上。斗争场域从现实的政治生活中向美学的转移，与其说是消极的逃避，不如说是积极的理论迂回。马尔库塞发现了美与自由、解放在精神内涵上的共通之处，即人对自由与解放的希求在本质上是对美的渴望，人的本质实则是自由的审美人性。因此，马尔库塞创立了独特的政治美学批判理论，赋予美学与感性以积极的政治功能，在文化之中寻求革命契机。

马尔库塞的政治美学批判理论的特别之处在于以"爱欲"与"新感性"为中心，实现了政治的美学化与美学的政治化双向互动过程。对美学与政治进行双重改造的同时，也为当代政治与美学研究开辟了一条可借鉴的发展路向，即将人文情感融入政治研究以及由美学虚事拓展向政治实事。① 下面将分别从马尔库塞建构自己的政治美学批判的两个

---

① 李河成：《政治美学话语、审美共通感问题与美政预设——当代政治美学研究综述》，载《天府新论》，2012 年第 2 期，第 140 页。

方向——政治的美学化与美学的政治化——来分析他是如何完成对政治与美学研究领域的双重改造的。

（一）马尔库塞的政治美学批判理论对政治领域的改造

马尔库塞从人性角度分析了现代人的感性生存现状，认为现代生活的异化是横行于发达工业社会的技术理性造成的，它将蕴藏于人性中的感性之维清除出人的灵魂，使原本精神世界丰富的人被改造成为经济人、工业人、理性人。马尔库塞将资本主义制度的政治鄙陋归为精神领域审美感性的缺失，因此若要拯救人的灵魂、使人类早日重回精神家园、突破现实政治的单面性，有必要从审美角度对资本主义制度进行总体性批判，以求用自由和谐的审美理想的感召力吸引人从现实苦痛与麻木的生存中解脱出来，获得超越与救赎。这就是马尔库塞的政治美学化的思想主张，他强调快乐原则下的游戏冲动是潜藏于无意识领域中的自然本能，这种本能被他称为"爱欲"，人的一切生存实践活动包括政治活动本身都要在"爱欲"的驱使下成为人类本真的生存方式，在自由的艺术与美学活动中人类的"爱欲"最能得到直接的释放。在艺术的完美世界中，"爱欲"上升为感性本体，被他称为"新感性"，代表着理性与感性向审美人性的回归。新感性成为人的新的主体原则之后，人们便可以经由新感性构造而成的审美形式升入到与现实痛苦完全隔绝的审美王国中，实现政治生活的审美化。马尔库塞将肉体欲望和美学幻想互相融合，形成一种新的满足的政治学，揭穿了统治阶级对"额外压抑"的政治传统的粉饰。他的政治美学批判至少让人们知晓了自身对快乐感受的需求与追逐并非是一种原罪，现代政治也应该为我们的身心健康与情感释放留有直接表达的场域，美与情感的满足程度才是判断政治的民主程度的标志，而不是以对情感与快乐需要的压抑程度去判断社会的文明程度。显然在马尔库塞看来，后者绝不能代表人类潜能的自由而全面的发展，只是一种"文明"却绝对不是"文化"。换言之，马尔库塞认为包含着感性温度的"文化"远比冰冷的以生产逻辑为主导的"文明"对于人的本真生存来说，是更有意义的。因此，他主张的是一种将政治生活加以审美化的政治运作方式与制度文化，"是技术对审美的操纵……是感官享乐对精神愉悦的替补……是功利实用的劳作向本真澄明的生存……是物质生活向精神生活的升华"①。

马尔库塞的政治美学化构造方式为当代政治研究提供了一个感性生存美学的视角，改变了以往政治外在化的运作与统治模式，将社会成员的情感、意志、追求、梦想凝结成对感性审美幻想的升华，实现权力结构向情感本能的倾斜，这样才能让包涵着"正义""爱""自由""民主"的政治目标切实地落到人的感性生存实践的各个方面，使政治权力成为一种新的吸引力与魅力。这说明审美王国确实可以形成一个敞开的空间，将不同利益集团、种族、性别、国籍的人民凝聚成一个共同分享美好情感的"想象的共同体"②。在这样的共同体中，人类可以建立情感上的主体间性，彼此理解减少纷争。这种具有凝聚力的主体间性实际上建立在人的身体这一普遍性的生物学基础之上，在美的体验中它使人的身体与心理同时发生自然感性形态上的改变，人也在此过程中传递与交换彼此对"可感物"的感受，并以身体与感性为与逻各斯中心主义斗争的场域，进而"在社会范围内孕育出充满生命的需求"③ 的、

---

① 杨春时：《"日常生活美学"批判与"超越性美学"重建》，载《吉林大学社会科学学报》，2010 年第 1 期，第 95 页。

② 李河成：《政治美学话语、审美共通感问题与美政预设——当代政治美学研究综述》，载《天府新论》，2012 年第 2 期，第 141 页。

③ 〔美〕赫伯特·马尔库塞：《审美之维》，李小兵译，桂林：广西师范大学出版社 2012 年版，第 98 页。

"对攻击性和罪恶超升"① 的新感性，在以新感性的审美幻想为主导的"保护生命与造福生命中去自由地发现并实现人和事物的可能性……这时，技术就会成为艺术……一种崭新的现实原则就诞生了"②。

崭新的现实原则就是马尔库塞所建构的融合了人的自由想象的文化权力格局，是以感觉与生理、心理等"内在自然"因素为纽带结成的无意识的感性政治体系。伊格尔顿也认同过情感、爱和自发的肉体习惯构成的"审美"领域在政治共同体的建构过程中的重要作用，即稳固的社会秩序要建立在风俗、虔诚、直觉和舆论这些审美领域内的抽象权利基础上。③ 马尔库塞通过将政治予以美学化，对于我们今后在政治文化的建设上有很大启示，要善于使"政治权力循着审美自由的历史向度发展"④。这说明为了避免社会文明进程中出现的压抑性，一定要激发感性生命的潜能与激情，为这些感性要素的实现提供相应的文化治理环境。在经济建设的过程中要关注人民的日常生活与感性生存状态，这样才能"使政治在审美化过程中分娩出更多自由民主的基因"⑤。

## （二）马尔库塞的政治美学批判理论对美学领域的改造

舒斯特曼曾说过："当我们开始认识到美学在拥抱实践中，在表现和报告生活中，也延伸到社会和政治领域时，美学就变得更为重要和富

---

① 〔美〕赫伯特·马尔库塞：《审美之维》，李小兵译，桂林：广西师范大学出版社 2012 年版，第 98 页。

② 〔美〕赫伯特·马尔库塞：《审美之维》，李小兵译，桂林：广西师范大学出版社 2012 年版，第 98—99 页。

③ 〔英〕特里·伊格尔顿：《美学意识形态》，王杰等译，桂林：广西师范大学出版社 2001 年版，第 11 页。

④ 李艳丰：《审美文化的治理性与当代美学话语的文化政治转向》，载《文学评论》，2019 年第 3 期，第 16 页。

⑤ 李艳丰：《审美文化的治理性与当代美学话语的文化政治转向》，载《文学评论》，2019 年第 3 期，第 15 页。

有意义。"① 这说明美学如果只在自律的王国中显现"诗的真理",不介入情感结构并参与政治生活的话,是无法发挥其中的政治蕴涵的。马尔库塞的政治美学批判正是要完成美学向政治的进军。实际上,马尔库塞的思想不完全是纯粹的美学理论,还是一种广义的政治学。他致力于发挥出美学中感性要素的革命性,在对发达资本主义社会进行激烈批判的过程中寻求一种对政治解放与人类解放的承诺。因此,马尔库塞终其一生都在为美学的政治化而坚持不懈地努力着。青年时期,他在政治失意后进入弗莱堡大学学习,并以《德国艺术家小说》拿下博士学位。在这部理论著作中,就明确地指出了美学应为事而作的观点,艺术家们要肩负起批判与反抗社会中压抑性统治的使命,真正的艺术不仅限于发挥审美功能,还要以其实践性深入社会生活。因此,美学要引向日常生活批判的主张在马尔库塞这里早已开始。他以美学中感性要素对爱欲的激发和对本真生命的推崇为重构文化的基石。他的政治美学批判理论旨在通过挖掘审美形式中的意识形态要素对人的感性身体加以重塑,并使劳动审美化、技术审美化,甚至是社会全方位的审美化。于是,美学在他这里具有了浓厚的政治色彩,它不再仅作为批判的武器出现,而是要深入武器的批判中寻找新的斗争的可能,因此美学与艺术被马尔库塞当作实现人的自由而全面发展的最有效的突围之路。他深知"一切理论都是灰色的,只有生命之树常青"②,因此他借用席勒的政治美学和弗洛伊德的精神分析为自己的"爱欲"政治革命做理论支撑,激发美学中的感性生命力量,使性欲获得向美学的理念世界晋升的能动性,这样一来局限于"生殖"范围的性欲就可与游戏冲动相结合,成为具有生

---

① 〔美〕理查德·舒斯特曼:《实用主义美学——生活之美,艺术之思》,彭锋译,北京:商务印书馆 2002 年版,第 9 页。

② 〔德〕歌德:《浮士德》,郭沫若译,北京:人民出版社 1955 年版,第 95—96 页。

命力量的"爱欲"。借用马克思关于感性和异化劳动的理论，他把对人的感性生存的关注从空洞的"操持""烦"上转到对人类生存与社会结构的考察上来。虽然马克思的"感性存在物"理论没有让他进入真正的政治经学批判中去，但对他来说也是一次将存在主义美学落实到解决异化劳动的生存现状的伟大尝试。这也是为美学寻求批判社会现实的社会学基础的一次重大契机，使他在审美人性的历史唯物主义"新"基础上将弗洛伊德的性欲与快乐原则相结合，也使"爱欲"逐渐突破了只在审美领域起作用的局限，还成为一种以自由美好生存为政治运动目标的源发性感性冲动——"新感性"。虽然学生运动最终以失败告终，但马尔库塞的新感性与爱欲理论的确从口号转为了行动，这说明他的美学政治化的构想奏效了。马尔库塞将吸纳了海德格尔、胡塞尔、黑格尔、马克思、席勒、弗洛伊德等人的学术养分的新感性美学革命理论，与康德无涉功利的审美判断力和古典美学相结合，形成了全新的审美艺术形式。这种审美形式正是因为有了政治美学谱系中的众多理论资源的注入，才显示出与现实隔绝又时刻反衬着现实的自律性与异在性。正是因为审美形式的存在，才真正揭示了艺术的真理——对罪恶与压抑命运的持续反抗的类人性或类本质，这种艺术真理又似乎成了实体性的存在，召唤着人类要向这样的"类"回归。因此，回归到完满的、向"美"而生的类本质的第一步，还是对个体的生理、心理上发出感性的"干预"，培植新意识，并直接导向政治运动或思想解放运动。以上，正是马尔库塞挖掘美学的政治意涵的全过程。

马尔库塞将美学政治化的过程也是一个对美学加以改造的过程。他改变了浪漫主义美学，也改变了现实主义美学，或者说，他促进了二者的融合。启示后世美学理论研究者要不断钻研审美形式上的创新，这并不是为了给艺术增加"贵族"式的权威，而是为了使艺术完成对现实的超越，真正成为插入或戳穿现实的一根针。美在马尔库塞的思想中的作用并不在于给洞中的人与真理之光之间加上一层滤镜使眼睛不被光灼伤，而是要让美成为一面既能反射现实生存的不堪又能显示理想化的未来世界的魔镜，让人直接在感官上产生改变现实生存的本能冲动。他强调诗既要讨论政治问题达到"兴观群怨"的目的，还要保持艺术的自律性与异在性。不能让美学沦为只有现实内容而无审美形式的苍白的描述，要将"个人亲身体验的张力、激情、苦乐"① 带入到现实的政治问题中。因此，艺术家们不能以"为艺术而艺术"为理由抛弃宏大叙事主题，要肩负起改变世界或让世界更美好的责任使命。

马尔库塞通过激发与挖掘美学中的政治意蕴和革命功能的美学政治化方法，不仅对美学予以改造，还为当代美学研究提供了一个新的发展视角。文艺学向政治转向，要以马克思的实践哲学为总体框架，转向政治美学，这也是自 2003 年以来得到学界认可的文艺学发展路向之一。② 马尔库塞的政治美学批判理论启示我们，可以将根植于美学与艺术中的私人化情感与心性趣味，引入到经济生产领域中的劳动方式和文化结构的创生上来，使私人化的情感体验成为公共性的社会情感分享，真正实现"按美的规律"去创作、去生产。这个"美的规律"不仅要应用于精神文化的创造中，还要在日常活动中成为一种导向，使它以艺术美学为载体进入到现实生活中去，不仅使人性得以审美化，同时使劳动也被审美化。这样大众不仅在艺术中，同时也在各种社会活动中都能获得存在感与幸福感等真实的生命体验，文艺与美学也能发挥出塑造新的审美政治主体的治理功能。而文艺成为政治无意识的象征性结构的关键在于联结通往身体与心灵的本能结构，怎样使非功利的审美与宏大叙事的时

---

① 李河成：《政治美学话语、审美共通感问题与美政预设——当代政治美学研究综述》，载《天府新论》，2012 年第 2 期，第 141 页。

② 徐敏：《政治美学：一个新的学术课题——"回归实事：政治美学与文艺美学"学术研讨会综述》，载《南京师范大学文学院学报》，2004 年第 3 期，第 160 页。

代主题同步？这需要通过包涵着爱欲与新感性的审美形式直抵人的内在与外在自然，恢复艺术与生活、生产与审美、功利与非功利、感性与理性的统一。这意味着要回到"美学"（aesthetic）的原初意义——古希腊的"感性"（aisthesis）上，实现对身体的改造，使其恢复敏感性，成为"包括全部知觉、情感、欲望在内的人的物质性身体"①。这样，我们才能够将在美的自律王国中得到的艺术真理，通过被包含新感性与爱欲的审美形式，转化为自身的感受方式，警惕消费社会与资本主义意识形态对我们身心本能的改造，防止本是追求美的体验的情感被物化，用马尔库塞的话来说就是："打破现实的垄断，完成认识真理的使命。"②

## 二、对美好幸福生活的启示

何为美好幸福生活呢？这是一个由来已久的伦理学问题，在今天仍有不同的理解。总体而言，"'好生活'是指最值得欲望的或获得满足而感到快乐的那种生活。在另一种意义上，它是指最值得过的最有德性的生活"③。第一种主要是强调满足感官与肉体欲望的快乐至上的幸福观，譬如西方的亚里斯提卜就认为肉体的快乐优于精神的。④ 第二种指的是一种合德性的理性主义幸福观，譬如苏格拉底认为未经过反思的生活是不值得过的，那什么样的生活是幸福呢？他又继续给出答案：拥有

---

① 文苑仲：《全球化时代审美解放话语的重建——当代西方马克思主义政治美学的三重论域》，载《文艺理论研究》，2017 年第 5 期，第 166 页。

② 文苑仲：《全球化时代审美解放话语的重建——当代西方马克思主义政治美学的三重论域》，载《文艺理论研究》，2017 年第 5 期，第 167 页。

③ G. Graham, *Eight Theories of Ethics*, London and New York: Routledge, 2004, p.98.

④ 〔古希腊〕第欧根尼·拉尔修：《明哲言行录（下）》，马永翔等译，长春：吉林人民出版社 2011 年版，第 111 页。

善的人才称得上幸福。那么知识就是美德，美德就是幸福。①

马尔库塞的政治美学批判理论也在向世人阐明他所理解的幸福美好生活涵义。他在《论快乐主义》一文中，分别批判了以伊壁鸠鲁学派和昔勒尼学派为代表的两种幸福观。前者是理性主义的幸福观，后者是满足肉体感官欲望的快乐主义幸福观。在他看来，这两者都不能说明何为真正的幸福：以理性为目的会使人丧失自由而屈服，以感官享乐为目的也不能说明幸福的全部真相，只能获得短暂的快感。而真正的幸福又离不开这两者，它既包括尘世间直接可感的快乐，又必须具备一种超越现实的理性精神。总而言之，幸福是二者的融合与升华过程，是寄予在人性中的向"美"而生的原始驱动力。可见，马尔库塞是以"美"所代表的理想与现实之间的张力问题为基点来阐述幸福的本真含义的，它象征着人类与现实命运不断抗争、绝不妥协的精神力量。马尔库塞在《审美之维》中指出了这种反抗力量是界定革命是否值得称道的标准，"要看革命在多大程度上反映了人类的苦闷，在多大程度上真正达到了与过去的决裂"②。这种"决裂"的决心来自于对受奴役与压抑的现实的超越，它既需要投身于尘世中，以自己的感官与身体为自然感受器以获得"快乐与忧伤、成功与绝望、爱欲和死欲"③等生命冲动和原始欲求，还需要在美的对象化过程中，也就是在将自然变成自己有机的身体过程中使爱恨等真实情感贯注于"按美的规律去生产"的劳动中，爱欲才能真正得到解放，人与自然之间的矛盾才会平息。而理性则为这个

---

① 〔古希腊〕柏拉图：《柏拉图全集（第二卷）》，王晓朝译，北京：人民出版社2003 年版，第 247 页。

② 〔美〕赫伯特·马尔库塞：《审美之维》，李小兵译，桂林：广西师范大学出版社 2012 年版，第 201 页。

③ 〔美〕赫伯特·马尔库塞：《审美之维》，李小兵译，桂林：广西师范大学出版社 2012 年版，第 202 页。

过程注入了否定性的反思力，"因为劳动必须按某种自由的思想来进行"①，要靠理性的反思才能反观贯注于对象化活动中的自我意识。因此，理性在马尔库塞这里是爱欲的本体化，只有它的存在，才能使爱欲被永恒化为向至善至美趋近的否定性的本质力量，于是幸福就拥有了把"概念的、语言的和想象的素材的历史性"② 进行审美再现的能力。因此，幸福不再是一种应然的境界，而是一种使快乐与本能向自由美好生成的审美意向性能力。快乐与幸福彼此交融的感性生存活动才是马尔库塞认定的自由美好生活。

马尔库塞没有单纯地从美学的角度去阐释自己对美好幸福生活的理解，还在对发达工业社会的意识形态批判中赋予了它以深刻的政治解放与人类解放意蕴。在马尔库塞的政治美学批判理论中，自由美好生活意味着"我能—我思—我愿意"③ 三个维度的综合性实现。笔者借用弗洛伊德的精神分析理论框架来说明马尔库塞是如何以爱欲为内驱力来解释美好幸福生活的实现过程的。我能，意味着个体感性本能需求的满足阶段，它源自于快乐原则下的肉体快感与性欲的满足。在这一阶段，脱胎于"本我"潜意识的爱欲尚处于萌芽期。马尔库塞曾说："人的自由和幸福的命运受制于和取决于肉体和精神，自然和文明共同卷入的本能斗争。"④ 虽然主导感性肉体本能的快乐不能代表真正的幸福，但是已经种下了真实需求的种子。马尔库塞借鉴了弗洛伊德的泛性论，用"我

---

① 张盾：《政治美学与马克思的人学重构》，载《哲学研究》，2017 年第 2 期，第 16 页。

② 〔美〕赫伯特·马尔库塞：《审美之维》，李小兵译，桂林：广西师范大学出版社 2012 年版，第 203 页。

③ 李金辉、谢静：《马克思的政治浪漫主义：无产阶级的反讽和"力的隐喻"》，载《理论探讨》，2018 年第 3 期，第 80 页。

④ 〔美〕赫伯特·马尔库塞：《爱欲与文明》，黄勇、薛民译，上海：上海译文出版社 2012 年版，第 15 页。

能"表示构成人性的生物学基础——性欲快感结构，这是人与自然之间最隐秘也是最基本的联系，这是爱欲产生的第一阶段，这说明爱欲中包含着性欲与生殖快感。但是在这个阶段，人类是纯粹的受动性产物，还必须忍受自然界以及动物本能对他们的束缚与羁绊，尚且不能将自身从自然界中解放出来，但是这种被辖制的境地激发出感性身体的斗争性因素，这源自于爱欲与死欲的对抗。因此爱欲的建构性力量与死欲的破坏性力量在此消彼长的斗争中，产生了对外在压抑性的现实原则反抗意识，代表肉欲的"我能"不足以对抗具有攻击性的外在压抑，要进入到"我思"阶段，通过理性的批判性反思，再现融于斗争性的对象化活动中的自我意识。这种自我意识内在地包含了快乐原则之下的本我，故可以在理性反思中发现个体感性受压抑与剥削的现状，并将"本我"提升为一种反抗"压抑"的自我意识。

在"我思"阶段中，人类在对抗压抑性的文明中反思到"爱欲"这种本质力量的存在，也在资本主义社会和现代性机械时代的摧残下确定了向着爱欲本真需求复归的政治解放目标。这个阶段类似于弗洛伊德精神分析理论中的"自我"，它连接与调节着"本我"与"超我"，但在弗洛伊德那里"自我"最终要求"本我"服从于现实原则。而马尔库塞却将"我思"阶段看作是象征着"超我"的"我愿意"阶段的异化形态，故"我思"也是终被扬弃的阶段，这意味着人类可依靠爱欲本能超越压抑的生存现实，但是这个阶段也是通往自由的幸福美好生活的必经阶段。我们可以在此看到马尔库塞对弗洛伊德的超越，理性也不再如弗洛伊德所说的那样，只是一种规训工具，不再具有外在于人的压抑功能，取而代之的是对肉体感性欲望加以思维抽象的功能。这是一种理性的反思功能，能识别需要对抗的压抑型社会——"额外压抑"，也能区分出"虚假需要"与"本真需求"。它可以将性欲精神化，转化成爱欲。它内蕴于人性中，是与现实斗争的自我意识本身。在这一阶段，爱欲才得以真正产生。爱欲产生于性欲上升为自我意识之后，扩大了性欲自身的传导与感受范围，也改变了自己的性质，它不再像"我能"阶段中那样仅作用于生殖器官，而是将人的整个身体都发展为自己的快感区，这样人也成为爱欲的人。而处于"我思"阶段的爱欲要通过对象化的活动实现自身，才能彻底克服资本主义社会中的"虚假需求"，这种对象化活动就是劳动。在爱欲的对象化驱动下，"我思"阶段就可能上升到"我愿意"阶段。总之，马尔库塞强调"'我能'并不意味着排斥'我思'，但'我思'仅仅是'我能'和'我愿意'的一个环节。后者是前者的目的，前者是后者的手段"①。

　　"我愿意"阶段意味着爱欲的真正实现，它相当于精神分析的"超我"阶段。这一阶段的爱欲已经不再向现实原则屈服，而是使快乐原则之下的感性本能经历了与现实原则的激烈斗争，再经过非压抑性的升华转化而成。已经实现了的爱欲在马尔库塞中后期的美学理论中也被称为"新感性"。新感性是完成了的爱欲，是性欲与爱欲的统一，是理性与感性的统一，是肉体与灵魂的统一，是身体与精神的统一，是快乐与幸福的统一，是欲望与道德的统一，是真正的审美完成。那么，爱欲怎样才能进行直接的升华，而不是压抑性的升华呢？马尔库塞从马克思的《1844 年经济学哲学手稿》中得到启发，那就要通过对象化的活动将人出自本能的自我意识在客观的对象世界中展现出来，这种活动就是劳动。而马尔库塞的独到之处就在于他借用席勒的政治美学理论将劳动审美化了、爱欲化了。爱欲化了的劳动是克服了"基本压抑"与"额外压抑"的自由活动。在这个过程中，首先必须经历的是"基本压抑"。"基本压抑"是在支配性的物质生产中必然存在的压抑，人只有经历这一步才能使受动性的生理需求得到满足，才能从自然中获得必须的物质

---

① 李金辉、谢静：《马克思的政治浪漫主义：无产阶级的反讽和"力的隐喻"》，载《理论探讨》，2018 年第 3 期，第 80 页。

生活资料，而现代科学技术也是在这一过程中产生的。科学技术可以缩短人们的物质生产劳动时间，就有了闲暇的可能性。而拥有"闲暇"才有可能不受"额外压抑"的操控。"额外压抑"是指统治阶级为了维护自身的政治权威而强加于人身上的非必要性的压抑，为了满足这种压抑的自动化运行与自我生效，统治阶级通过营造更隐蔽与温和的文化意识形态氛围鼓励人们树立畸形的价值观——追求外在于本能需求的其他东西，如金钱、地位、权力等。只有在爱欲受到游戏冲动作用的闲暇的活动中，人类的劳动才可被爱欲化了，成为审美活动。即便从事的是物质生产，但也不再属于异化劳动。人的本能在这样的活动中得以释放，快乐也得到真正的实现，人也能在劳动产品中反观到爱欲的投注过程，这样的劳动才是自由的劳动，人就不再是将自己交付于外在目的的被物化的人了，人的所有感官将在这一过程中复活，爱欲才真正有可能做到"我愿意"。也是在这一阶段，实现了的爱欲可在对象化活动中将自己凝固为审美形式，这种审美形式是内在包含着快乐本能和趋近于美的自我意识的内容的，是艺术的精髓与真谛。

在"我能—我思—我愿意"这三个阶段的综合性实现以后，自由美好的幸福生活才得以真正实现。可见，马尔库塞是在分析人的生物学基础之上去理解美好幸福生活中的"审美"之义的。他发现了人类自然本能与美的关系，经过了弗洛伊德的本能理论的洗礼，马尔库塞更加明确地以"审美"为线索，将美的政治功能与社会功能淋漓尽致地发挥出来，主要表现在三个方面：第一，爱欲化了的"美"本质是拒绝。它通过身体与心灵的直接本能反应，迅速识别压抑性的感官信号，并能反应在官能上。所以，可以向外界释放最直观的"反抗"情绪。也正是在理性反思的自我意识中，这种隐秘的情绪被自身发觉后，可以识别出什么是出自于本能的需要。马尔库塞将这种源于爱欲本能的需要称为"真实需要"。只有回归本真需求的人才能清楚哪些是目的在外的需要，即"虚假需要"，这是"额外压抑"精心策划与培植的需要，其受制于消费社会的商品逻辑。真正向美回归的人就可以从物质生产与商品消费的铁链中挣脱出来，拒绝将自己的身体与官能改造成帮助统治阶级攫取利润的工具，也不会与社会中的其他成员因为外在于自身的等级、地位、财富等观念而相互疏离、侵占或竞争。第二，回归"美"的本真需求的个体，才能借助于人性的共性达到彼此之间的沟通，和谐的社会关系才能产生。内蕴于人性中求美的本性在马尔库塞看来就是类本质，是"男人和女人所面对的心理——肉体力量"①，人们可以直接通过"这些力量的自然本性……变成自己的力量，这是原始冲动的领域"②。人类就可以依靠"美"蕴含的感性本能冲动，天然地联合在一起，因为马尔库塞曾在《论新感性》一文中借用康德的审美共通感指出，美依靠感性的普遍性为人性立法。人类所拥有的非攻击性的自然本能在爱欲的驱使下突破自身，成为一种自由的自我意识，这样人就不仅依靠存在先验的感性纯形式——时间与空间——建立普遍性，更依靠爱欲的主动性力量将快乐与压抑区分出来，建立囊括了一切感性和感官经验"本初的"基本形式的差异性的新感性。③ 所以马尔库塞所说的新感性并非是一种纯形式，而是包含着感性特殊性的普遍审美人性。这也呼应了他在《审美之维》中强调审美形式是包含着历史性内容的感性形式。人类通过天然的、对命运的反抗情感纽带将彼此紧密地团结在一起，"作为'类的存在物'"而结成一个"自由人的联合体"，"让攻击性的和侵略性的能量纳入生命本能的社会解放，就为人类的团结与联合奠

---

① 〔美〕赫伯特·马尔库塞:《审美之维》，李小兵译，桂林：广西师范大学出版社2012年版，第202页。

② 〔美〕赫伯特·马尔库塞:《审美之维》，李小兵译，桂林：广西师范大学出版社2012年版，第202页。

③ 〔美〕赫伯特·马尔库塞:《审美之维》，李小兵译，桂林：广西师范大学出版社2012年版，第105页。

定了基础"。① 第三，"美"是通过将差异性的具体情感体验，在不同的
审美主体中完成交换，建立一种通往爱欲的审美形式，实现对彼此之间
本质力量的确证，从而更能听从爱欲本能的引导而通往自由。简言之，
美能让人在情感共鸣中完成社会属性，也能让人从心所欲不受他者羁
绊，这就是马尔库塞对"自由人的联合体"的理解。他认为通达自由
必须听从爱欲的呼唤，必须要打破现实原则支配下的理性主义权威而恢
复感性的地位，"理性的王国不允许人的全面发展。他的需要、能力和
幸福的满足，看来是专横的和主观的，是与人类行为的普遍合法性这一
高原则相冲突的"②。只有当理性与爱欲融合成为新理性时，才能使理
性本来的能动作用发挥出来。马尔库塞在《单向度的人》中曾明确说
道："理性的作用，乃是高扬生命之艺术。从这个目的着眼，理性就是
'向生存环境冲击的指南'。这种种冲击出自'三重冲动'：求生存；求
好生存；求更好的生存。"③ 马尔库塞主张理性要为感性服务，为爱欲
开路，要将爱欲永恒化为美的理念，这种美的理念就是审美形式。只有
在审美的天地中，理性才能为感性潜能的全部实现而铺平道路，才能使
想象力和对人类幼年时期的快乐本能的回忆重新回到人性之中并通往
自由。

　　回到个体的自然本质中去寻找美的社会功能，这种人类解放之途对
于理解经济全球化背景下的幸福美好生活有警示意义。首先，可以使人
们警惕审美与资本主义的共谋，防止落入消费主义的陷阱。"现实中，

---

① 〔美〕赫伯特·马尔库塞：《审美之维》，李小兵译，桂林：广西师范大学出版
社 2012 年版，第 203 页。

② 〔美〕赫伯特·马尔库塞：《现代文明与人的困境——马尔库塞文集》，李小兵
等译，上海：上海三联书店 1989 年版，第 314 页。

③ 〔美〕赫伯特·马尔库塞：《审美之维》，李小兵译，桂林：广西师范大学出版
社 2012 年版，第 84 页。

越来越多的要素正在披上美学的外衣，现实作为一个整体，也愈益被我们视为一种美学的建构。"① 这从一个方面反映了现代人已经不再满足于基本的物质生活需要，希望在现实生活中寻求美所带来的感性愉悦。于是越来越多的产品为了迎合人的求美、求新心理，将生产理念从以往的注重商品的实用性转移到提升商品的美学品位上来，现实也逐渐被整合为审美化的消费社会。还可以从马尔库塞对于美好幸福生活的理解中得到启发，规避对于美的需求的误区，这个误区就是认为所有体现人们生活体验、情感与情绪的产品都可以满足人们对爱欲本能的需要。其实，人们并未在这个精心策划的商品世界中使"真正的需求"得到满足，往往自以为获得了激情释放的感性体验，实则仅获得了类似于美的外观，并未触及美的本质。正如马尔库塞所说的那样，"我驾着崭新的轿车。我体验着它的美丽、光泽、力量、轻便——不过在此时，我又知道这样的事实：用不着很长时间，它会黯然失色因而需要修补，它的美和外表是廉价的，它的力量是多余的，它的尺寸是愚蠢的"②，类似于汽车这样的消费品很多都披上了美的外衣，而这种美并不是在人的本质力量自我确证的审美化劳动中产生的。它只是发达资本主义社会异化劳动的产物，是技术效率所营造出的美的幻象，它因丧失艺术的独特性而廉价，也因统治阶级为了获取暴利而不断加速产品的更新换代，以减少商品的使用寿命的"美学谋划"，而变得多余又愚蠢。因此，"我开始把我的车看成是'三大'汽车公司之一的产物，正是这个汽车公司决定着我的轿车的外观，既造成了他的美丽，也造成了它的一钱不值"③。

---

① 〔德〕沃尔夫冈·韦尔施：《重构美学》，陆扬、张岩冰等译，上海：上海译文出版社 2002 年版，第 4 页。

② 〔美〕赫伯特·马尔库塞：《审美之维》，李小兵译，桂林：广西师范大学出版社 2012 年版，第 82 页。

③ 〔美〕赫伯特·马尔库塞：《审美之维》，李小兵译，桂林：广西师范大学出版社 2012 年版，第 82 页。

这说明当美成为被技术效率原则抽象化为交换价值的时候，美不再是源自于人类本真生命的爱欲之美，而是演变为实证性思维方式，即我们只好放弃美的本质而将其当作一种外在目的的化身，当成权力、地位、财富的能指符号。马尔库塞一针见血地指出了技术理性正在将个体的"意向性"生命体验融入"同一性"的审美现实中，这使"现象和实在之间的冲突消融，二者都沉入一种快慰的情感中"①。因此，消费社会所满足的快乐的情感实际上是一种营销策略，它取消了美的拒绝与否定性的本质，成为一种"强化了的容忍"的肯定性文化。马尔库塞虽然指出了审美与技术的共谋关系，但是却没有进一步挖掘其中资本增殖的逻辑关系——资本与美学的共谋。

其次，马尔库塞的政治美学批判理论警示我们要在马克思的政治经济学批判中反思美好幸福生活的时代意义，实现政治经济学批判与政治美学批判的统一。马尔库塞之所以放弃了对隐藏于技术与美的共谋之中的资本增殖逻辑的批判，是因为他致力于以美的反思方式构造马克思的哲学与政治经济学的统一，带来的后果是将马克思主义的剩余价值理论隐没于异化劳动的哲学含义之中。一言以蔽之，马尔库塞的理论缺陷在于仅从美学解放的思路出发实现人类解放，以政治美学的批判方式代替了政治经济学的批判方式。虽然从方法论上来讲，马尔库塞与马克思采用了导向两个完全对立方向的批判方式，但是他们都是以劳动作为批判资本主义的理论基点的。那么，不妨让我们来看看他们分别怎样理解劳动的。马尔库塞认为打破消费社会的经济魔咒的根本出路在于实现劳动的审美化，在这种审美化过程中劳动实践成了从"我能"到"我思"，再到"我愿意"的否定之否定性过程，那么劳动产品也成为了一种反观个体情感灌注其中的精神对象，使用价值仅限于爱欲新感性的补偿与

---

① 〔美〕赫伯特·马尔库塞：《审美之维》，李小兵译，桂林：广西师范大学出版社 2012 年版，第 82 页。

慰藉，交换价值也被美学化为凝结于产品中的本质力量的相互确证。当然，这种将经济问题美学化的处理方式并不是毫无道理可言，马克思也曾说过："激情、热情是人强烈追求自己的对象的本质力量。"① 但并不能因为马克思对作为人的本质力量的表现形式之一的热情予以赞扬过，就将马克思所说的"按美的规律去生产"完全同化为劳动的审美化，悬搁劳动概念的经济范畴。"按美的规律去生产"包含着双重美学意蕴，一是暗示了人作为受动性的感性存在物受自然因素与生物学本能的制约，异化劳动是必须经历的阶段；二是说明了人正因为拥有主体性与激情、热情等来自于爱欲的主观情感，才必然通过美的意向性生命活动实现对异化劳动的超越。但是，这个超越的方法不完全在于浪漫主义式的情绪感性回归，而在于生产力。对于生产力的理解，马克思与马尔库塞虽然都是以感性的人的具体生存为出发点，但是却走向了相反的道路。这是因为马尔库塞将生产力实体化了，导致他继续将与生产力有关的范畴如科学技术、经济基础等都实体化，使它们具备了类似于理性主义的神秘的压迫性，这也使他只看到这些范畴的经济意义，忽视了其中丰富的政治、社会涵项，甚至是美学涵项。但是马克思没有将生产力本身当作实体，它代表的是一种"力的隐喻"关系，"'这种力的隐喻'表现在劳动力、生产力和工业力等一系列概念中"②。它不应该仅仅被当作孕育私有财产的土壤而被加以美学化的悬置，而应该被当作劳动力、生产力和工业力相互交织而成的人类历史性实践活动，以及在这样的活动中所形成的一切支配关系与生产生活方式。这样一来，"工业和生产活动使人类和自然界处于感性活动的形态、处于力的形态中。人和自然界因为工业和生产活动具有力量和活力。人和自然界处于相互影

---

① 《马克思恩格斯文集（第 1 卷）》，北京：人民出版社 2009 年版，第 211 页。

② 李金辉、谢静：《马克思的政治浪漫主义：无产阶级的反讽和"力的隐喻"》，载《理论探讨》，2018 年第 3 期，第 77 页。

响、相互制约和相互作用形成的工业世界和生产世界中，这是工业力和生产力造成的感性的、实行的美学世界"①。可见，马克思的政治经济学批判中内蕴着政治美学批判，但马尔库塞没有按这种方式去理解，人为地造成了政治经济学批判与政治美学批判的分裂。然而对"力的隐喻"关系中的劳动力的理解，马尔库塞与马克思也不尽相同。这个劳动力包含两层意思，一是劳动的力量；二是从字面上去看，指生产力的载体——无产阶级。上文说过，马尔库塞将劳动进行纯粹的审美化理解，即将其视为爱欲激情本体化的实现过程，那么现实中的劳动就演变成爱欲本体在尘世中的异化形式，而真正的劳动就成为理想化的自由自觉活动，加以引申成了纯粹的精神性的活动——审美活动，这样劳动就获取了包括艺术创作在内的精神活动，劳动产品都成了艺术作品，劳动主体就成了艺术家，一句话，作为完成了的劳动力等于审美力，作为完成了的审美力等于劳动力。这样也就不难理解，为何马尔库塞认为作为劳动力的无产阶级消失了，反过来把一切与史前、史中的所有统治阶级斗争的人类都称之为具有新感性潜质的男人和女人，也只有这样的人才能被称为取代无产阶级担负起重建新秩序的重任，他们以感性的自然本性为纽带，结成"自由人的联合体"。如此一来，马尔库塞将马克思的政治经学批判中的"阶级"概念架空了。马克思是在对象化的实践活动的意义上说明劳动的，它不仅是人类本质力量的自我确证的目的在内的实践，也是目的在外的拥有物质性外观的客观劳动产品的创制活动。因此，劳动本身不只是审美化的精神活动，也是物质性的客观活动，劳动概念中的经济属性也不应该被排斥。因此，劳动主体是直接参与物质生产活动（精神生产也包括在内）环节的劳动人民（不包括资本家），而资本家因为占有生产资料造成了劳动产品、劳动本身与劳动者的分离

---

① 李金辉、谢静：《马克思的政治浪漫主义：无产阶级的反讽和"力的隐喻"》，载《理论探讨》，2018 年第 3 期，第 79 页。

（异化）。在以私有制为主导生产方式的资本主义制度下不能通过劳动实现本质力量的自我确证的劳动阶级就是无产阶级，即使他们得到一点报酬，也不能掩盖他们被压榨剩余价值的命运。马尔库塞仅以是否占有私有财产为标准而推论无产阶级已经消失是不合理的，只要剥削制度和现象存在，无产阶级就没有消失。那么，劳动者之间的联系就不是先验的"爱的宗教"式的生物学联系，而是通过社会化大生产这种历史性运动才能建立的联系。马尔库塞也因以政治美学方式改造政治经济学批判，没有完全理解私有财产中的支配关系，更是没有触及公有制的问题。

在分析了马尔库塞政治美学批判的创新性与理论缺陷后，能够让我们对于我国人民的共同追求——美好生活以及中国梦的实现的理解得到一定的启示。

第一，美好生活与实现中华民族伟大复兴，都必须在强大的经济基础之上保护人民的幸福感、获得感与实践感。马尔库塞以他的爱欲新感性为中心的政治美学批判理论向人们传达着情感、幻想、美感的满足是人之为人的重要依据，这也启发我们实现美好生活的关键在于使人民的幸福感、获得感、参与感得到满足，实现情感与政治的交互与融通。幸福虽然是心理感受与审美理念的结合，但是我们不可能脱离衣食住行用这些现实可感的经济生活去空谈幸福与美好。换言之，幸福与美好需要以客观的物质对象为依托才能成为具体可感的情感体验。马尔库塞揭示出资本主义高度发达的经济对自然本能的压抑与操控，这是非常深刻的，但是也应该注意到经济并不是压抑的根源，根源仍在于资本主义私有制。马克思曾在《1844 年经济学哲学手稿》中说过："工业的历史和工业的已经生成的对象性的存在，是一本打开了的关于人的本质力量的书，是感性地摆在我们面前的心理学。"① 这说明人要确证本质力量，

---

① 马克思：《1844 年经济学哲学手稿》，北京：人民出版社 2000 年版，第 88 页。

并得到参与感、实践感、获得感，这离不开工业与生产劳动，工业与生产的发展也能使人获得感性存在形式，物质经济、科学技术、人类文明并不是生来就具有压抑功能的产物。政治、文化、社会、生态等方面的不平衡、不充分源于经济发展的不平衡、不充分，而生产与分配制度方式是经济发展过程中非常重要的面向。为了弥补差距，还是要大力发展生产力，在公有制的基础上全面建成小康社会，才能消除剥削，达到共同富裕。因此，我国人民的幸福美好生活要在公有制为主体的经济制度的保障下而实现，要以经济的稳步发展为前提，这样才能兼顾效率与公平。值得注意的是关于公有制我们有必要规避一些常见的误区。首先，公有制不等于粗陋的平均主义，这一点马克思在《1844年经济学哲学手稿》中已经明确指出，它是要经历私有财产的扬弃阶段的，不能脱离私有财产去谈论公有制。我国现在的经济制度是以公有制为主体，多种所有制方式并存，这是由我国现阶段的具体国情和社会主义本质所决定的，因此要借助于其他所有制经济的发展成果来巩固公有制的物质基础。其次，以公有制为主体不等于不承认私有财产，恰恰相反，还要保护公民的私有财产安全。"马克思把私有财产理解为对人的本质（而非物质财富）的占有，即一种以物权形式来表现的精神性存在方式，这个财产作为对人的存在具有意义构成作用的美的形式。"① 我国《物权法》的出台就是对公民辛勤劳动与付出的认可，它保障公民通过合法经营等劳动获得的劳动成果的所有权，也是对公民的人格权、尊严不受侵犯的承诺，这样在一定程度上能使公民消除马尔库塞所说的那种不安全感，即"担忧着所有生活条件的不稳定，担忧着失落、依赖和财产

---

① 张盾：《政治美学与马克思的人学重构》，载《哲学研究》，2017年第2期，第17页。

的偶然性"① 等种种忧虑。这也说明我国的国家权力机关不只是强制工具，更是人民当家作主的权力的象征。我国政府的职能是维护公平的服务职能，它守护的是人民在劳动中投注的并附着于标的物上的获得感、参与感、实践感、安全感、荣誉感等真实情感。这也是中国特色社会主义制度优越性的体现。还要说明的是，承认物权并不等于承认私有制，这是两个不同的概念。保障物权并不代表着由公民所创造的劳动成果其他社会成员就不能享有，只是共享的方式与内容不同。公民在创造劳动成果的同时也创造了新的生产条件、发展理念，带来了科技的进步与生产力的发展等客观效应，这样社会生产力的发展成果就可以惠及到十几亿人民，"在这样一个联合体中，每个人的自由发展是一切人的自由发展的条件"②。因此我国鼓励全民创新与大众创业，为各种经济主体的良性竞争提供公平的渠道，从而使人的潜能得到自由而全面的发展，才能建设一个物尽其用、人尽其才的充满活力的社会，人们才能实现向"美"而生的自我超越。

第二，马尔库塞的政治美学批判启示我们要在切实关注人民的现实感性生存的基础上成为美好幸福生活的维护者。马尔库塞认为真正的幸福既不是要过只有神能做到的"合德性"的生活，也不是要过使自己全然沉溺于肉欲的感官享乐之中的生活，而是一种使自己的感性爱欲得到全面复苏与升华的生活。这既需要听从身体与心理的自然本能的呼唤，又需要加以理性的批判性分析让那些有益于自身与社会的快乐在艺术与美的形式中成为永恒。这样才能让我们的身体不再是苦役的身体，成为游戏的身体，使生命本身回归它应有的感性丰富性，增加它的质量与厚度。同时，也启迪我们，全心全意为人民服务是要注重与人民的血

① 〔美〕赫伯特·马尔库塞：《审美之维》，李小兵译，桂林：广西师范大学出版社 2012 年版，第 8 页。

② 《马克思恩格斯选集（第 1 卷）》，北京：人民出版社 2012 年版，第 422 页。

肉联系，这个"血与肉"带有美学意蕴，它是指用切身的情感与身体去体验并关心人民群众的现实具体的感性生存。故党员与群众的联系强调一个"亲"字，"亲"既是亲力亲为，不能道听途说，又是亲切和蔼，常与群众坦荡真挚交流情感，关心群众之所想、解决群众之所急，做到情为民所系，权为民所谋。要用爱和信任鼓舞人民的创造热情，维护属于人民的幸福美好生活，让政治成为有情感、有温度的交往，因为马克思说过："人对世界的关系是一种人的关系，那么你就只能用爱来交换爱，只能用信任来交换信任，等等。"① 因此，中国共产党要以情感为纽带，维系与人民的血肉联系。

# 本章小结

马尔库塞的政治美学批判理论改变了传统意义上的美学与政治，不仅为政治与美学理论的研究提供了深刻的反思空间，同时作为一种探讨幸福与美好的生存论，也带给了当今正处于经济全球化的庞大关系网中的个体以深远的启迪。在消费社会中，人们面对的诱惑和欲望很多，尤其是在这个市场经济浪潮卷席之下的时代，已经越来越分不清哪些是出自于快乐与爱欲本能的本真需求，哪些是根本不必要的、目的在外的虚假的需求。人们总是希图在财富的积累、职位的晋升、品位的提升甚至是对他人的差遣中得到快乐与安全感的满足，却往往与真正的幸福渐行渐远。人们逐渐地甘心于将身体驯化成劳作的工具，而忘记了享受与游戏才是它的本真需要。人们甘心用身体健康去交换那些外在的地位、身

---

① 《马克思恩格斯文集（第 1 卷）》，北京：人民出版社 2009 年版，第 247 页。

份，却丧失了对快乐的感受，失去了幻想、想象能力，也终究难以成为让这个世界更加美好、更富有人情味的拥有新感性的"新"人。因此，当今时代仍然需要马尔库塞。他用他的爱欲与新感性为中心的政治美学批判为处于物化危险中的人类打了一针清醒剂。但马尔库塞的政治美学批判理论也有其局限性，因此我们应该在马克思的政治经济学批判原则之下，重新审视马尔库塞的政治美学批判理论，重新反思资本增殖的逻辑对人的感受与心理的摧残，这样才能防止历史性与先验性的矛盾，才能逐渐地将乌托邦变成"异托邦"。这才是马尔库塞留给后世的真正的文化遗产。

# 结 语

资本增殖的逻辑与人的求美本性相抵牾。在劳资关系大为改善的当代资本主义社会发生了许多新变化，现代西方发达资本主义国家大多建成了福利社会，资本主义国家的政治职能甚至已经渗透进人们的私人领域之中，譬如经济、文化、医疗、服务、工作、娱乐等方面。科学技术手段与政治运作机制愈加紧密地结合起来，使资本主义的政治意识形态越来越成为控制人们日常生活的琐碎、具体的事务的工具，形成了肤浅的、破碎的政治。① 马尔库塞发现了这种破碎的政治的弊病：发达工业社会经济发加速发展却造成了人的感性生存自由的失落，人类文明除了带来物质、精神成就，还带来人对人最有效的征服。而今天，这种情况依然愈演愈烈。资本主义社会的福利文明保障了人在社会生活中各方面的物质需要，但是精神痛苦、心灵空虚也伴随着个人主义与物欲泛滥一同到来。马尔库塞敏锐地捕捉到了物质的自由并不能换来精神的自由这一命题，"人们似乎是为商品而生活"②。在此意义上，马尔库塞是当之无愧的"先知"。马尔库塞洞悉了无论当代资本主义发生了多少表面上

---

① 〔法〕埃德加·莫兰：《人本政治导言》，陈一壮译，北京：商务印书馆 2010年版，第 3 页。

② 〔美〕赫伯特·马尔库塞：《单向度的人》，刘继译，上海：上海译文出版社2012 年版，第 10 页。

能够给人以物质的安慰的新变化，但依然无法拯救那些受着异化劳动的
压抑的人类。因此，马尔库塞对社会的考察视角与目标发生了转变，即
以人性的"显微镜"代替总体性的社会视角，从历史的总体性结构转
入到对个体心理结构的考察中去。他试图从个体内部找到解放全人类的
生物学基础，拯救人类逐渐丧失的感受力，进而他发现了潜藏在人类无
意识领域中对美的追寻欲求的力量，而美学和艺术则是这种力量的
"升华"形式，"美学形式的背后乃是美感与理性的被压抑的和谐，是
对统治逻辑组织生活的持久抗议，是对操作原则的批判"①。然而，在
现有的关于马尔库塞思想的研究中，艺术的角色在他的工作中经常被忽
视，误解或低估。他的批评者指责他的宗教艺术和美学逃避政治和社
会。但正如本书所示，马尔库塞的政治美学批判是分析美学和艺术如何
成为资本主义极权统治和发达工业社会"进步"的阻力的理论，以及
它们在促成解放运动和激进的社会变革中的可能性。对资本主义社会进
行美学批判、从美学中开辟政治解放的出路，仍然是当代政治研究的重
要议题。马尔库塞的某些观点与经典马克思主义背道而驰，对此，我们
既不能照单全收，也绝不能简单粗暴地把它们当作"异端"，排除出马
克思主义研究的领域。而是应该对其进行辨证地考察。马尔库塞对社
会、政治、文化的分析，他的思路与方法，都是马克思主义在当代不断
丰富和发展的体现，也是马克思主义自身生命力的证明。因此，马尔库
塞的政治美学批判理论能够加深我们对当代资本主义新变化的理解，这
也开拓了以艺术和美学为中心的意识形态研究新领域——美学革命。

　　创造美好幸福生活是政治的任务，这其中内蕴着美的理想，政治与
美学密切联系，可以结成一个自洽的整体——政治美学。政治美学是一
种关于政治的审美理想，强调将感性、肉体、情绪等美学范畴应用于政
治实践中，并在现实的政制中寻求美的存在的普遍方法。因此，政治美

① 〔美〕赫伯特·马尔库塞：《单向度的人》，刘继译，上海：上海译文出版社
2012 年版，第 103—104 页。

学重要意义在于，它是一种存在方式。马尔库塞的思想作为一种政治美学的批判理论，关注的是资本主义的货币、经济原则和审美艺术之间的博弈。他的政治美学批判隶属于法兰克福学派的社会批判，其批判手法与社会批判理论的总体性批判一脉相成。自法兰克福学派将资本主义制度下启蒙理性变异为工具理性、艺术生产变异为文化工业这一现实揭示出来，道出了"物质丰富与精神痛苦"之间的深刻矛盾，人们逐渐意识到高度发达的工业文明和自由的市场法则在资本主义生产方式下，非但不能创造理想的人间乐园，反而导致更加全面的压迫。在消费的驱使下生产，这在马尔库塞看来是一种"虚假的需要"，更是一种现代造神运动。在当代社会个人失去了自我尊严与主体性，日益成为体制化的生产和消费链条的组成部分，在官僚体制的强制下丧失了革命的激情和创造力。当语言、哲学、科学都被同化为统治的工具，人们只能进行单维度的思考时，艺术成了真理最后的寄居地。马尔库塞的政治美学救赎途径的独特之处在于以唤起并重构"新感性"，还艺术以自由，还人类以个性，解放人的爱欲为目标。因此，马尔库塞以政治美学的批判方式，将现实中的政治斗争与物质生产中的具体矛盾呈现出来，并以非强制性和非外在化的精神力量——爱欲与新感性——重塑主体意识，使人在快乐、痛苦、悲伤等情绪释放与情感体验中激起自身的批判精神，并将这种否定性思维应用于现实的政治运动中，推翻现实原则操控下的极权统治，即进入一个超越现实功利的审美之境中，实现与现实政治秩序的"陌生化"，从而对抗现实，使政治问题以审美方式得到解决。如果以政治美学为主线，将马尔库塞一生的思想贯穿起来，会发现其思想经历了政治美学化①与美学政治化②的双向互动过程，爱欲与新感性是他的政治美学批判的主要武器。马尔库塞认为艺术美学的政治潜能在于感性

---

　　①　将现实政治运动中的矛盾以美学的方式呈现出来，并将情感体验抽象为政治审美理想的过程。

　　②　将在美学、艺术和审美理想中的实际可应用于现实政治实践的效能挖掘出来，通过改造感性主体的身心基础方式把人凝聚起来，重新构建新的理想社会的过程。

本能冲动所包含的破坏性，恢复向美而生的爱欲性生存是现实政治批判中的审美理想，艺术幻象与想象力原则使艺术实现对现实的否定性超越。综上，马尔库塞的理论是政治美学批判的思想理论。

　　人类对未知的无限之思，表达了一种关于美的生存向度。生命类似于一种"去远"① 化运动，在敞开的实践中不断地满足对模糊的自在之物的渴念，这种渴念引发了人类关于审美的萌动。作为"远"的相去之距是美所关涉的超越性维度，而生命的驱动力也深藏于对这种无限的追求之中。出于对无限的未知，个体将自己的情感、意志、思维、精神、情绪等非理性因素浇铸在对那个神性维度的自由探索中。这种充满偶然性与不定的原始冲动，让受制于自然本能的感性之维释放出对现存秩序的否定力量与反抗力量，并以理性之思的形式将这种否定力量外化为艺术美学作品。而马尔库塞引用黑格尔的"美是理性的感性显现"去说明艺术与美的本质。因此，理性在马尔库塞的爱欲本能与新感性的审美革命论中，不再是被当作神秘之物供奉于人类的生活世界彼岸的纯粹形式逻辑，而是作为一种思维辩证法的运动载体，在辩证理性的推动下感性与欲望的力量得以凝结并扩大化为具有反抗能量的爱欲与新感性。它们是超越一切在此的"大拒绝"，它们在审美形式中获得从自然界中、人类社会中，以及个体自身的限制中解放的动力。因此，审美形式在马尔库塞的政治美学批判中是新感性与爱欲在艺术中的物化形式，它是人类对被规训与固定化的不满与抗争的自由意志的化身，它以无涉功利与超越物质生产领域操控的完满人性去指引历时性的生命活动，并促使生命活动过程中的感性形式释放出对一切不合理、不公正的破坏性力量，这种力量在马尔库塞看来是爱欲与死欲相互羁绊的冲突性结果。因此，审美活动是一种功利性与非功利性的辩证统一的矛盾运动，也是

① 〔德〕马丁·海德格尔：《存在与时间》，陈嘉映、王庆节译，北京：生活·读书·新知三联书店 2006 年版，第 122 页。

一种将生命活动中的自然情感内容与无涉功利的审美形式彼此交融的政治，还是关乎于人类从自身、自然、人类社会中获得解放的广义的政治。因此，融贯于马尔库塞的政治美学批判理论之中的一个不变的主题是拥有审美判断力的人对现实中的一切奴役形式的反抗与拒绝，这种反叛精神是政治与美学共同的诉求。这也是为何马尔库塞在《审美之维》中，将人类历史长河中一切按照快乐与痛苦、忧伤与愤怒的自然本真生存的人称为具有反抗力量的人，或具有感性与理性统一的新感性潜能的人，也因他们灵魂深处的反叛本性而将其称之为潜在的革命阶级。马尔库塞以心理本能作为审美救赎的物质基础，并将其加以美学化升华为爱欲与新感性，这种以感性为本体的浪漫主义反讽方式，开辟了社会批判理论的政治美学新视角。这也是其理论创新性的集中表现。

马尔库塞的政治美学批判思想为我们提示了"审美解放"应成为消除异化劳动的重要途径，也指向了一种和谐的未来社会。在单向度的社会中，人们习惯用身价来衡量人；在科层制下，人们习惯以级别对待人。人类本能发生异化，社会关系也发生异化。而新感性所追求的，是美感的恢复。马尔库塞的政治美学批判理论不仅停留于形而上学层面，还是一种以艺术和美的力量抚慰人性、重建更加符合人性的社会的实践活动理论，这是对现实的激进反抗。归根到底，马尔库塞所希望实现的社会理想是为了人的个性发展而存在的。马尔库塞强调，人本身应该是爱欲得到满足的个体，"新"社会产生的关键在于消除异化，产生具有新感性的"新人"。马克思在领导共产主义运动中指出过感性解放的重要性，而马尔库塞在此基础上进一步明确指出了美学革命是最能激发人的新感性的革命方式，而解放人的审美感性力量也将成为我们在相当长的一段时期必须面对的艰巨任务之一。马尔库塞的政治美学批判对感性力量的重视对于创造美好幸福生活也具有重要启示意义。

然而，何为幸福与美好的生活，这一问题在经济全球化的今天想必是仁者见仁智者见智。但马尔库塞倾尽其毕生精力，是在向世人证明，无论商品经济的运行制度怎样与现代性的精密算法、统筹逻辑相互契合，也无法全然填补个体对自身生存状态的自然本真需求的空位，这个空位是理想与现实之间的张力造成的，这种张力是横跨所有历史时代的亘古不变的存在，只有它的存在，人类才产生了对美的无限遐思，于是在类生活中，人类在与外界生存条件的不断对抗中丰富与确证自身的本质力量。如果说美学是一种个体与命运抗争的私人化的情感宣泄，那么哲学在马尔库塞那里便不再是抽空一切偶然性的感性质料去将那种不变的普遍性理性逻辑凝固化为形而上学的致思结果，而是人在现实而具体的感性生存即对命运的反抗中所必须的关乎快乐与忧伤的情感、感官经验、官能力量的人性之美的艺术真理。因此，马尔库塞用美学化了的哲学之思期望回答何为最美人性以及怎样建立维护最美人性的最美政制，故在此意义上，其思想中蕴含着深刻的政治美学理论旨归。而作为政治美学的批判理论，与技术理性合谋的商品经济中蕴含的天然的对抗性与竞争性是融贯其一生所有学术经历与政治运动的批判指向。正如马克思所说的那样，"他们越想多挣几个钱，他们就越不得不牺牲自己的时间，并且完全放弃一切自由，在挣钱欲望的驱使下从事奴隶劳动"。[1]金钱、权力、地位、身份在马尔库塞看来均是人类在寻求向美而生的存在中不必要的人造物，人的幸福与自由也不是在这些目的在外的创制性活动中产生的，这些东西只能是为了适应与匹配现代性工业化量产方式而存在的、可操作性与可量化的数据指标，但源自于人的心灵的真实痛苦与愉悦、幻想与冲动以及它们共同构成的尊严与价值的意义世界都不能被量化或划归为具体数值。而将那些外在于真正属人的实践的外物供奉为人生的终极意义，这在马尔库塞看来是人自甘堕落为物化世界中的一个孤立的原子的选择，与幸福和自由无关，更与美好无关。在异化为

---

① 马克思：《1844 年经济学哲学手稿》，北京：人民出版社 2000 年版，第 9 页。

新的主宰的外物中寻求尊严的满足，以获得虚假的幸福意识，这是现代人的通病。越是对外物过分追逐，所失去的自由就越多，对自我内心的关注就越少。商业逻辑中的对抗性与不断膨胀的自我意识杂糅在一起，不断地对自然界、对他人甚至对个体自身进行侵略，自然环境与资源、人际间伦理与情感、个体自身的身体属性与知性和心理机能都成为可被科技量化并改造的可操作性产物，与人类有关的一切都被囊括进机械化整合的权力体系中。侵占与剥夺的商业逻辑与理性主义文化握手言和，为工具理性而服务，人们逐渐在对世界的祛魅中清晰自己的战略，并按照既定规律谋划自身与他人的关系，与世界的关系。人类社会在技术理性与商业逻辑的理性化操控下，越来越趋近于文明、富强，将民主与和谐建立于市场与资本积累的逻辑之上，越来越顺从于优胜劣汰的铁律与适者生存的"进步"法则，也越来越擅长按照固定的、规律化的理性模式将自己的理想与主体性兑换成现实收益。人们早已习惯于用时间与成本、利润去衡量情感、理想、艺术、伦理与那些存在于抽象的意义世界的价值。这些在马尔库塞看来，均是以功利性的话语体系和操控原则替代象征着人类自由意志的审美本性的结果，这对人类来说，不是解放，而是灾难。

马尔库塞的政治美学批判的确具有深刻的现实意义，但与马克思的政治经济学批判相比，仍暴露出理论局限。关键在于他从文化角度去理解市民社会，将市民社会当作统治集团进行意识操控的意识形态工具。因欧洲政治革命的失败，他对经典马克思主义中的"经济基础决定上层建筑"的定律产生了怀疑，从而否定市民社会的核心——经济发展的作用，并将革命失败的原因归结为科学技术与生产力的实体化——技术理性对审美人性的操控。因此，他将恢复人类的感性审美功能作为实现人类解放的阶梯。美学确实是人的类本质的对象化形式之一，也的确内蕴着对外来压抑与束缚的突破的政治意涵，但美学不是人类自我救赎的唯一道路。马尔库塞的政治美学批判理论的确给位于商品经济旋涡中的我们打了一针清醒剂，但由于没有最终指出人类在发达社会中迷失自我与初心而陷于对物欲的追逐中的根本原因在于资本增殖的逻辑，也令人遗憾地将其理论导向将世界浪漫化的、缺乏现实建构意义的、无限的自我否定中去。这也使他的理论设想难逃唯心主义的窠臼，而成为一种空旷的批判姿态与激情。他最终也成为了马克思所批判的那种忙于"解释世界"而非"改造世界"的"以往的哲学家"。这警示着马克思主义研究者们，批判的武器不能代替武器的批判，我们仍要在马克思的政治经济学批判中获取思想养分，为美能够走出自身并在现实的生产实践中不断实现自身构筑现实阶梯。

# 参考文献

## 一、中文文献

### (一) 经典原著

[1]《马克思恩格斯全集（第 25 卷）》，北京：人民出版社 2001 年版。

[2]《马克思恩格斯文集（第 1 卷）》，北京：人民出版社 2009 年版。

[3]《马克思恩格斯选集（第 1 卷）》，北京：人民出版社 2012 年版。

[4]《马克思恩格斯选集（第 3 卷）》，北京：人民出版社 2012 年版。

[5] 恩格斯：《反杜林论》，北京：人民出版社 1999 年版。

[6] 马克思、恩格斯：《德意志意识形态（节选本）》，北京：人民出版社 2003 年版。

[7] 马克思：《1844 年经济学哲学手稿》，北京：人民出版社 2000 年版。

（二）中文译著

［1］〔奥〕西格蒙德·弗洛伊德：《弗洛伊德后期著作选》，林尘等译，上海：上海译文出版社 1986 年版。

［2］〔奥〕西格蒙德·弗洛伊德：《一个幻觉的未来》，杨韶刚译，北京：华夏出版社 1998 年版。

［3］〔奥〕西格蒙德·弗洛伊德：《弗洛伊德文集·性爱与文明》，滕守尧译，合肥：安徽文艺出版社 1987 年版。

［4］〔奥〕西格蒙德·弗洛伊德：《精神分析引论新编》，高觉敷译，北京：商务印书馆 2007 年版。

［5］〔德〕费尔巴哈：《费尔巴哈哲学著作选集（上卷）》，卜卷、荣震华等译，北京：商务印书馆 1984 年版，第 182 页。

［6］〔德〕费尔巴哈：《基督教的本质》，荣震华译，北京：商务印书馆 1997 年版。

［7］〔德〕弗里德里希·席勒：《审美教育书简》，冯至、范大灿译，上海：上海人民出版社 2003 年版。

［8］〔德〕歌德：《浮士德》，郭沫若译，北京：人民出版社 1955 年版。

［9］〔德〕黑格尔：《美学（第二卷）》，朱光潜译，北京：商务印书馆 1979 年版。

［10］〔德〕黑格尔：《美学（第三卷·下册）》，朱光潜译，北京：商务印书馆 1979 年版。

［11］〔德〕黑格尔：《美学（第一卷）》，朱光潜译，北京：商务印书馆 1979 年版。

［12］〔德〕黑格尔：《小逻辑》，贺麟译，北京：商务印书馆 2003 年版。

［13］〔德〕霍克海默、阿多诺：《启蒙辩证法》，渠敬东等译，上

海：上海译文出版社 2003 年版。

[14]〔德〕康德：《纯粹理性批判》，邓晓芒译，北京：人民出版社 2004 年版。

[15]〔德〕康德：《判断力批判》，邓晓芒译，北京：人民出版社 2002 年版。

[16]〔德〕罗尔夫·魏格豪斯：《法兰克福学派史》，孟登迎、赵文、刘凯等译，上海：上海人民出版社 2010 年版。

[17]〔德〕马丁·海德格尔：《存在与时间》，陈嘉映、王庆节译，北京：生活·读书·新知三联书店 2014 年版。

[18]〔德〕马克斯·霍克海默：《批判理论》，李小兵等译，重庆：重庆出版社 1989 年版。

[19]〔德〕马克斯·韦伯：《经济与社会（下卷）》，林荣远译，北京：商务印书馆 1997 年版。

[20]〔德〕马克斯·韦伯：《新教伦理与资本主义精神》，于晓等译，北京：生活·读书·新知三联书店 1987 年版。

[21]〔德〕马克斯·韦伯：《学术与政治》，冯克利译，北京：外交出版社 1998 年版。

[22]〔德〕曼弗雷德·弗兰克：《德国早期浪漫主义美学导论（下）》，聂军等译，长春：吉林人民出版社 2011 年版。

[23]〔德〕西奥多·阿多诺、〔法〕雅克·德里达：《论瓦尔特·本雅明——现代性、寓言和寓言的种子》，郭军、曹雷雨等译，长春：吉林人民出版社 2001 年版。

[24]〔德〕西奥多·阿多诺：《否定的辩证法》，张峰译，重庆：重庆出版社 1993 年版。

[25]〔德〕西奥多·阿多诺：《美学理论》，王柯坪译，成都：四川人民出版社 1998 年版。

[26]〔俄〕维克多·什克洛夫斯基：《散文理论》，刘宗次译，南

昌：百花洲文艺出版社 1997 年版。

［27］〔法〕阿兰·巴迪欧：《哲学与政治之间谜一般的关系》，李佩纹译，北京：中央编译出版社 2017 年版。

［28］〔法〕埃德加·莫兰：《人本政治导言》，陈一壮译，北京：商务印书馆 2010 年版。

［29］〔法〕安若澜：《亚里士多德的〈形而上学〉》，曾怡译，上海：华东师范大学出版社 2015 年版。

［30］〔法〕笛卡尔：《哲学原理》，关文运译，北京：商务印书馆 1958 年版。

［31］〔法〕福柯：《福柯集》，杜小真译，上海：上海远东出版社 2003 年版。

［32］〔法〕路易·阿尔都塞：《来日方长》，蔡鸿滨译，陈越校，上海：上海人民出版社 2013 年版。

［33］〔古希腊〕柏拉图：《柏拉图全集（第二卷）》，王晓朝译，北京：人民出版社 2003 年版.

［34］〔古希腊〕柏拉图：《理想国》，郭斌和、张竹明译，北京：商务印书馆 1986 年版。

［35］〔古希腊〕第欧根尼·拉尔修：《名哲言行录（第八卷）》，长春：吉林人民出版社 2003 年版。

［36］〔古希腊〕第欧根尼·拉尔修：《明哲言行录（下）》，马永翔等译，长春：吉林人民出版社 2011 年版。

［37］〔古希腊〕亚里士多德、〔古罗马〕贺拉斯：《诗学·诗艺》，罗念生、杨周翰译，北京：人民出版社 1962 年版。

［38］〔加〕安德鲁·芬博格：《海德格尔和马尔库塞——历史的灾难与救赎》，文成伟译，上海：上海社会科学院出版社 2010 年版。

［39］〔加〕本·阿格尔：《西方马克思主义概论》，慎之等译，北京：中国人民大学出版社 1991 版。

［40］〔美〕阿拉斯代尔·麦金泰尔：《马尔库塞》，邵一诞译，北京：中国社会科学出版社 1989 年版。

［41］〔美〕埃里希·弗洛姆：《在幻想锁链的彼岸》，张燕译，长沙：湖南文艺出版社 1986 年版。

［42］〔美〕赫伯特·马尔库塞：《爱欲与文明》，黄勇、薛民译，上海：上海译文出版社 2012 年版。

［43］〔美〕赫伯特·马尔库塞：《单向度的人——发达工业社会意识形态研究》，刘继译，上海：上海译文出版社 2008 年版。

［44］〔美〕赫伯特·马尔库塞：《理性与革命》，程志民等译，上海：上海世纪出版集团 2007 年版。

［45］〔美〕赫伯特·马尔库塞：《马尔库塞文集（第 3 卷）》，高海青、连杰、陶锋译，北京：人民出版社 2019 年版。

［46］〔美〕赫伯特·马尔库塞：《马尔库塞文集（第 5 卷）》，高海青、连杰、陶锋译，北京：人民出版社 2019 年版。

［47］〔美〕赫伯特·马尔库塞：《马尔库塞文集（第 6 卷）》，高海青、连杰、陶锋译，北京：人民出版社 2019 年版。

［48］〔美〕赫伯特·马尔库塞：《审美之维》，李小兵译，桂林：广西师范大学出版社 2012 年版。

［49］〔美〕赫伯特·马尔库塞：《现代美学析疑》，绿源译，北京：文化艺术出版社 1987 年版。

［50］〔美〕赫伯特·马尔库塞：《现代文明与人的困境——马尔库塞文集》，李小兵等译，上海：上海三联书店 1989 年版。

［51］〔美〕赫伯特·马尔库塞：《苏联的马克思主义》，张翼星、万俊人译，北京：中国人民大学出版社 2016 年版。

［52］〔美〕赫伯特·马尔库塞等：《当代工业社会的攻击性》，任立译，北京：商务印书馆 1982 年版。

［53］〔美〕赫伯特·马尔库塞等：《工业社会和新左派》，任立编

译，北京：商务印书馆 1982 年版。

［54］〔美〕赫伯特·马尔库塞等：《西方学者论〈一八四四年经济学—哲学手稿〉》，复旦大学哲学系现代西方哲学研究室编译，上海：复旦大学出版社 1983 年版。

［55］〔美〕拉尔夫·科恩：《文学理论的未来》，程锡麟译，北京：中国社会科学出版社 1993 年版。

［56］〔美〕理查德·舒斯特曼：《实用主义美学——生活之美，艺术之思》，彭锋译，北京：商务印书馆 2002 年版。

［57］〔美〕理查德·沃林：《存在的政治——海德格尔的政治思想》，周宪、王志宏译，北京：商务印书馆 2000 年版。

［58］〔美〕理查德·沃林：《文化批评的观念》，张国清译，北京：商务印书馆 2000 年版。

［59］〔美〕马丁·杰伊：《法兰克福学派史（1923—1950）》，单世联译，广州：广东人民出版社 1996 年版。

［60］〔美〕萨利·贝恩斯：《1963 年的格林尼治村——先锋派表演和欢乐的身体》，华明等译，桂林：广西师范大学出版社 2001 年版。

［61］〔美〕威廉·巴雷特：《非理性的人》，段德智译，上海：上海译文出版社 2007 年版。

［62］〔瑞士〕埃米尔·瓦尔特-布什：《法兰克福学派史——评判理论与政治》，郭力译，北京：社会科学文献出版社 2014 年版。

［63］〔匈〕卢卡奇：《理性的毁灭》，程志民译，南京：江苏教育出版社 2005 年版。

［64］〔匈〕卢卡奇：《卢卡奇早期文选》，张亮、吴勇立译，南京：南京大学出版社 2004 年版。

［65］〔英〕J.D.贝尔纳：《科学的社会功能》，陈体芳译，张合校，北京：商务印书馆 1986 年版。

［66］〔英〕阿·麦克伦泰：《“青年造反哲学”的创始人——马尔

库塞》，詹和英译，长沙：湖南人民出版社 1988 年版。

　　［67］〔英〕布莱恩·麦基：《思想家——当代哲学创造者们》，周穗明、翁寒松译，北京：生活·读书·新知三联书店 1987 年版。

　　［68］〔英〕戴维·麦克莱伦：《马克思以后的马克思主义（第三版）》，李智译，北京：中国人民大学出版社 2004 年版。

　　［69］〔英〕欧内斯特·盖尔纳：《理性与文化》，周邦宪译，贵阳：贵州人民出版社 2009 年版。

　　［70］〔英〕佩里·安德森：《西方马克思主义探讨》，高铦、文贯中等译，北京：人民出版社 1981 年版。

　　［71］〔英〕特里·伊格尔顿：《审美意识形态》，王杰等译，桂林：广西师范大学出版社 2001 年版。

　　［72］北京大学哲学系外国哲学史教研室：《西方哲学原著选读（上）》，北京：商务印书馆 1981 年版。

　　［73］北京大学哲学系外国哲学史教研室编译：《古希腊罗马哲学》，北京：商务印书馆 1961 年版。

　　［74］车文博：《车文博文集（第 6 卷）：弗洛伊德主义》，北京：首都师范大学出版社 2010 年版。

　　［75］屈万山：《〈赫拉克利特著作残篇〉评注》，西安：陕西师范大学出版社 1987 年版。

　　［76］上海社会科学院哲学研究所外国哲学研究室编：《法兰克福学派论著选辑（上卷）》，北京：商务印书馆 1998 年版。

（三）中文著作

　　［1］陈俊：《技术与自由——马尔库塞技术哲学思想研究》，北京：中国社会科学出版社 2013 年版。

　　［2］陈学明：《二十世纪的思想库——马尔库塞的六本书》，昆明：云南人民出版社 1989 年版。

［3］程巍：《否定性思维——马尔库塞思想研究》，北京：北京大学出版社 2001 年版。

［4］丁国旗：《马尔库塞美学思想研究》，北京：社会科学文献出版社 2011 年版。

［5］丁立群等：《实践哲学：传统与超越》，北京：北京师范大学出版社 2012 年版。

［6］范晓丽：《马尔库塞批判的理性与新感性思想研究》，北京：人民出版社 2007 年版。

［7］冯宪光：《"西方马克思主义"美学研究》，重庆：重庆出版社 1997 年版。

［8］胡义成：《人道悖格——马克思主义人道主义新论》，北京：华夏出版社 1996 年版。

［9］江天骥：《法兰克福学派——批判的社会理论》，上海：上海人民出版社 1981 年版。

［10］雷礼锡：《黑格尔神学美学论》，武汉：湖北人民出版社 2005 年版。

［11］李健：《审美乌托邦的想象——从韦伯到法兰克福学派的审美救赎之路》，北京：社会科学文献出版社 2009 年版。

［12］李进书：《西方马克思主义的审美现代性与续写现代性》，北京：人民出版社 2011 年版。

［13］李进书：《西方马克思主义的审美现代性与续写现代性》，北京：人民出版社 2011 年版。

［14］李小兵：《当代西方政治哲学主流》，北京：中共中央党校出版社 2001 年版。

［15］李永虎：《马尔库塞的乌托邦思想研究》，北京：光明日报出版社 2015 年版。

［16］李泽厚：《华夏美学·美学四讲（增订本）》，北京：生活·

读书·新知三联书店 2008 年版。

[17] 刘少杰：《当代国外社会学理论》，北京：中国人民大学出版社 2009 年版。

[18] 刘小枫：《诗化哲学》，上海：华东师范大学出版社 2007 年版。

[19] 刘兴云、石小娇：《意义世界的构造——马尔库塞新人本主义伦理思想研究》，北京：中国政法大学出版社 2016 年版。

[20] 陆俊：《马尔库塞》，长沙：湖南教育出版社 1999 年版。

[21] 苗力田：《古希腊哲学》，北京：中国人民大学出版社 1995 年版。

[22] 全国马列文艺论著研究会《马列文论研究》编辑部编：《马克思手稿中的美学问题》，哈尔滨：黑龙江人民出版社 1984 年版。

[23] 孙伯鍨：《探索者道路的探索——青年马克思恩格斯哲学思想研究》，南京：南京大学出版社 2002 年版。

[24] 汪子嵩、范正明：《希腊哲学史（第二卷）》，北京：人民出版社 1993 年版。

[25] 汪子嵩等：《希腊哲学史（第一卷）》，北京：人民出版社 1997 年版。

[26] 王凤才：《追寻马克思——走进西方马克思主义》，济南：山东大学出版社 2003 年版。

[27] 奚广庆等：《西方马克思主义辞典》，北京：中国经济出版社 1992 年版。

[28] 徐博：《马尔库塞否定性思想研究》，北京：社会科学文献出版社 2011 年版。

[29] 叶秀山：《前苏格拉底哲学研究》，北京：人民出版社 1982 年版。

[30] 张盾：《超越审美现代性——从文艺学到政治美学》，南京：

南京大学出版社 2017 年版。

[31] 张和平:《一代哲学巨人的足迹——马尔库塞哲学思想研究》,兰州:甘肃人民出版社 2002 年版。

[32] 张丽:《批判的审美的实践的——马尔库塞美学思想研究》,南京:南京大学出版社 2019 年版。

[33] 张一兵:《无调式的辩证想象——阿多诺〈否定的辩证法〉的文本学解读(第二版)》,南京:江苏人民出版社 2016 年版。

[34] 张志伟:《西方哲学史(第 2 版)》,北京:中国人民大学出版社 2010 年版。

[35] 赵建军:《追问技术悲观主义》,沈阳:东北大学出版社 2001 年版。

[36] 郑春生:《拯救与批判——马尔库塞与六十年代美国学生运动》,上海:上海三联书店 2009 年版。

[37] 朱立元:《二十世纪西方文论(上卷)》,北京:高等教育出版社 2002 年版。

[38] 庄福龄、孙伯鍨:《马克思主义哲学史(第 2 卷)》,北京:北京出版社 1988 年版。

## 二、中文论文

(一) 期刊论文

[1] 傅永军:《新感性、新理性与解放之途——马尔库塞"政治诗学"思想解析》,载《当代世界社会主义问题》,2005 年第 3 期。

[2] 高清海、邵正:《别了,传统理性主义时代——面向 21 世纪的社会发展趋势和社会发展观变革》,载《天津社会科学》,1993 年第 3 期。

[3] 郭东:《论文化艺术的社会批判性——马尔库塞和阿多诺的文

化艺术观研究》，载《中国中外文艺理论研究》，2015 年。

　　[4] 胡大平：《解放政治学·生命政治学·无为政治学——现代性批判技术视角的旨趣和逻辑转换》，载《学术月刊》，2018 年第 1 期。

　　[5] 胡健：《爱欲解放与审美之维——论马尔库塞的美学思想》，载《西北师大学报（社会科学版）》，2009 年第 3 期。

　　[6] 李河成：《政治美学话语、审美共通感问题与美政预设——当代政治美学研究综述》，载《天府新论》，2012 年第 2 期。

　　[7] 李金辉、王旗：《马克思的哲学在何种意义上是一种先验政治美学？——兼与张盾先生商榷》，载《思想战线》，2020 年第 1 期。

　　[8] 李金辉：《浪漫主义的反讽概念：实质、类型和限度》，载《思想战线》，2018 年第 3 期。

　　[9] 李松：《走向政治美学研究》，载《粤海风》，2013 年第 5 期。

　　[10] 李艳丰：《审美文化的治理性与当代美学话语的文化政治转向》，载《文学评论》，2019 年第 3 期。

　　[11] 刘小枫：《从〈会饮〉看后现代审美文化的品质》，载《文艺研究》，2011 年第 9 期。

　　[12] 骆冬青：《政治美学的意蕴》，载《南京师范大学文学院学报》，2004 年第 1 期。

　　[13] 田光远：《论马尔库塞政治哲学中的唯美主义向度》，载《社会科学家》，2006 年第 9 期。

　　[14] 田延：《从"政治美学化"到"美学政治化"——重读阿尔都塞的文艺评论》，载《外国美学》，2019 年第 30 期。

　　[15] 王国有：《西方理性主义及其现代命运》，载《江海学刊》，2006 年第 4 期。

　　[16] 王晓升：《历史性的观念与现代性的本体论化——对马尔库塞〈黑格尔本体论与历史性理论〉的考察》，载《学术界》，2018 年第 9 期。

［17］王雨辰：《从技术政治到审美政治学——马尔库塞的政治哲学初探》，载《国外社会科学》，2009 年第 1 期。

［18］文苑仲：《国外政治美学研究的五种范式》，载《理论月刊》，2015 年第 5 期。

［19］文苑仲：《全球化时代审美解放话语的重建——当代西方马克思主义政治美学的三重论域》，载《文艺理论研究》，2017 年第 5 期。

［20］徐敏：《政治美学：一个新的学术课题——"回归实事：政治美学与文艺美学"学术研讨会综述》，载《南京师范大学文学院学报》，2004 年第 3 期。

［21］杨春时：《"日常生活美学"批判与"超越性美学"重建》，载《吉林大学社会科学学报》，2010 年第 1 期。

［22］张盾：《政治美学与马克思的人学重构》，载《哲学研究》，2017 年第 2 期。

［23］朱士群、程中业：《马尔库塞的解放美学》，载《社会科学辑刊》，1995 年第 4 期。

（二）中文译文

［1］P.A.勃莱哈特：《评马尔库塞对工业社会的批判》，益良译，载《哲学译丛》，1982 年第 4 期。

［2］德朗蒂：《社会理论的基础：起源与流变》，见特纳编：《Blackwell 社会理论指南》，李康译，上海：上海人民出版社 2003 年版。

（三）学位论文

［1］范晓丽：《马尔库塞的批判理性与新感性思想研究》，复旦大学博士论文，2006 年。

［2］刘闻名：《马尔库塞的政治美学研究——基于马克思主义视角》，吉林大学博士论文，2016 年。

## 三、外文文献

［1］A.Pacey, *Meaning in Technology*, Boston: The MIT Press, 1999.

［2］Barry M. Kātz, "New Sources of Marcuse's Aesthetics", *New German Critique*, No.17, 1979.

［3］C.Reitz. *Art, Alienation, and the Humanities: A Critical Engagement with Herbert Marcuse* (*SUNY Series in Philosophy of Education*), Dulles, VA: State University of New York Press, 2000.

［4］C.F.Alford, *Narcissism: Socrates, the Frankfurt School, and Psychoanalytic Theory*, Yale University Press, 1988.

［5］D.Held, *Introduction to Critical Theory: Horkheimer to Habermas*, Berkeley: University of California Press, 1980.

［6］D.Kellner, *Herbert Marcuse and the Crisis of Marxism*, Berkeley: University of California Press, 1984.

［7］Douglas Kellner, "Marcuse, Liberation and Radical Ecology", *Capitalism, Nature, Socialism*, Vol.3, No.3, 1992.

［8］G.Graham, *Eight Theories of Ethics*, London and New York: Routledge, 2004.

［9］György Márkus, "Life and the Soul: The Young Lukács and the Problem of Culture", in *Lukács Revalued*, Agnes Heller (ed.), Oxford: Basil Blackwell, 1983.

［10］H. Marcuse and D. Kellner (ed.), *Art and Liberation. Collected Papers of Herbert Marcuse* (*Volume Four*), London: Routledge, 1998.

［11］H.Marcuse, *An Essay on Liberation*, Boston: Beacon Press, 1969.

［12］H. Marcuse, *Counterrevolution and Revolt*, Boston: Beacon Press, 1972.

［13］H.Marcuse, *Hegel's Ontology of Historicity*, Cambridge, MA: MIT

Press，1987.

[14]H.Marcuse，*Negations*，London：Penguin Books，1972.

[15]H.Marcuse，*One-dimensional Man*，Boston：Beacon Press，1964.

[16]H.Marcuse，*Reason and Revolution：Hegel and the Rise of Social Theory*，London：Routledge and Kegan Paul，1955.

[17]H.Marcuse，*Revolution or Reform? A Confrontation*，Rutgers，NJ：Transaction Publishers，1985.

[18]H.Marcuse，*Soviet Marxism：A Critical Analysis*，New York：Columbia University Press，1958.

[19]H.Marcuse，*Studies in Critical Philosophy*，London：NLB，1972.

[20]H.Marcuse，*Technology，War，and Fascism*，Douglas Kellner（ed.），London：Routledge，1998.

[21]H.Marcuse，*The Aesthetic Dimension*，Boston：Beacon Press，1978.

[22]H.Marcuse，*The German Artist Novel*，Charles Reitz(ed.)，London and New York：Routledge，1998.

[23]H.Marcuse，*Towards a Critical Theory of Society*，Douglas Kellner（ed.），London and New York：Routledge，1998.

[24]Herbert Marcuse，"Some Social Implications of Modern Technology"，*Philosophy and Social Sciences*，No.9，1941.

[25]J.V.Ocay，"Technology，Technological Domination，and the Great Refusal：Marcuse's Critique of the Advanced Industrial Society"，*Kritike：An Online Journal of Philosophy*，Vol.4，No.1，2010.

[26]John Bokina，"The Flight into Inwardness：An Exposition and Critique of Herbert Marcuse's Theory of Liberative Aesthetics"，*Telos：Critical Theory of the Contemporary*，No.68，1986.

[27]M.Heidegger，*The Basic Problems of Phenomenology*，Albert Hofstadter(trans.)，Bloomington，IN：Indiana University Press，1988.

［28］M.Jay, *The Dialectical Imagination*——*A History of the Frankfurt School and the Institute of Social Research*, 1923-1950, Berkeley: University of California Press, 1996.

［29］M.Schoolman, *The Critical Theory of Herbert Marcuse*, New York: The Free Press, 1980.

［30］T. Eagleton, *Literary Theory*, Oxford: Basil Blackwell Publisher Limited, 1983.

［31］T.Kaczynski, "Industrial Society and Its Future", *The Washington Post*, September 19, 1995.

［32］T.W. Adorno, "*Commitment*" *in Aesthetics and Politics*, London: NLB, 1977.

［33］T. W. Adorno, *Aesthetic Theory*, C. Lenhardt ( trans.), Reading: Routledge & Kegan Paul Ltd, 1984.

［34］W.Benjamin, *Understanding Brecht*, London: Verso Books, 1998.

# 后　记

　　时至今日，最令我动容的是我还能保持刚到黑龙江大学校园时的初心。记得当时，我怀着无限的敬畏沿着新图书馆的石阶拾级而上，我总觉得黑龙江大学的一切不属于我，这里的一草一木，图书馆里的每一个座位，书架上的每一本书都是那么的遥远与陌生，它们在我触手可及的位置发出神性的光芒召唤着我，我只有在轻捻那些泛黄的书页时，倾听笔端流泻的沙沙声时，手指在键盘上敲击每一个字符时，才能从心底里滋生出一种被称作为幸福的踏实的情愫，因为我认定，如果我不珍惜，它们也将会变成一个真实的梦境消散于天际。如今，这种敬畏之情终于得以用文字的形式被对象化出来。这本书见证了我从乐观到迷惘，到重拾信心，再到平和沉静的心路历程。它不仅是思维历练的成果，更是灵魂荡涤后的升华。在此，我要感谢马尔库塞，是他"在绝望中寻找希望"的精神不断地鼓励着我，让我在每一次挫败中重新找回再战的勇气。他让我明白了只有进入那种爱欲真正实现的"我愿意"阶段，方能实现"超我"，也只有在这一阶段，方可屏蔽外界对于宁静的内心的纷扰。这一阶段的爱欲之所以能不再向现实原则屈服，是因为曾处于快乐原则之下的感性本能经历了与现实原则的激烈斗争之后，战胜了那些目的在外之物的欲望，进而实现了非压抑性的升华。他用其一生的学术经历让我懂得了，经历复杂后的直白，才算明白了生活。

　　曾记得在恩师李金辉先生的一次硕士课堂上，当他眼中的明亮平和地落在旁听席上的我身上时，我清楚地听到他说："身体无痛苦，内心无纷扰，苦痛易忍，富乐易得。"想不到他对伊壁鸠鲁的幸福观的阐释竟成为了我苦行僧式生活的精神支柱。对恩师的感激，不仅在于他对我的学习倾注了大量的精力，更在于他对我的知遇之恩。在他对我的每一次论文写作后的提点中，在对我每一次取得细微进步的肯定中，在对我每一次投稿被拒后的鼓励中，在为包括我在内的学生们精心挑选的书籍中，在为我们开设的指点迷津的"小灶"中，我都能真实地感受到他对我的期待。记得 2018 年除夕，我在跨年的钟声响起之际发送给他的祝福微信中，他如是回到："首兑在你。"这一句，既是他无声的期盼，也暗含了我对他沉甸甸的承诺，这种承诺是我不敢也不曾用言语表达的，只能用我的汗水浇灌。是他用宽广的胸襟、仁慈的谅解、深刻的见解、坚毅的治学品格、前瞻的远见坚定了我对求学的信念与决心，让我的本质力量不断得到自我确证。他除了是我学术上的引路人之外，还是完整地见证了我从自我断裂到重获新生全过程的亲人。在此，请允许我用文字将对您的感激定格下来，多谢您数年如一日地给予我知识上的启发，肯定我思维的火花，传授我科学的方法，激发我勇往直前的自信，帮助我改正自身的不足，给予我最热情的解答！

　　此外，我还要感谢那些无怨无悔地陪伴在我求学道路上的伙伴们。这里要郑重感谢的是佳木斯大学外国语学院副教授程璐璐女士。我有幸在刚到黑大这个陌生的环境时，就可以成为她的密友。她的存在于我而言，意义绝对超出了老乡与隔壁寝室友这种地缘情感。她是我在成年之后遇到的唯一一位能够经历过激烈争吵后还与我携手同行、互相鼓励与倾听的挚友。当我深陷于强烈的自我否定时，她总是温柔地让我相信自己，当我受到他人的误解时，她能选择无条件地站在我身边为我遮风挡雨，当我读懂了晦涩的哲学之思时，她也是我身边唯一为我鼓掌的忠实听众。相信我们共同经历的风风雨雨、欢笑与泪水都可以凝结成为彼此之间的独家记忆。

感谢我的父母与爱人。他们作为我生命中最亲近的人，在这四年之中，没有享受到任何来自于我对他们的关心与照顾，甚至陪伴的时间也寥寥无几，还要无条件地接受我的负面情绪。除了感谢，我还想说声对不起。

我还要感谢在这四年读博之路上所有真心帮助过我的老师们，他们是黑龙江大学哲学学院的张奎良先生、丁立群老师、李楠明老师、康渝生老师、郭艳君老师等，是他们以严谨的治学态度、无私的敬业精神、良善的人格魅力、热忱的教育情怀感动着我。此外，还要感谢黑龙江大学马克思主义学院对本人的培养和支持。

限于研究水平与能力，恳请各位专家、同行不吝赐教。